2025 年度版
最新のトピック　災害対策

JN090830

● 知識と理解

日本では阪神大震災・東日本大震災など地震だけでなく、風水害などの自然災害も多い。2024年元日にも、能登半島で大地震が起こって200名以上の死者が出た。災害対応を重ねて。民間にはすぐれた技術や装備を持つボランティア団体が増えているのだが、行政は「はじめての体験」になるので、それをうまく使い切れていない面がある。民間と行政の協働が望まれる。

● 自然災害の被害は大きい

　日本では、毎年のように深刻な「自然災害」が起きる。たとえば、直近では、2024年1月1日に石川県能登半島で震度7の大地震が起きた。珠洲市では多くの家屋が倒れ、能登半島全体では1月19日現在で232人の死者が確認されている。犠牲者は、2016年に起こった熊本地震の55人よりはるかに多い。

　地震に伴って、地盤が4mほど隆起して漁港は使えなくなり、3mを超える津波も起こり、珠洲市沿岸部などでは建物が押し流された。さらに家屋が倒壊した所からは火の手も上がり、輪島市の観光街であった朝市通りがほぼ焼失し、焼け跡から10人以上の焼死体が見つかった。道路もいたるところで寸断され、孤立した集落には、一時750人ほどが取り残されていたという。破壊のすさまじさは1995年の阪神大震災を思わせる。

● 2024年1月1日、石川県能登半島で起こった地震では大きな被害があった。

　さらに問題だったのが、この地域には再稼働申請中とはいえ、志賀原子力発電所が存在したことである。地震によって、津波

知識と理解

が押し寄せ、原発の外部電力の半分以上が失われただけでなく、使用済み核燃料が入ったプールから水が流出したり、絶縁用の油2万リットルが流れ出したり、内部電源が故障したりなどの非常事態が生じた。この原発には、2023年11月18日に経団連会長が視察に訪れて「一刻も早く再稼働するように」と促していた。もし、その意向通りに再稼働が早めに実現していたら、福島原発と同様の大災害になって、能登半島全域が居住不可能になるという可能性すらあったろう。

被害は拡大傾向

地震に限らず、自然災害の被害は、近年しだいに規模が大きくなる傾向にある。たとえば、2021年7月には、梅雨前線にともなう大雨で、静岡県熱海市伊豆山の逢初川で土石流が起き、住宅などを一気に押し流し、27人が亡くなった。川の上流に大量の盛り土の地盤があり、それが雨で緩んで崩落して被害を大きくした。土石流が建物を押し流す瞬間の衝撃的な映像が、TVで繰り返し放映された。

背景と原因

気候災害頻発の背景には、地球温暖化で気候のインパクトが増したことと言われるが、高度成長以来、整備されてきたインフラが老朽化したことも挙げられよう。たとえば、2019年9月に千葉県で起こった台風15号の被害では、予想以上の大風が吹き、電線の地下化が進んでいなかったこともあり、電柱が途中から折れたり電線が倒木で切断されたり、広範囲で停電が起きて復旧を妨げた。高齢化で作業者の人手も足りない。手間取るうちに、次の台風が来てまた被害が拡大するという悪循環になった。原発の再稼働も、もし同様なプロセスをたどるとしたら、回復不可能となる可能性は少なくない。

●プリッカー賞を受けた坂茂氏による災害避難所の間仕切りカーテン

地域で対策はばらつき

しかし、このような災害の頻発にもかかわらず、実際に起こった後の対策はつねに不十分だった。たとえば、能登半島地震での一時的住民避難所では、段ボールが敷き詰められ、プライバ

シーもない中で「雑魚寝」を強いられた。体調を崩す高齢者も
出て「災害関連死」も問題になっている。東北地方などでは、
2011年東日本大震災の教訓もあって、ポップアップ式テント
が常備され、建築業界でも簡易的な間仕切りや屋内に設置する
居住空間がさまざまに提案されている。だが、石川県では数十
年前の昭和時代と同様な設備だったのである。

責任は追及できるか？

　このような対応の違いを見ると、自然災害でも「人災だ」と
いう批判が巻き起こるのは当然だろう。実際、先述の2019年
の台風15号では「規模が大きい」と警報が出されていたのに、
政府は選挙後の組閣時期にぶつかって動きが鈍く、千葉県知事
も地元を離れて対策が遅くなった。同様な批判は、能登半島地
震時にもあった。地震発生時、知事は東京の自宅にいて、石川
県に戻ったのは1月2日の深夜、さらに被災地である能登半島
に入ったのは、1月14日と二週間後で、被害自治体の責任者
としての行動とは思えない、と非難が巻き起こった。

　とはいえ、人的な責任をいくら追及しても、被害者や遺族が
満足するわけではない。たとえば、2021年の熱海土砂災害では、
土石流の元となった盛り土が条例違反で、市も再三注意をして
いたのだが、それが災害を引き起こしたとして、被害住民が合
計数十億円の損害賠償を土地の現所有者と元所有者の不動産業
者に対して提訴した。しかし、たとえ勝訴しても、被害は取り戻
せないだけでなく、因果関係や権利関係も複雑なために、医療
過誤裁判の決着などと同様に、曖昧な判決になることが予想さ
れる。とうてい、納得いく解決にはならないのである。

●リスク社会における対策

コントロールできる？

　このように「自然災害」に対して「人災」の側面を強調する
傾向は「危機管理とリスク社会」の項で言及する「リスク社会」
の特徴であろう。現代社会では、リスクはある程度コントロー
ルできるとされ、災害が起こるたびに「誰が悪いのか？」「誰
に責任があったのか？」と追及されることが少なくない。「災害」
を「自然が原因」だと考えようとしないのである。被害に遭っ
た人々の心情を考えれば、そのような見方は無理もないが、「こ
うすれば良かった」という意見は、しばしば後からの理屈づけ
であり、災害が起こった時点では、予測不可能であったと判断
されることも少なくない。

　したがって、「災害対策」では、分かりやすい「責任」論議に

知識と理解

東日本大震災の教訓

海岸地方の被害

●名取市荒浜地区。「津波
に気をつけろ」という看
板が倒れている

防潮堤が役に立たない！

飛びつかないことも大切だろう。むしろ、自然災害は人間によっ
てはコントロール困難な面があり、災害が起こったとき人々がど
う反応・行動したか、丁寧に分析することで、具体的で長期的
な対処法につなげる方が防災には役立つのである。

分かりやすい対策＝思い込みや後知恵も少なくない

　実際、2011年3月11日の東日本大震災では、長期的な対応
の違いで、被害の規模やその程度も大きく違った。被害地域は
岩手・宮城・福島・茨城にまたがり、被害規模も1923年の関東
大震災以来で、死者は19,747人、行方不明者2,556人にものぼっ
た。しかし、その大部分は、地震より、むしろそれによる津波に
よって引き起こされた。たとえば、宮城県仙台市の市街地は震
源に近かったが、住宅が壊れたり電気・ガス・水道が止まったり、
など小規模な被害はあったが、死者は出ていない。
　それに対して、隣接する名取市の閖上・荒浜などの海岸地区
では、大津波が住宅をのみ込み多くの死者を出した。一時は、
浜辺に死体がゴロゴロ転がっている状況だったという。

　岩手県三陸地方でも、釜石市・陸前高田市などでは30mを
超す津波が防潮堤を越して押し寄せ、住宅・車・魚市場などを
瞬時に押し流した。また宮城県気仙沼市では、津波の襲来後に、
市内のあちこちで火災が発生するという大惨事となった。
　もちろん、対策はなされていた。たとえば、宮古市田老地区
では、1896年の明治三陸大津波で死者1,877人（当時の人口
の87％）、1933年の昭和三陸大津波では死者911人（当時の人
口の31％）という被害が出たため、1958年に高さ10m、長さ
1,350m、当時「世界一」と言われる防潮堤を完成させ、1960

年のチリ地震津波でも比較的被害は小さかった。ところが、3.11では、この防潮堤が580mにわたって倒壊して海水が流れ込み、全人口4,432人のうち200人を超す死者・行方不明者を出した。「防潮堤があるという安心感から、かえって多くの人が逃げ遅れた」という指摘がなされた。つまり、自然災害はつねに想定を超えた事態が起こるから「災害」になるのであり、ハードの対策は十分にすべきだが「行政による災害対策や堤防などの社会資本が充実してくるほど、人間の意識が減退する」（片田敏孝「小中学生の生存率99.8％は奇跡じゃない「想定外」を生き抜く力」）という皮肉な結果を引き起こす面もあるのである。

POINT ☞ 対策のジレンマ＝行政による災害対策➡人々の意識の減退

●ソフト面の対策とは？

　むしろ、大震災における経験は、ハード面の対策とともに、人的な訓練や日頃からの訓練といったソフト面での対策の大切さを浮かび上がらせている。たとえば、釜石市は、東日本大震災で大規模な津波に襲われながらも犠牲者数が意外に少なく、小中学生の99.8％が助かっている。この背景には、組織的な取組があったと言われる。釜石市は、学校の地域教育の一環として津波教育を行い、児童・生徒たちに地図に自宅と通学路を書かせ、そこに避難場所を書き入れて、自分専用のハザード・マップを作らせた。数学・算数でも津波の高さや到達距離を計算させる。そのうえで、マップさえ信じずに、その場で判断することの重要性まで教えたという。

大川小の悲劇

　これに対して、宮城県石巻市の大川小学校では児童108人中70人が死亡、4人が行方不明、教師13人中10人が死亡という悲惨な結果になった。この学校は、北上川河口から5km内陸にあるので津波の到達は想定されておらず、むしろ避難場所と考えられていた。地震直後、教職員は児童を校庭に集めたが、どこに避難させるかで意見が分かれ、小高くなった裏山は足場が悪いとして、学校から2kmほどの新北上大橋のたもとをめざして動き出した。その途端に、堤防を越えて津波が襲いかかり児童・教員たちをのみ込んだ。後方にいた教員・生徒たちだけが裏山に駆け登って、間一髪助かったのである。

コミュニティと個人

　ここから得られる教訓は、津波に関する教育や啓蒙に関しては、「集団の結束」に則って「整然とした」行動で突破すること

●最新のトピック　災害対策

にこだわるべきではない、ということである。むしろ、個人個人が適切な判断を下して、それぞれ行動することで、結果として被害を少なくするべきなのである。

POINT 災害教育・啓蒙＝個人の適切な自覚・判断をうながす

　災害時には、伝統的な「共同体の絆」を使って、人々が互いに助け合うべきだというイメージが今でも強いが、災害社会学の知見では、むしろ、既存の日常的な共同体のつながりはほとんど役に立たないと言う。実際、1995年の阪神・淡路大震災でも、町内会が災害時に機能しなかったことが知られている。なぜなら、自治会はトップダウンの組織で、会長がいないと動けないという構造になっており、しかも、会長になる人は高齢者で、災害時には避難して活動できないことが多かったからだ。

自発的互助共同体　むしろ、災害発生時には、今までの社会的インフラが破壊されるので、それに代わる互助共同体が住民から自発的に現れる。しかも特徴的なのは、日常では必ずしもコミュニティの高位にいなかった人がイニシアティヴを取って、自分が持っているリソースを活用し、多種多様な活動を繰り広げることだ。それが結果として、状況を劇的に改善するのである（レベッカ・ソルニット『災害ユートピア』）。

　次の引用は1906年サンフランシスコを襲った大地震の時に、ある中年女性が取った行動である。普通の市民によるリーダーシップで状況が動く様子をよく示している。

　　　公園での三日目に、彼女は毛布とカーペットとシーツを縫い合わせてテントを作った。それは子供13人を含む22人に、雨露をしのぐシェルターを提供した。彼女はさらに飲み物用に空き缶を一つと食べ物用にパイ皿一枚で、小さなスープキッチンを始めた。…キッチンはどんどん大きくなり、まもなく1日に2〜300人の食事を提供するまでになった。…家を失った人々のテントや、ドアやシャッターや屋根材で間に合わせに造ったへんてこな仮設キッチンが町のあらゆるところに出現すると、陽気な気分が広がった。

二次災害の危険　ところが、行政や警察は、このような市民の行動を「既存の社会秩序の混乱」と解釈し、「秩序を取り戻す」ために、強制的で強引な手段をとって介入し、かえって二次災害を引き起こ

してしまう。たとえば、2005年アメリカのニューオーリンズを襲ったハリケーン・カトリーナでは、州知事が「黒人による暴動・掠奪」を恐れて軍隊を導入したために、罪もない住民が射殺される事態になった。軍隊の「鎮圧」による被害者の方が、水死者の数より多かったという報告さえある。このような例を見れば、行政が強権的な手段をとって「秩序回復」を図るという発想は有効でないのは明らかだ。地震被害が起こる度に「緊急事態法が必要」などという主張が一部から起こるが、「中央による統制」はむしろ災害の混乱を倍加しかねないのだ。

ボランティアは入るな？

　能登半島地震でも1月2日の時点で、「道路が分断されて渋滞が発生しているので、ボランティアが石川県に入るのは控えてほしい」と政府や県が要請した。しかし、一部で渋滞はあったものの、それはボランティアではなく、被災者を避難させる親族などの車だったことが明らかになった。しかも、渋滞が解消された後も、政府や県の要請に従って「ボランティアは入るな！」という社会的圧力が醸成され、現地の情報がなかなか上がらず、対策も遅れがちになったという。

個人との協働

　このように「行政の権限を高める」という方策は、必ずしも災害の被害を軽減しない。むしろ、住民の自生的な力を利用し、それと協働するシステムを作るべきだろう。日頃からハード面の対策や啓蒙などの災害予防対策を行うべきだが、実際危機が起こった場合には、判断力・実行力のある個人をその場で見出して、協力して活動するという体制を作っておく。実際、民間のボランティア団体では、阪神大震災・東北大震災の教訓を踏まえて、重機や給水車まで備えたボランティアのプロのような団体が作られており、能登半島地震でも、自衛隊より早く駆けつけた地域もあるようだ。能力の不足する行政より、こういう経験ある人々や団体に任せた方が効果が高いだろう。

POINT 👉 ハード面の対策＋判断・実行力を示す民間と協力する

行政の役割の変化

　行政と市民の協働は、復興プロセスでも同様であろう。災害復興というと、つい国や地方公共団体が中心となって、自衛隊などを使って、すばやく大量の物資を援助するという発想になりがちだ。もちろん被害の発生段階では、このような「人力と物資の一挙大量投入」が有効なのは間違いないが、初期の混乱がおさまって平穏な日常生活に戻っていくプロセスに入っても、まだ多くのなすべきことが残っている。その段階では、現場の需要

援助物資の整理

に合ったものを細かく見分けて、適切なものを適切に分配する能力の方が大事になる。

その意味で言うと、現代では「不足した物資を短期間で大量に届ける」より、むしろ「あふれかえる援助物資をどう整理・分配するか」がメインの問題になる。たとえば、東日本大震災でも、被害が報じられると全国からさまざまな援助物資が大量に集まった。これらは「市民の善意」の表れで歓迎すべきものではある。しかし、問題なのは、その善意が「被災地の需要」とマッチしているとは限らないことだ。

広島土砂災害での混乱

実際、2014年の広島市の大規模土砂災害では、被害は限定された地域で起こり、死亡者数は甚大でも広島市全体で生活物資は不足していなかった。しかし、その事情が、報道では伝わりきらず、全国から援助物資が大量に集まって、県や市の職員がその整理に忙殺された。とくに、古着類は大量に送られ、中には洗濯していないものまであったという。さらに食料品は、賞味期限切れになったり腐敗したりする。さらに厄介なのが「千羽鶴」「寄せ書き」など「気持ち」を表す送付物だ。実際の役には立たないのだが捨てるに捨てられず、結局焼却処分になってしまった。

●大量の援助物資を整理する市職員「支援物資さばききれず」、『中国新聞』平成26年9月5日

「第二の災害」を避ける?

市の地域福祉課では「援助物資を送るときには、事前に連絡をしてほしい」と広報などを通して呼びかけたが効果がなかった。たいていは、突然送りつけ、それどころか着払いで送ってくる場合さえあった。このような膨大な量の救援物資は、大規模災害に見舞われた被災地の混乱を倍加するので「第二の災害」と呼ばれることもある。

ただ、2024年の能登半島地震では「第二の災害」は起こらなかった。むしろ一週間経っても援助物資は不足して、避難所では「飢餓による災害関連死」が心配されたほどである。自衛隊が援助物資を運んでも、そこから、人手不足で避難所まで持

ち込むことができず、末端にまで適切に分配されなかったのだ。これは「ボランティアの自粛」が行き過ぎて、マンパワーが不足した結果だと分析されている。

保管・調達・整理

この合でも、もし物資の保管・調達・整理の専門家がいたら、もっと援助物資を効果的に活用できたはずだ。実際、1997年に福井県で起こったタンカー、ナホトカ号の原油流出事故では、集まったボランティアたちの中に、関東の市役所出身のロジスティクス専門家がいたために、援助物資の仕分けがうまくいったという。全国から集まった援助物資が散乱して、ボランティアたちも混乱していたが、彼が来たおかげで、あるべきところに物資が整理され、作業が劇的に進んだ、という。現在日の災害では、物資不足より、むしろ、集まった物資をどう整理して分配して利用するか、が大切であることをよく表している。

東日本大震災の津波被害の時も、最初の二、三日こそ、避難所で食料不足が起こったが、補給ラインはほどなく整備されて、物資も間もなく潤沢になったと言われる。むしろ食料が届いたという情報を、どう全体に伝えていくか、が課題になった。たとえば、家を失って学校に避難した人には情報が速く伝わるが、家に残っていた人は同じ情報を得るのが難しかったため、住民同士の対立が起こった、などという状況も報告されている。

地域おこしと同じ

その意味で、「災害対策」を、災害が起こった後に、物資をどう大量投入するかというイメージでとらえすぎると間違えるだろう。むしろ「地域おこし」と同様、末端にいる人々が自発的に参加し、現場で創意工夫を出して活動できるような環境づくりが必要なのである。地方行政は、現地の活動をマネジメントしたり、バックアップしたりするという立ち位置になる。実際、「地域おこし」のモデルケースとされる徳島県上勝町も、行政が直接「地域振興」しようとしたが、そのたびごとに失敗を繰り返した。そんななか、献身的な一人の農業指導員が刺身の横に添えられる「つまもの」の栽培というアイディアを思いつくことで、村人たちが積極的に参加できるシステムになった。とくに、高齢者が参加できるやり方が成功に結びついたと言われる。

防災教育の実際

釜石市の津波対策でも、一人のコンサルタントの「防災教育」のアイディアを市が受け入れ、あらゆる機会を通して、津波に対する意識を高めるシステムを具体的に作った。とくに、災害時には、親は必ず子どもを心配する行動を取るので「自分は絶対に逃げる」と親に伝えておけ、と子どもに教えるなど、人々の心理に沿ったきめ細かい配慮をしているのが特徴だ。このよ

うな工夫がうまく働いて、犠牲者の数を減らすことにつながったと分析されている。

　　三陸地方には、「津波てんでんこ」という話が伝えられている。地震があったら、家族のことさえ気にせず、てんでばらばらに、自分の命を守るために1人ですぐ避難し、一家全滅・共倒れを防げという教訓である。…どれだけハードを整備しても、その想定を超える災害は起きうる。最後に頼れるのは、一人ひとりが持つ社会対応力であり、それは教育によって高めることができる（片田敏孝「小中学生の生存率99.8%は奇跡じゃない「想定外」を生き抜く力」）。

個人と行政の関係

　結局、災害対策では、アイディアを出す個人が存在し、それを行政が受け入れ、実情に合ったきめ細かい対策をたてた結果効果が上がっ他のを見て、一人一人の意識も高まり、さらなる結果に結びつく、という循環のプロセスが必要なのである。これはコロナ禍での台湾のIT施策などでも行われている。

個人の着想 ➡ 行政の協力 ➡ 実情に合った具体的対策 ➡

多数の参加者 ➡ 効果的な対策・復興 ➡ さらなる工夫・着想

　したがって、具体的な効果を上げるには「皆の意識を高めよ！」などと精神的スローガンを掲げるだけでは効果がない。むしろ、行政は、自立した発想ができる個人のネットワークと協働して、末端から自発的に復興していく環境づくりを助ける体制をつくることに力を入れるべきなのだ。

官僚機構を補完する？

　そもそも官僚機構は、個別・具体的な対策が苦手である。復興のために多額の予算を取っても、それがどのように使われるか、細かいところまで具体的にトレースする能力が高いとは必ずしも言えない。日本の官僚は、諸外国に比べればはるかに優秀で効率的と言われるが、それでも、巨額の予算を大きなルートを通ってまんべんなくばらまくだけになりがちだ。

　これでは、復興が末端まで届かない恐れがあるだけでなく、「被害を受けた地域は元々生産性がなかった」などと失敗を正当化する暴力的な言説に屈することになりかねない。「災害対策」とは、消防体制とか危機管理体制など、行政側のシステムの充実というより、住民の自発性を醸成していくサポートを中心に据えるべきなのである。

> 令5・名古屋市
> 南海トラフを震源とする大規模な地震の発生確率が、今後30年間で70から80％と切迫度を増しています。また、近年では全国的に豪雨の発生回数が増加しており、洪水や高潮による浸水被害も懸念されています。そこで、本市がより一層自然災害に強いまちになっていくための備えとして、どういった施策に取り組むべきか。あなたの考える「自然災害に強いまち」を述べ、本市の現状と課題について論じたうえで、それを解決するための施策を具体的に述べてください
> （60分・字数不明）

解説します

問題を分割する

設問を整理してから解答内容を決める。まず「大規模地震の発生」、次に「豪雨・洪水・高潮による浸水被害」への懸念が言われ、「自然災害に強いまち」になるための施策が求められている。答案では「自然災害に強いまち」を一般化し、「名古屋市の現状と課題」に適用して、「具体的施策」につなげる。近年の大地震や浸水被害の分析から始めると書きやすいだろう。

どんな事例に近いか？

地震については、2024年1月の能登半島地震が記憶に新しいが、この地域は過疎化が進み、名古屋市とはかなり条件が異なる。また、2011年の東日本大震災は範囲が広く、地震そのものより津波被害と原発の危険の方が重大だった。都市の災害という点では、むしろ、1995年阪神大震災の方が参考になるだろう。実際、地震では、1861年にはM.8.0の地震が発生し、愛知県で2,000人を超える死者を出した例がある。

浸水被害の危険

浸水被害については、地域的特性も関係する。名古屋市は、東側は台地が拡がるが、北・西・南は庄内川の洪積平野であり、海抜ゼロメートル以下の土地も少なくない。また伊勢湾は浅く内陸まで拡がっている。そのため、台風などの高潮被害に遭いやすい構造となっている。実際、1954年の伊勢湾台風では、2,000人近くの死者を出し、以後「伊勢湾級災害に備えられる」対策が行われている。つまり、名古屋市は自然災害に対して、地形的にやや脆弱なのである。実際、2000年にも、台風と秋雨前線の影響で、過去の二倍近い降水量の豪雨になって、堤防が決壊して市全体で38,000世帯以上が浸水した。このような内水氾濫は死傷者こそ少ないものの、経済的な損害は大きい。

どんな施策か？

　この地形で「自然災害に強いまち」を作るのは、設問の言うように「地震・洪水・高潮」などという全方位的な備えが必要になる。当然、いくらハード的に対策しても完全にはほど遠く、弱いところが生じて、そこから災害が発生する確率が高くなる。2000年の氾濫でも、当日の降水量は「100年に一度」と言われ、事後にそのレベルを予定して堤防整備を行うかどうか、については議論になった。住民の一部は、庄内川の水を新川に流す洗堰の管理が悪かったとして、国や県に損害賠償を求めて裁判を起こしたが、10年後、名古屋高等裁判所で請求を棄却された。

ハードよりソフト

　この経緯を見れば、「知識と理解」で論じたソフト対策の重要性も納得できる。なぜなら、「自然災害」とは、つねに想定を超えた規模で起こるので、ハードをいくら充実させても追いつかないからである。財政的に「100年に一度」の比較的まれな災害を防ぐために資金を注ぎ込むことが正当かどうかも問題になる。むしろ、災害が起こっても被害を最小化する減災の方向も探るべきだろう。「津波てんでんこ」などを素材として使えば、人的な啓蒙・教育活動などのソフト面を強調できよう。「知識と理解」編にも述べたように、釜石市では、次世代に対する教育に力を入れた。津波に対するシミュレーションを学校教育の中に取り入れるとともに、自発的な判断ができる素地を養った。その効果があってか、釜石市の小中学生の生存率は99.8%になったと言う。普通、教育の必要を提唱するだけでは、行政への提案としては不十分だが、このような事実を指摘すれば、説得力を持って受け取られるはずだ。

答案例

地域の特徴と災害

　地球温暖化の影響か、台風や豪雨による風水害は増えており、被害が起こる度に「数十年に一度の…」という修飾が頻繁に繰り返されている。とくに名古屋市の場合は、伊勢湾が内陸まで入り込む一方で、平野は干拓地も多く、海抜ゼロメートル以下の土地も少なくない。そのため、1954年の伊勢湾台風では、2,000人を超える死者が出ており、以後、防災は「伊勢湾級の被害に備える」ことが至上命題になっている。

　一方で、近南海トラフや活断層による大地震も懸念されており、いったん発生したら、阪神大震災に匹敵する死者が、名古

屋市で出る恐れもある。阪神大震災では家屋やインフラが広汎に破壊されるとともに火災も発生し、5,000人以上が亡くなった。

このように名古屋が抱える災害リスクは大きく、そのすべてに手当てすることは困難と言えよう。実際、2000年に起こった氾濫では、庄内川の水を新川に流すための洗堰改修の計画があったのに、工事する前に災害が起こってしまった。

ソフト面での対策

そもそも、自然災害はつねに想定を超えた規模で発生し、だからこそ「災害」になるとも言える。したがって災害にならないように対処しても、その「想定」を超えて発生する。むしろ、災害が起こっても、どうフェイル・セーフできるかを考えるべきだろう。堤防を整備しようにも「100年に一度」という頻度の災害に対して、どれだけお金を掛けられるか、も問題になろう。むしろ、ハード面の充実すると「防災意識」が薄まるという皮肉な傾向さえ見られる。とすれば、防災より、むしろ「減災」の方向も重要になろう。

教育の効用

たとえば、東日本大震災では、釜石市は、市内の小中学校で津波についての組織的な啓蒙・教育活動を行っていたことで犠牲を少なくした。地図に自宅と通学路を書き入れ、そこに避難場所を書き入れさせ、自分だけのハザード・マップを作らせる。数学・算数では津波の高さや到達距離を計算させる。最終的には、そうやって作ったマップさえ頼らず、その場でとっさに判断するように教える。その結果、小中学生にはほとんど犠牲者が出なかったという。

応用の方法

同様な対策は、台風・豪雨被害でもできるはずだ。小中学校などでハザード・マップを作ったり避難場所を確認したり、あるいは、実際に自宅から避難所まで行ってみて距離や時間を計ったりすれば、災害を具体的なイメージとしてとらえることができよう。そのうえで、実際に防災訓練を行えば、より効果的なものになるはずだ。

長期的な対策

このようなハザード・マップは、都市計画にも活かされるべきだろう。たとえば、福島県須賀川市では中央を川が流れるが、人口減少に備えてコンパクトシティ化を進める中で、浸水が予想される地域に市街地が重なってしまった。これでは自ら水害の原因を作ることになりかねない。過去のデータに基づいて、生活に即したきめ細かな対策を立てる一方で、たとえ災害が起こっても、自主的で適切な判断ができる住民が多くなるような施策を進めるべきだろう。

出題例と研究

類題をやってみよう

令2・福島県

近年、大型台風や豪雨による災害が多発しているが、これらの災害に対する備えと災害が発生した後の対応について、行政としてどのような取組ができるか、あなたの考えを述べなさい（80分・1000 〜 1500 字）

＊台風や豪雨の被害については答案例とほとんど同じ。福島県の地域特性に適用する。地球温暖化による影響を拡充してもよいかもしれない。

論点ブロック

災害対策

定義	「災害」は、つねに想定を超える被害を引き起こす⇒ハード面・行政システム面での対策だけでは「災害」に対処できない
背景	東日本大震災における津波被害の大きさ⇒世界一の防潮堤も破壊される⇒人的被害を少なくしたのは、むしろ教育・啓蒙などのソフト面での対策⇒減災を目指す
現状分析	「意識の向上」などの抽象的スローガンは形骸化する＋役にたたない⇒具体的なシミュレーションを通じて、自主的に適切な判断ができる人間を育てる⇒災害を乗り切り、復興させる人材となる
提案・解決	災害対策は「地域おこし」の条件と同じ＝行政主導で押しつけても効果はない⇒地域住民が積極的に参加する環境を整える＝行政は地域の共同体を補完する役目を果たす

●● 過去問データ

令3・東京都「(1) 別添の資料より、首都直下地震から命と財産を守るとともに、社会経済活動の麻痺による甚大な影響を回避するために、あなたが重要であると考える課題を 200 字程度で簡潔に述べよ (2) (1)で述べた課題に対して、都はどのような取組を進めるべきか、あなたの考えを述べよ（別添資料１：首都直下型地震により装帔される被害、別添資料２：東京埼玉に起こった地震の新聞記事）」

論文出題例　地方上級　令和元年〜令和5年度

★受験者からの情報、自治体へのアンケート、HP等より作成。空欄箇所は不明。
★出題例のあとに本書の参照すべきテーマの番号を付した。傾向分析や対策
をたてる際に有効に利用してほしい。

自治体	出　題　例	年度	時間・字数	参照テーマ
北海道	●（一般行政）道では、「『北海道 Society5.0』の実現」を掲げている。積雪寒冷、広域分散型の地域特性を持つ北海道において、暮らしや産業など各分野で、デジタル技術を活用した地域課題解決の先進地を目指すために、どのような取組が必要か、あなたが考える具体的な取組とその理由について書きなさい	令4	90分　字数不明	❶❿
	●（一般行政・教育行政）道では、「Society5.0 時代に向けた未来技術を活かした産業の振興と地域の活性化」を掲げている。道が直面するさまざまな課題と ICT 技術を結びつけ、地域課題の解決や産業の振興を図るために、どのような取組が必要か、具体的な取組とその理由について書きなさい	令3	90分　字数不明	❶❿
	●（警察行政・公立小中学校事務）未成年者を、コミュニティサイト（SNS 等）や出会い系サイトの利用による危険性から守るために行政としてどのような取組が必要か。具体的な取組とその理由についてあなたの考えを書きなさい	令元		❽❶
青森県	●青森県における自殺者数は前年から 35 人増え 293 人で、人口 10 万人当たりの自殺者数（自殺死亡率）は 23.7 人と全国で最も多く、また、前年の自殺死亡率からの増加幅は 2.9 ポイントと全国最大であった。このような状況を改善するため、どのような取組が必要か述べなさい	令4	60分　800字	❿⓮
	●あなたが考える「暮らしやすい青森県」について、実現に向けた課題を挙げ、どのような取組を行うべきか述べよ	令3	90分　800字	❻❿
	●（行政）新しい生活様式の下での今後の社会経済のあり方について、あなたの考えを述べなさい	令2	60分　800字	⓫
岩手県	●（一般行政 A）岩手県が抱える課題と解決策	令5	80分　800字	❹❿
	●（一般行政 A）岩手県が特に解決しなければならない課題を挙げ、それを解決するために必要な取組は何か具体的に論ぜよ	令3	80分　字数不明	❹❿
	●（一般行政 A）人口の減少は、需要の減少をもたらし、地域経済をはじめ、地域の社会システムにさまざまな影響を与えることが指摘されている。そこで、岩手県の現状における課題を1つ挙げ、10 年後における望ましい姿を述べるとともに、その			

自治体	出　題　例	年度	時間・字数	参照テーマ
	ために必要な取組について、具体的に論じなさい	令2	80分	❹❺
	●（一般行政B）本県では、「東日本大震災津波の経験に基づき、復興に取り組みながらお互いに幸福を守り育てる希望郷いわて」を基本目標に、今年度から10年間を計画期間とする「いわて県民計画（2019〜2028）」を策定し、岩手のあるべき姿を実現するための施策を展開している。そこで、現在の県政課題を1つ挙げその課題の10年後における望ましい姿を述べ、そのために必要な取組について具体的に論じなさい	令元		巻頭 ❿⓯
宮城県	●（行政）厚生労働省発表の日本の「子どもの貧困率」（17歳以下）は13.5%である。子どもの貧困がもたらす影響について考察するとともに、そのような状況にある子どもに対し、どのような支援が有効と考えられるか、あなたの考えを述べなさい	令3	120分 1600字	❽⓮
	●（行政）東京圏在住者（20〜59歳）の約50%が「地方暮らし」に関心を持っているなど、都市圏からの地方移住への関心が高まっている。実際に移住するに当たって課題となりうる要素を考察し、それらの課題に対しどのような取組が有効と考えられるか、あなたの意見を述べなさい	令3		❺❿
	●（行政）地域に住む外国人が直面する課題は何かを示し、その課題をどう解決していくかについて述べよ	令元	120分 1600字	❺⓭
秋田県	●人口減少やさまざまな危機管理への対応をはじめ、自治体を取り巻く環境が変化していく中で、本県が最も重点的に取り組むべき課題を挙げて、想定される問題点と解決策についてあなたの考えを述べなさい	令4	60分 800字	❹⓫
	●秋田県の重要課題を2つ挙げ、それぞれの解決に向け、県がいつまでに何をしていくべきか述べなさい	令3	60分 800字	❹ ❺❿
	●（論文試験Ⅰ）地域の住民や観光客が気付かない秋田県の魅力を一つ挙げ、その魅力を知ってもらい、また、活かしていくためにはどうすればよいか、あなたの考えを述べなさい	令元		⓯
山形県	●新型コロナウイルス感染症は県民の生活や社会・経済活動に大きな変化をもたらしたが、変化の具体例を挙げ、その変化に対し山形県が取り組むべき施策について、考えを述べなさい	令4	60分 1000字	⓫
	●近年、ワーク・ライフ・バランスの実現に向けたさまざまな施策が行われているが、施策が求められる背景と行政が取り組むべき具体的な施策について、考えを述べよ	令3	60分 1000字	❺⓰
	●山形県では、高等学校や大学卒業後における若者の地元定着への取組を推進しているが、施策が求められる背景と県が取り組むべき具体的な施策について、考えを述べよ	令2	60分 1000字	❺ ❽⓯
福島県	●働く女性が個性と能力を十分に発揮し、活躍できる社会を実現するために、行政としてどのような取組ができるか、述べよ	令4	60分 800字	⓰
	●東日本大震災から10年が経過した本県の現状を踏まえ、復			

自治体	出 題 例	年度	時間・字数	参考テーマ
	興をより進展させるために解決すべき課題を挙げ、行政としてどのような取組ができるか、あなたの考えを述べなさい	令3	時間不明 800字	❺ 巻頭⓫
茨城県	●本県の観光産業について、観光産業の現状や社会情勢等を踏まえて、どのような施策を推進していくべきか、考えを述べよ	令4	80分600〜1000字	❿⓯
	●さまざまな環境問題の解決に向けて、私たちはどのように行動すべきか、あなたの考えを述べなさい	令3	80分600〜1000字	❼⓬
	●社会経済がグローバル化してきたなか、茨城県が発展していくために取り組むべき施策について、あなたの考えを述べよ	令2	80分600〜1000字	❺ ❿⓭
栃木県	●高齢者がいきいきと暮らせるとちぎの実現に向けた取組について述べよ	令4	90分1100字	❸
	●地域活性化対策について	令3	90分1100字	❿⓯
	●（行政（特別枠））デジタル技術の活用による地域課題の解決に向けた取組について	令3	90分1100字	❶❷❻
群馬県	●（Ⅰ類）本県では、「群馬県庁DXアクションプラン」を策定し、令和5年度（2023）までに日本最先端クラスのデジタル県の達成をめざしている。行政のデジタル化の推進のために、県ではどのような施策に取り組めばよいか、考えを述べよ	令3	90分1100字	❶❻
	●（Ⅰ類）近年、持続可能な社会を実現するための機運が高まっている。SDGsを達成し、持続可能な社会を実現するために、群馬県はどのようなことに取り組んだらよいか。あなたの考えを述べよ	令2		❼⓬
	●（Ⅰ類）長寿化が進み、「人生100年時代」が訪れようとしている。人生100年時代に向けて、群馬県はどのような施策に取り組めばよいか、あなたの考えを述べよ ※人生100年時代：ある海外の研究では、2007年に日本で生まれた子どもの半数が107歳より長く生きると推計されており、日本は健康寿命が世界一の長寿社会を迎えている。（人生100年時代構想会議中間報告より引用）	令元		❸❺
埼玉県	●新型コロナウイルス感染拡大の影響が長期化することにより、これまで内在していた孤独・孤立の問題が顕在化し、一層深刻な社会問題となっている。次の2点について考えを述べよ 1　新型コロナウイルス感染拡大前から、人と人との関係性や「つながり」が希薄化していった背景には、どのような要因があるか　2　特に支援が必要な人の例を1つ挙げ、行政としてNPO等と連携しながら、どのように取り組んでいけばよいか	令4	75分900〜1100字	⓫
	●本県は、行政のデジタル化を推進し、社会基盤としてのデジタルインフラを浸透させることで社会全体のDXをめざす「埼玉県デジタルトランスフォーメーション推進計画」を策定した ①デジタル社会の実現が求められる社会的背景、理由は何か ②実現に向け、取り組むべきことやその課題は何か	令3	75分900〜1100字	❶❻

自治体	出 題 例	年度	時間・字数	参照テーマ
	● (一般行政) 埼玉県は県外に通勤または通学している者が100万人を超えており、その多くは「埼玉都民」と呼ばれる東京都内への通勤・通学者である。また、埼玉県の昼夜間人口比率は88.9で、全国の都道府県の中で最も低く、埼玉県の大きな特徴である。①この特徴は埼玉県や県民生活にどう影響を与えているか。②その影響を踏まえ、行政はどのように取り組むべきか	令2	900〜1100字	❺❿
千葉県	●人口減少・少子高齢社会が本格化し、課題の複雑化と財政状況の悪化が懸念されるなか、自治体が単独で対応することには限界が出てきている。そうした限界を克服する方法として注目されているのが、広域連携である。今後、どのような政策課題について、いかなる広域連携が効果的か、具体的な事例を挙げて論ぜよ	令4	90分	❺❿
	●コロナ禍における新しい行政課題について、具体的な課題とその対応策を述べよ	令3	90分	❺⓫
	●人口減少や少子高齢社会を背景に、税収の減少などにより、行政コストが削減され、公共サービスが縮減していくことが懸念されている。そうした中で、行政はいかなる発想と工夫を施していくべきか、具体的な政策課題を挙げて論じなさい	令2		❸❹ ❻❿
	● (一般行政A) 持続可能な行政サービスについて	令2	120分 800字	❻❼
東京都	● (Ⅰ類B)(1) 別添の資料より、正しい情報をタイムリーに伝える「伝わる広報」を展開するために、あなたが重要であると考える課題を200字程度で簡潔に述べよ（資料は省略） (2)(1)で述べた課題に対して、都はどのような取組を進めるべきか、あなたの考えを述べよ。解答に当たっては、解答用紙に都はどのような取組を進めるべきか、あなたの考えを述べよ。解答に当たっては、解答用紙に(1)、(2)を明記すること 資料1　今後力を入れて欲しい広報媒体と都政情報の入手経路 資料2　これからの都政の進め方について都民が望むこと 資料3　都政情報の充足状況	令5	90分 1200字	❶ ❻⓲
	● (Ⅰ類B)(1) 別添の資料より、首都直下地震から命と財産を守るとともに、社会経済活動の麻痺による甚大な影響を回避するために、重要だと考える課題を200字程度で簡潔に述べよ (2)(1)で述べた課題に対して、都はどのような取組を進めるべきか、あなたの考えを述べよ。なお、解答に当たっては、解答用紙に(1)、(2)を明記すること 資料1：表「首都直下地震により想定される被害」 資料2：令和3年10月8日の「東京・埼玉・震度5強」毎日新聞記事	令4	90分 1000〜1500字	❺ 巻頭⓲
	● (Ⅰ類B)(1) 別添の資料から、誰もが安心して働き続けられる東京を実現するために、重要であると考える課題を述べよ			

自治体	出題例	年度	時間・字数	参照テーマ
	(2)(1)で述べた課題に対して、都はどのような取組を進めるべきか、あなたの考えを述べよ			⑤
	資料1：グラフ「仕事」、「家庭生活」、「地域・個人の生活」の関わり方」「年齢階級別就業率の推移」			⑥⑩
	資料2：グラフ「初職の離職理由」	令3	90分1000〜1500字	⑯⑱
	● （Ⅰ類B）(1) 別添の資料から、高齢者が安心し、生きがいを持って暮らしていくために、あなたが重要であると考える課題を200字程度で簡潔に述べよ。(2)(1)で述べた課題に対して、都はどのような取組を進めるべきか、あなたの考えを述べよ。なお、解答に当たっては，解答用紙に(1)、(2)を明記すること			
	資料1：グラフ「高齢者人口の推計と高齢者の外出時の障害」			❶❸
	資料2：グラフ「インターネットの使用頻度と取得した情報等」	令2	90分1000〜1500字	⑤⑱
神奈川県	●少子化における人材活用について	令5	90分1200字	④
	●格差社会について、あなたが感じる最も強い格差とその対処について述べよ	令3	90分1200字	⑭
	● （行政）地方公共団体では近年財政難により、行政サービスを別の団体に提供を委託することが増えている。現在の行政サービスの中で、行政で行わなくてもよいサービス、行政の担う役割を少なくしてもいいサービスを挙げ、その理由と、具体的な提供主体、提供手法を論じなさい	令2	90分1200字	⑤⑥
山梨県	●山梨県の魅力とは何かを挙げ、その魅力を最大限に活かし、「県民一人ひとりが豊かさを実感できるやまなし」を実現するために、県としてどのような施策に取り組むべきか、述べよ	令4	90分	⑩⑮
	●ウィズコロナ、ポストコロナ時代の行政需要に対応するために、山梨県としてどのように取り組むべきか、県が抱える行政課題を一つ以上挙げながら、あなたの考えを述べなさい	令3	90分	⑤
				⑦⑪
	● （水産）山梨県では「県民一人ひとりが豊かさを実感できるやまなし」をめざすべき姿としているが、あなたが考える「豊かさ」とは何か、また実現させるための政策について論ぜよ	令2	90分1200字	⑬⑯
長野県	●令和2年度の長野県内の育児休業取得率は、女性が96.4%、男性が19.8%である。以下の資料を踏まえ、男性の取得率を上げる必要性を考察したうえで、行政としてどのような施策が必要か、具体的に述べよ	令4	90分1200字	⑯
	● （行政A）「誰一人取り残さない社会」を実現するうえで重要な課題を挙げ、その解決のためにどのように取り組むべきか	令3	1200字	⑤⑩⑭⑯
	● （行政B秋季）気候変動に伴い激甚化・頻発化する災害から県民の生命と財産を守るため、どのような施策を行うべきか	令3	1200字	巻頭
新潟県	●新潟県では観光立県推進行動計画を策定し、観光振興に取り組んでいる。新潟県が観光立県として更に発展するために、観光資源とその活用方法について自由に意見を述べよ	令4	75分1000字	⑩⑮

自治体	出 題 例	年度	時間・字数	参照テーマ
	●国家公務員採用試験の申込者数は減少傾向にある。その要因を述べるとともに、あなたが公務を志した理由について述べよ	令3	75分1000字	❾
	●（一般行政）新型コロナウイルス感染症の影響下、社会・経済活動の活性化に向けて、県としてどのような取組を進めるべきか、あなたの考えを述べなさい	令2	1000字	❺⓫
岐阜県	●岐阜県ではデジタル・トランスフォーメーション推進計画を策定し、情報格差の解消を図るとともに、あらゆる分野においてDXを推進することとしている。デジタル社会形成のため、必要と考える施策を述べなさい	令4	60分	❶⓰
	●新型インフルエンザ等対策特別措置法に基づく3回目の緊急事態宣言は解除されたが、回を重ねるごとに事態は悪化している。このような状況を踏まえ、本県が取り組むべきことは何か	令3	60分	❿⓫
静岡県	●（行政Ⅱおよび行政〈静岡がんセンター事務〉以外）若年層の人口減少について	令5	90分1000～1200字	❹
	●（行政Ⅱ）「児童虐待相談対応件数の推移」の表（略）から、社会経済環境の変化を考察しつつ、何を読み取れるか述べよ。それを踏まえ、静岡県が子育てしやすい地域になるための具体的な施策案を論じなさい	令3	90分	❽
愛知県	●（行政Ⅰ、専門職）愛知県における喫緊の課題は何か。その理由と解決策も述べよ	令5	90分800字	❺❿
	●（行政Ⅰ）本県において、今後、5年間にデジタル化を最も推進すべき分野を一つ挙げ、そのように考える理由と、どのような施策を実施することができるかを述べよ	令3	90分	❶❻
三重県	●三重県では、令和8年度までの5年間において、「ゼロエミッションみえ」プロジェクトを進めている。カーボンニュートラルの施策を推進するにあたり生じる課題を述べ、どのような点を考慮して対策を行えば良いか述べよ	令4	90分1200字	❼
	●（A試験）三重県では人口減少傾向が続いている。人口減少に歯止めをかけ、地域の持続的な活性化を図るために、限られた予算の中で、どのような点を考慮して対策を行えばよいか。人口減少が進む要因とそれがもたらす影響に触れて述べよ	令3	90分1200字	❹⓰
富山県	●富山県では、「幸せ人口1000万～ウェルビーイング先進地域、富山～」を目指している。どのような取組をすれば、富山県に関わる仲間が増え、集積するようになるか考えを述べよ	令4	60分	❺❿
	●（総合行政）新型コロナウイルス感染拡大により、オンライン手続きの不具合やテレワークの阻害要因など、多様な分野でデジタル化への課題が浮き彫りとなった。デジタル化を推進するため、県としてどのようなことに取り組むべきか述べよ	令3		❶❻
石川県	●石川県の多様な文化の発信について	令4	70分800字	⓯
	●少子化対策において重点を置くべきライフステージについて	令3	70分800字	❹⓰

自治体	出題例	年度	時間・字数	参照テーマ
	● 2023年春の北陸新幹線県内全線開業は本県にとって「第二の開業」であり、県内全域の振興を図る絶好のチャンスである。そこでこのチャンスを活かし効果を生み出していくには、県としてどのような取組をしていけばよいか、考えを述べよ	令2	70分 800字	❺ ❿❻
福井県	● SDGsの達成に向けた取組について SDGs17のゴール（目標）1 貧困をなくそう等17は省略 (1)SDGsの目標の中で、最も関心を持っている、または最も重要と考えているものを1つ挙げ、その理由について述べよ (2)本県の職員になった場合、(1)で挙げた目標を達成するために解決すべき課題を挙げ、取り組んでみたい施策について述べよ	令4	70分 800字	❼❹
	●本県では「第2期ふくい創生・人口減少対策戦略」を策定した。(1) 本県への移住・定住を増やすため、県としてどのような課題に重点的に取り組む必要があるか (2) (1)で挙げた課題に対し、効果的と考える施策をその理由を含めて述べよ	令3	70分 800字程度	❸ ❹❿
滋賀県	●日本における女性の政治参画は国際比較でも非常に低い水準となっている。地方公共団体の首長や議会においても同様だ。このような状況が社会にもたらす影響について言及し、女性の政治参画をより一層促すためにどのような取組が必要か述べよ	令4	90分	❻
	●出産期を境とした女性の正規雇用率の低下が問題となっている。こうした状況を踏まえて、正規雇用の女性を増やすために行政はどう対応すべきか	令3	90分	❺❻
京都府	●東京圏への一極集中により地方から人口が流出し、さまざまな社会的・経済的な問題を発生させている。一方で、テレワークの普及等を受け、地方移住への関心が高まっている傾向もある。(資料略) 問1 資料を踏まえ、地方公共団体が移住・定住施策を実施するにあたり、その課題は何か述べよ		90分 400字	
	問2 移住・定住を推進するために京都府が実施すべき事業とその解決策、期待される事業効果を述べよ	令4	90分 600字	❹❿
	●（Ⅰ類）京都府では、生涯学び・働き続けることのできる社会の実現に向け、リカレント教育の支援拠点を設置した。(表略) 問1 リカレント教育を推進するための課題を述べよ		400字以内	❸
	問2 問1の記述を踏まえ、リカレント教育の推進事業述べ、その課題と解決策、期待される事業効果を論ぜよ	令3	600字以内	❻❽
大阪府	●育児休業制度に関して (1)男性の育児休業取得率が女性と比べて低い背景に触れつつ、男性の育児休業取得を促進することの意義について述べよ (2)男女がともに仕事と子育てを両立できる社会の実現に向け、どのような取組みが必要か述べよ	令4	60分	❻
	●（行政）感染症を恐れることで生じる運動不足やストレスが健康に及ぼす影響が危惧されている。(1) 高齢者のフレイル予			

自治体	出　題　例	年度	時間・字数	参照テーマ
	防の必要性について述べよ。(2) (1)を踏まえ、高齢者自身と家族等も含め、社会全体としてどのような取組が必要か	令3	60分	❸
兵庫県	●SDGsに取り組む意義を踏まえ、下記の5つの目標のうち、最も関心のあるものを記載し、その実現に向けどのような取組を行うべきか述べよ。 (保健)、(エネルギー)(インフラ、産業化、イノベーション)、(レジリエント)、(持続可能な都市)、(気候変動)から選択	令4	60分 800字	❺ ❼⓬
	●(行政A)人口減少や少子高齢化、自然災害の激甚化などさまざまな課題に直面する一方、AIや情報通信技術の発達など、未来につながる動きが加速化している。本県では、生活、人、産業、地域のすべてがバランスした「すこやか兵庫」の実現をめざしているが、それはどのような社会か、その実現にどう取り組めばよいか考えを述べよ	令3	90分	巻頭❶ ❹❺
奈良県	●県内における女性の就業率が低い要因を整理・分析したうえで、女性が就労により能力を発揮し活躍するために行政としてどのような施策に取り組むべきか、具体的に述べよ	令4	75分 800字	⓰
	●(行政B)奈良県では、広範な分野にわたる統計資料などから、県の強み・弱みを分析し、行政資源(人材、財源、施設・設備)を総動員して「奈良県の力の底上げ」を図ろうとしている。あなたが考える奈良県の弱みを分析し、その弱みを補強するために有効な施策を具体的に述べよ	令3	75分 800字	❺ ⓾⓯
和歌山県	●コロナ禍で生じた課題を一つ挙げ、その解決のために県が取り組むべき施策について、あなたの考えを述べなさい	令4	90分 1200字	⓫
	●①若者の地元定着を促進するために取り組むべき施策について述べよ　②和歌山県の「キャッチフレーズ」を考え、その実現に必要な施策について述べよ(その他5題)	令3	90分 1200字	❽ ⓾⓯
	●(Ⅰ種)新産業の創出・先端技術の導入を加速化するために県はどのような取組を行うべきか、考えを述べよ	令2		❶⓾
鳥取県	●さまざまな分野で女性の活躍が求められているにもかかわらず、わが国の女性活躍が世界に比べて進まないのはなぜか	令4	60分	⓰
	●10年後のわたしたちの暮らしがどのようになっているか想像し、そのように想像する理由について述べよ	令3	60分	❶⓰
	●新型コロナウイルスの感染拡大の中、インターネットによる誤った情報の拡散により、生活必需品の不足などが生じたが、さまざまな情報との適切なつきあい方について考えを述べよ	令2		❶⓫
島根県	●島根創生計画では、合計特殊出生率を上昇させることと、人口の社会移動均衡させることを目標として掲げている。目標達成のためどのようなことに取り組んでいく必要があるか述べよ	令4	90分 800字	❹
	●(行政B)培った能力や成果等についてアピールし、それを本県行政においてどのように活用できるか述べなさい	令3	120分 1600字	❺⓱

自治体	出　題　例	年度	時間・字数	参照テーマ
岡山県	●（警察行政職員A）あなたが警察行政職員を志した理由を述べた上で、どのような警察行政職員になりたいのか論ぜよ	令2		❺❾
	●（警察行政職員A）あなたのこれまでの経験や知識を、警察行政職員としてどのように活かしていくか。考えを述べなさい	令元		❺⓱
広島県	●地域共生社会の実現に向けた取組について 地域のつながりが希薄化しており、必要な支援が届かないといったケースがある。こうした課題に対してどのように取り組むべきか、考えを述べよ	令4	800字	❺⓰
	●（行政（一般事務B）SDGsの目標達成のため、広島県が実施すべき取組はどのようなものか、あなたの考えを述べなさい	令3	90分800字	❺❼
	●（行政）「都市と自然の近接性」という広島の強みを活かし、それを実現するために、県が取り組むべきことについて述べよ	令3	90分800字	❿⓯
山口県	●（行政職）「新たな日常」を支えるデジタル化を推進していくうえで、県として必要な取組は何か	令3	60分	❶⓯
	●未来技術を活用した課題の解決のために必要な取組について	令2		❶
徳島県	●「デジタル田園都市国家構想」において、課題に挙げられている4つの中から、特に解決すべきものを1つ選び、デジタル技術を活用した効果的な解決策について述べなさい　○地方に仕事をつくる　○人の流れをつくる他2つ	令4	90分1000字	❶ ❺❿
	●（行政事務）これまで以上に徳島への新しい人の流れ（移住）を促進できるよう、自由な発想でアイデアを述べなさい	令3	90分1000字	❶⓯
香川県	●県民が豊かさを実感しながら安心して生活できる社会を実現するために、デジタル技術の利活用の観点から、どのような取組みを進めるべきか、述べよ	令4	90分	❶⓰
	●（一般行政事務Aその他）毎年連続で人口が減少し、地域活力の低下が懸念される中、「持続可能な香川県」を実現するためにどのような取組を進めるべきか述べよ	令3	90分	❹ ❿⓯
愛媛県	●どちらかを出題○ウィズコロナを見据えた「攻め」の社会経済活動について○オール愛媛で取り組むべき重要施策について	令4	60分	❿⓫
	●（上級・行政事務B）新型コロナの存在を前提とした「新たな日常」の実現に向けた取組について述べよ	令3	60分	❶ ⓫⓰
高知県	●脱炭素社会の実現に向けて、高知県としてどのように取り組んでいく必要があか。具体的な施策を挙げながら述べよ	令4		❺❼
	●（行政・事務）人口減少や高齢化が進んでいく中でウィズコロナ、アフターコロナ時代のキーワードとなる「デジタル化」の取組推進が求められる。こうした状況の中、持続可能な地域社会作りにどう取り組めばよいか、考えを述べよ	令3		❶ ❻⓫
福岡県	●【課題1】「誰もが住み慣れたところで働く」を実現するため、行政として取り組むべきことはなにか			❿⓰
	【課題2】人口減少により生じる問題と改善・解決の方策			❹

自治体	出 題 例	年度	時間・字数	参照テーマ
	【課題3】防災・減災対策について考えを述べよ	令4		巻頭
	●（行政）課題2　児童虐待を防止するためには、行政・教育・医療機関等が連携し、社会全体で取り組む必要がある。児童虐待の発生予防、児童虐待発生時の対応及び虐待を受けた子どもの自立支援の観点から、行政機関が推進すべき取組について、あなたの考えを具体的に述べなさい	令3		❽
佐賀県	●佐賀の子どもたちに「佐賀県」に対して誇りを持ってもらうため、どのような取組が必要か、述べなさい	令4	90分1000字	❽
	●佐賀県では、「いちごさん」やかんきつ「にじゅうまる」など、優れた農産物が生産されている。これらの新品種の販路拡大や認知度向上のために必要な取組について考えを述べよ	令3	90分1000字	⓯
長崎県	●次の3つの中から、一つ挙げたうえで、新しい長崎県づくりを実現していくための効果的な取り組みについて述べよ　1「全世代の暮らしを安全・安心で豊かにする施策」2「チャレンジし成長し続ける施策」3「選ばれる長崎県を県民と一緒につくる施策」	令4	90分1200字	❹ ❿⓯
	●（行政B）「誰一人取り残さない」持続可能な社会の実現のために、長崎県行政として求められる具体的な取組は何か	令3	90分1200字	❺ ❼⓮
熊本県	●熊本県の「めざすべき姿」はどのようなものか、述べよ	令4	90分75〜1500字	❺⓯
	●（行政、警察行政、教育行政、心理判定員）人口減少が本県に与える影響をあげ、それを解消するためにどのような取組を行うべきか、あなたの考えを述べなさい	令3	90分1000字	❹ ⓮⓯
大分県	●人口減少が本県に与える影響を挙げ、県として、どのような施策に取り組むべきか、考えを述べなさい	令4	80分1000字	❹❺
	●「大分県」が抱える災害リスクや災害対策の課題を2つ以上あげ、当該リスクの回避や課題解決に向けて、限られた予算の中で今後5年間のうちに現実的にできることは何か	令3	80分1000字	巻頭
宮崎県	●あなたにとって持続可能な社会とはどのようなものか。考えの根拠とともに、県として何に取り組むべきか具体的に述べよ	令4	90分	❺❼
	●（一般行政、警察事務）宮崎県は『未来を築く新しい「ゆたかさ」への挑戦』のもと、将来像を「人」、「くらし」、「産業」の3つの側面から描いている。あなたの一番関心の高い側面から、課題をあげ、必要な取組を提案し、その実現に、自身の強みをどのように活かしたいか述べよ	令3	90分	❸ ❹⓰
鹿児島県	●鹿児島県の今後の県勢発展のためには、経済を持続的に発展させることで、「稼ぐ力」を向上させ、県民所得の向上を図る必要がある。具体的にどのような取り組みが必要か、述べよ	令4	90分1000字	❿
	●（行政）地方回帰の機運が高まっている。鹿児島を活性化するために県としてどのような取組を行う必要があるか	令3	90分1000字	❿
沖縄県	●（行政Ⅰ）テレワークについて	令2	120分1000字	❶❿

自治体	出　題　例	年度	時間・字数	参照テーマ
	●（病院事務）県立病院の今後の進むべき方向性について	令2		⓫
仙台市	●環境問題について	令5	120分1200字	❼
	●多発する自然災害に強いまちづくりを行うために必要な行政の役割について述べよ	令3	120分1200字	巻頭
	●（事務）新しく生まれ変化する課題に対し、行政は企業や住民等の地域とのかかわりの中でどのような役割を果たすべきか	令2	120分1000～1200字	❺
さいたま市	●さいたま市の特長を生かし、都市イメージの向上を図るため、どのような取組をすべきか、次の2つの視点に触れたうえで述べよ　1．訪れたくなるまち　2．住み続けたいまち	令4	60分1000字	❺ ❼⓯
	●（行政事務A）アフターコロナも見据えた戦略的なDXの推進に向け、さいたま市はどのような取組をすべきか、次のキーワードから一つ選びあなたの考えを述べなさい。「窓口オンライン化」「テレワーク」「データ活用」「業務効率化」	令3	60分1000字	⓰
	●（行政事務B）地域のつながりや地域力を維持・向上させ、地域住民が安全で安心して暮らしていくために、さいたま市はどのような取組をすべきか述べよ	令3	60分1000字	❻⓯
千葉市	●千葉市は人口の転入超過数が全国の市町村で6番目に多いものとなった。今後も「選ばれるまち」になり続けるために、取り組むべきことについて述べよ	令4	60分800字	❺❻
	●（事務（行政B））新型コロナウイルス感染症による社会変化で、あなたの経験から得たことをあげ、それを千葉市職員としてどう活かしていきたいか、述べなさい	令3	60分800字	❾⓫
特別区	●（Ⅰ類　保健師以外）2題中1題選択 1　スマートフォン等の情報通信機器の普及に伴い、区民生活のデジタル化が進む中で、行政の情報発信のあり方にも変化が求められている。若年層に伝わりやすい行政情報の発信について特別区の職員としてどのように取り組むべきか考えを述べよ 2　少子化対策等の長期的な取組に加え、当面の生産年齢人口の減少に伴う地域活動の担い手不足の解消等の対策が早急に求められている。人口減少下における人材活用について、特別区の職員としてどのように取り組むべきか、考えを述べよ	令5	80分1000～1500字	❶ ❹❺
	●（Ⅰ類　保健師以外）2題中1題選択 1　特別区では、地方分権の進展や、児童相談所の設置に加え、新型コロナウイルス感染症対策により、前例のない課題ニーズが生まれ、区民が期待する役割も、かつてないほど複雑で高度なものとなっている。特別区がこれらの課題の解決に向けた取組を進めていくには、区民に最も身近な基礎自治体として、自立性の高い効率的な事務運営が重要だ。このような状況を踏まえ、区民の生命や生活を守るため、限られた行政資源による区政運営について、どのように取り組むべきが考えを論じなさい			巻頭 ❷❻

自治体	出　題　例	年度	時間・字数	出題テーマ
	2　さまざまな人が地域社会で生活するうえで、地域コミュニティの役割はますます重要となっている。こうした中、年齢や国籍を問わず、多様な人々が地域コミュニティの活動に参加できるような仕組みづくりや、既存の活動をさらに推進するための取組が求められる。このような状況を踏まえ、地域コミュニティの活性化について、どのように取り組むべきか、考えを論ぜよ	令4	80分1000～1500字	⑬⑭⑯
	●（Ⅰ類　保健師以外）2題中1題選択			
	1　東京都では昨年、転出者数が転入者数を上回る月が続きました。転出超過等によって人口が減少すると、税収の減少や地域コミュニティの衰退などさまざまな問題をもたらします。また一方で、特別区の抱える公共施設の多くが老朽化しており、人口減少がもたらす更なる社会変化に対応した、施設の企画・管理・活用が求められています。このような状況を踏まえ、区民ニーズに即した魅力的な公共施設のあり方について、特別区の職員としてどのように取り組むべきか、考えを論じなさい			⑤⑬⑭
	2　国際目標である「持続可能な開発目標（SDGs）」では、持続可能な生産消費形態を確保するため、天然資源の持続可能な管理や効率的な利用をめざすことが必要であると示されている。その目標達成に向けた一層の取組が求められており、食品ロスや廃棄物の削減を進めていくことが重要です。このような状況を踏まえ、ごみの縮減と資源リサイクルの推進について、特別区の職員としてどのように取り組むべきか、考えを論じなさい	令3	60分750字	⑦⑫
横浜市	●次の2つの資料から、性別にかかわりなく誰もが個性と能力を発揮し、活躍できる社会の実現のために、あなたが考える課題及び横浜市が進めるべき具体的な取組を述べなさい 資料1　雇用状況悪化に伴う「非正規雇用労働者数」の前年同月比（全国）資料2　男女共同参画社会の実現に向けて重点的に取り組むべきこと　質問：男女共同参画社会の実現に向けて、重点的に取り組むべきと思うものは、どのようなことか	令4	60分750字	⑯
	●（事務）次の2つの資料から、横浜市の持続的な成長・発展を実現するために、あなたが重要と考える横浜市の課題およびその背景を簡潔に述べ、横浜市が進めるべき具体的な取組およびその効果を述べなさい 資料1　生活を取り巻く環境変化への期待・不安 資料2　最も使う情報端末	令3	60分750字	①⑥⑱
川崎市	●川崎市では「みどりのムーブメント」を推進している。地域愛を持った市民が、次の100年に向けて、どのような取組みを行えばよいか、地域資源、地域特性などを踏まえて提案せよ	令4	80分1000～1200字	⑦⑮
	●市民アンケート「生活環境の満足度」調査資料から「最幸のまちかわさき」にするために、川崎市が取り組むべき対応策と			⑥

自治体	出　題　例	年度	時間・字数	参照テーマ
	期待できる効果について述べなさい	令3	80分1000～1200字	❼❿
相模原市	●（行政）会社員の加藤君（営業職）が会社に入社した2年目に、取引先との交渉日を忘れてしまうというミスを犯した [1] 加藤君がミスをするに至るまでの原因を分析せよ [2] あなたが加藤君だったら、この先どのように改善するか	令元	60分字数制限なし	⓱
新潟市	●（一般行政A、B）「暮らしやすいまち」として選ばれるために新潟市はどのような取組を行うべきか述べよ	令3	60分1200字	❺❻
	●（一般事務）市民に信頼される職員となるために大切なことは何か、あなたの考えを述べなさい	令2	60分1200字	❾
静岡市	●（事務（創造力枠））問1：あなたがアピールしたい「経験・能力・知識」を簡潔に記載しなさい　問2：それを市政運営や市職員としてどのように活かせるか、下記の点を踏まえて述べなさい。○「経験・能力・知識」を得ようとした動機。○どの点が誰にも負けないのかのか。○それを得る過程で、どんな困難があったか、困難を乗り越えるためにどう行動したのか。○どんな成果を得たのか、何を学んだのか	令元	90分1200字	❺⓱
浜松市	●（事務（行政））現在めまぐるしく社会は変化しているが、どんな社会情勢の変化に注目しているか。またその変化において公務員に求められていることは何か、具体的に述べよ	令元	60分600～800字	❺ ❾⓱
名古屋市	●（春実施試験）多様性を重視し、一人ひとりの個性や多様な価値観・生き方を認め合い、安心して生活できる環境を実現するために、どのような施策に取り組むべきか。施策の対象者を具体的に示したうえで考えを述べなさい	令4	60分	❺⓰
	●（夏実施試験）名古屋市がより自然災害に強いまちになっていくための備えとして、どういった施策に取り組むべきか。「自然災害に強いまち」を述べ、本市の現状と課題について論じたうえで、それを解決するための施策を述べなさい	令4	60分	巻頭
	●（第Ⅰ類　全試験区分）名古屋市の現在の住民基本台帳上の外国人人口は79,758人であり、多くの外国人が名古屋市で暮らしている。そこで、外国人もより住みやすいまちにするために本市はどのような施策を行うべきか、あなたの思う「外国人も住みやすいまち」について述べたうえで、その実現にむけた現状の課題と方策について具体的に述べなさい	令4	60分	❺⓭
京都市	●あなたにとって働くこととはどういうことかとそのような考えに至った具体的なエピソードを交えて述べよ	令4	40分600字	⓱
	●（上級Ⅰ・一般事務職）京都市が積極的にICTを活用するのが望ましいと考えられる分野は何か。以下の文を読んだうえで1つ分野を選び、解答用紙の「課題」欄に記入しなさい。また、その分野であなたが推進したい取組を述べなさい 「デジタル社会の形成に関する施策を迅速かつ重点的に推進す			

自治体	出　題　例	年度	時間・字数	参照テーマ
	るため、内閣にデジタル庁が令和3年9月1日に設置される予定です。京都市においても国や他都市の動向も踏まえつつ、人に優しいデジタル化の取組を全庁的に進め、市民サービスの向上や行政の効率化などを図るため、今年度から総合企画局に「デジタル化戦略室」を設置しました。そこで、今後ますます重要になってくるのがICTの浸透によって人々の生活をあらゆる面でよりよい方向に変化させるデジタルトランスフォーメーションの推進です。また、AI、ロボット、ビッグデータなど近年急速に進展している第4次産業革命のイノベーションを取り入れ、経済発展と社会的課題の解決を両立するSociety5.0の実現や生産性の向上、働き方改革等を推進していくことも必要です」（1つ分野を選択）市民サービスの向上、文化の振興、産業の成長促進、防災・減災力の向上、地域コミュニティの活性化	令3		❶⑥
大阪市	●新型コロナウイルス感染症拡大の防止、市民生活への支援及び大阪経済の再生を進め、コロナを乗り越えた先にある大阪の成長・発展を確たるものとしていかなければならない。「魅力と活力あふれる大阪」とはどういったものか、また、それを実現するための具体策をあげ、考えを述べなさい	令4	90分	⑪
	●（事務行政（26-34））新しい生活様式への対応促進を図り、コロナ感染拡大の防止と市民生活・経済活動の維持とを両立していくために、市役所がどのような役割を果たしていくべきか	令3	90分	❺⑪
堺市	●「Well-being（ウェル・ビーイング）」身体的、精神的、社会的に良好な状態を意味するという考え方に、近年注目が集まっている。心身ともに健康で、充実した生活を送り、幸せを実感できる社会の実現に、どのような取組を行う必要があるか	令4	60分 800字	❸⑭
	●（事務）堺市の歴史・文化・伝統を最大限に活かしながら、新しい技術やサービス、時代の変化にも柔軟に対応して、輝かしい「未来」を創り出していくために、堺市はどのような取組を行う必要があるか述べなさい	令3	60分 800字	❶⑮
	●（事務プレゼン枠）現在のコロナ禍は市政を変革する大きなチャンスでもある。この困難を契機に堺市をより魅力的な都市へと発展させていくためにどのような取組を進めていくべきか	令3	60分 800字	❿⑪
神戸市	●人口減少社会の進展・共働き世帯の増加・児童虐待や子どもの貧困など、子育て家庭や子どもの育ちをめぐる環境が大きく変化する中、神戸市では「神戸っ子すこやかプラン2024」を策定している。妊娠・出産期から学齢期において切れ目ない支援を提供することで、子どものより良い育ちの実現を目指している。次の中から一つを選び、課題と取組み他を論ぜよ。①仕事と子育ての両立支援　②妊娠・出産・子育て期の支援③特に支援が必要な子ども・家庭への支援　④地域の子育て支			

自治体	出 題 例	年度	時間・字数	参照テーマ
	援・青少年の健全育成 ⑤幼児期の教育・保育の質向上・小学校教育との連携 ⑥子育てしやすい社会環境づくりと啓発	令4		❹❽
	●（事務・技術）神戸市は「海と山が育むグローバル貢献都市」をめざす6つの基本的な考え方を示している。一つを取り上げ、現状の課題と、どのような取組を行うべきか述べよ	令3	60分 800字	巻頭❶ ⓭⓰
	●民間の事例も含めて、デジタル化をすればより効率的・効果的になると考えられるサービスを提示し、その理由とデジタル化の効果を述べなさい	令3	60分	❶⓰
広島市	●（行政事務など）人口減少や少子高齢化によって生じうる課題を1つ挙げ、それらの課題を解決するために広島市として行うことが有効な取組みについて、あなたの考えを述べなさい	令4	60分 1000字	❹
	●（行政事務）行政が地産地消の取組を推進する意義について、あなたの考えを記述し、地産地消を推進するためにどのような取組を行うことが有効か述べなさい	令3	60分 1000字程度	❼⓯
	●（行政事務）気候変動が市民生活にもたらす影響について、あなたの考えを記述したうえで、その影響に対し広島市としてどのような取組を行うことが有効か、具体的な取組案を提示しながら考えを述べなさい	令3	60分 1000字程度	❺❼
北九州市	●あなたが考える「日本一住みよいまち・北九州市」像を述べた上で、その実現に向けて、どのような施策を展開していくべきか、解決すべき課題とともに具体的に述べなさい	令4	60分	⓯
	●（一般事務員、一般技術員（土木・建築除く））【設問1】下記の資料から読み取れる特徴を3つ挙げなさい【設問2】設問1をふまえて、北九州市において取り組むべき課題を挙げ、あなたが考える具体的な解決策を論じなさい 資料1：「令和元年度エネルギー需給実績（確報）（資源エネルギー庁）」資料2：「IEA「World Energy Balances 2019 Edition」「（一財）日本原子力文化財団「原子力・エネルギー図面集」」資料3：「2019年度の温室効果ガス排出量（確報値）について」資料4：「全国地球温暖化防止活動推進センターホームページ」	令3	60分	❼ ⓬⓲
福岡市	●脱炭素社会への取組みが求められている背景・課題を述べるとともに、行政としてどのように取り組めばよいか、述べよ	令4	75分 1000字	❼
	●（上級、獣医師、保健師）福岡市では、地方自治体、施設管理者、企業などが連携して地域の熱中症予防対策の推進を呼びかけている。今後、どのように取り組んでいけばよいか述べよ	令3	75分 1000字	❺⓫
熊本市	●熊本市のまちづくりの基本理念である「地域主義」をあなたはどのようにとらえ、それに対する行政や市民が果たすべき役割や責任はどうあるべきと考えるか、述べなさい	令4	90分 1200字	❺⓯
	●（事務職）本市では、めざすまちの姿として、誰もが憧れる「上質な生活都市」を掲げている。あなたが描く上質な生活都			

自治体	出題例	年度	時間・字数	参照テーマ
	市とは何か。また、その実現のためにあなたが本市職員になったときやってみたいことは何か	令2	90分1200字	⑤⑯
国家一般職 ［大卒］	●わが国においては、文化財の滅失や散逸等の防止が緊急の課題であるとされ、茶道や食文化などの生活文化も含め、その保護に向けた機運が高まってきている。文化財保護法については、平成30年に、地域における文化財の総合的な保存・活用や、個々の文化財の確実な継承に向けた保存活用制度の見直しなどを内容とする改正が行われ、また、令和3年に、無形文化財及び無形の民俗文化財の登録制度を新設し、幅広く文化財の裾野を広げて保存・活用を図るなどの改正が行われた。このような状況に関して、以下の資料①、②、③を参考にしながら、次の(1)、(2)の問いに答えなさい。 (1) わが国が文化財の保護を推進する意義について、あなたの考えを述べなさい。 (2) わが国が文化財の保護を推進する際の課題及びそれを解決するために国として行うべき取組について、あなたの考えを具体的に述べなさい。 資料①文化財保護法における「文化財」の種類とその対象となるもの（表）　資料②生活文化等に係る団体のアンケート調査結果（グラフ）　資料③文化財多言語解説整備事業の概要	令5	60分	⑱
	●(1) 別添の資料から、文化振興により、人々の日常に楽しみを取り戻し、暮らしに潤いや活力をもたらすために、あなたが重要であると考える課題を200字程度で簡潔に述べよ。 (2)(1)で述べた課題に対して、都を含む行政は具体的にどのような取組を進めるべきか、都の現行の施策に言及した上で、あなたの考えを述べよ。なお、解答に当たっては、解答用紙に(1)、(2)を明記すること　資料4つあり	令4	60分	⑱
	●わが国は、2050年までにカーボンニュートラル＊をめざすことを宣言した。また、2021年4月には、2030年度の新たな目標として、温室効果ガスを2013年度から46％削減することをめざし、さらに50％削減に向けて挑戦を続けるとの新たな方針を示した。なお、世界では、120以上の国と地域が2050年までのカーボンニュートラルの実現を表明している。 ＊カーボンニュートラルとは、温室効果ガスの排出をゼロにすること。上記に関して、資料1、2を参考にしながら、次の(1)、(2)の問いに答えなさい（資料略） (1) カーボンニュートラルに関する取組がわが国にとって必要な理由を簡潔に述べなさい (2)カーボンニュートラルを達成するためにわが国が行うべき取組について、その課題を踏まえつつ、考えを具体的に述べよ	令4	60分	❼⑱

論文出題例　市役所　令和元年～令和5年度

★受験者からの情報、自治体へのアンケート、HP等より作成。空欄箇所は不明
★『【傾向と対策】市役所上・中級』はp.260をご覧ください。

自治体	出題例	年	時間字数	参照テーマ
北海道 釧路市	●自分の取扱説明書（短所、長所を挙げて）	令3	80分600～800字	⑰
芦別市	●これまでの経験の中で特に印象深い経験を挙げ、芦別市職員としてどのように活かせるか、また、今後取り組みたいことを1つ提案して理由や内容を述べよ	令3	90分1200字	⑨⑰
赤平市	●今まで困難だと感じた体験とそこから学び活かしていること	令5	90分800字	⑰
紋別市	●あなたが思い描く理想の紋別市とそれを実現するために必要なこと	令5	60分1200字	⑤⑮
名寄市	●外国人材の活用について、課題を考察するとともにどのような取組が効果的であるか考えを論ぜよ	令4	60分字数制限なし	⑤⑬
富良野市	●人口減少と地方自治体	令4	60分	④
北広島市	●「活力みなぎる産業と交流のまち」の目標を達成するために、どのようにまちづくりに貢献できるか、これまでの経験を踏まえて述べなさい	令3	800字	⑩⑮
石狩市	●一題選択①公共交通の「これから」はどうあるべきか　②住み続けたいまち「いしかり」のために必要なものは何か　③税収の減少などにより、公共サービスの縮減が懸念される。石狩市が発展するためにどのような施策を展開していくべきか	令5	60分900字	⑥ ⑩⑮
北斗市	●「異次元の少子化対策」について、実現可能な施策と効果について、考えを述べよ	令5	60分800字	④⑧
青森県 弘前市	●持続可能な未来を築くため、弘前市の問題点、解決すべき点をあげ「持続可能な」という観点から述べよ	令4	60分1000字	⑦⑩
八戸市	●八戸市の中心市街地は、コロナの影響でにぎわいが失われている。活性化の方策について考えを述べよ	令4	90分1200字	⑩⑮
つがる市	●つがる市の農林水産業の活性化について	令5	60分	⑩
平川市	●防災のためのまちづくりを推進する施策について	令4	60分675字	巻頭
岩手県 盛岡市	●盛岡市は米ニューヨーク・タイムズ紙「2023年に行くべき52カ所」の一つに選ばれた。この機会を捉え盛岡市が取り組むべきことについて	令5	90分1200字	⑮
久慈市	●久慈市における人口減少対策について	令5	120分1600字	④
遠野市	●遠野市職員として私が頑張りたいこと	令4	60分字数制限なし	⑤⑨
二戸市	●学生時代は友達を選べたが、社会人では人間関係は選べない。これに関し「ひと」というテーマで述べよ	令3	90分1200字	⑰

自治体		出題例	年	時間字数	参照テーマ
宮城県	白石市	●白石市の課題を2つ挙げ、解決の方法を述べよ	令4	60分800字	❹❿
	名取市	●ワーク・ライフ・バランスについて	令5	60分	⓰
	角田市	●あなたが乗り越えた最大の逆境とそこから得た教訓	令5	60分600〜700字	⓱
	東松島市	●東松島市に望む移住・定住方策について	令5	50分800字	❿⓰
秋田県	鹿角市	●鹿角市の魅力とそれを活かす方策について	令5	60分800字	⓯
	潟上市	●「私は○○な人物です。」または「私は○○である人物です。」で書き始め、あなたの人物像がよく分かるように自己紹介しなさい	令3	60分1200字	⓱
山形県	山形市	●川柳を一句作り、その作成に至った背景・いきさつ等を述べなさい	令5	90分1000字	⓱
	鶴岡市	●若者や子育て世代に選ばれるまちづくりに有効な取組について述べなさい	令3	60分800字	❽ ❹⓰
福島県	会津若松市	●行政における広報と広聴の役割について	令5	100分1200字	❻
	須賀川市	●あなたにとって住み続けたいまちとは	令5	60分600字	❿⓯
	喜多方市	●職員として求められる倫理観について	令5	60分800字	❾
	相馬市	●危機管理について	令3	60分数字数制限なし	巻頭⓫
	伊達市	●行政や地域のデジタル変革について、考えを述べよ	令4	120分1200字	❶⓰
茨城県	高萩市	●これからの公務員とは／自分の成長させた出来事	令5	80分1000字	⓭⓱
	北茨城市	●コミュニケーションの重要性について考えを述べよ	令4	80分1200字	⓱
	つくば市	●チームで仕事をする上で重要なことは何か	令5		⓱
	鹿嶋市	●行政における対話型AIの活用について	令4	60分600〜800字	⓰⓱
	潮来市	●市民が暮らしやすいまちとは	令5	60分800字	❺⓯
	那珂市	●新型コロナウイルス感染症から学んだこと	令4	90分800字	⓫
	桜川市	●桜川市の地域課題とその解決方法	令5	60分800字	⓯
	行方市	●「笑顔で住み続けたいまち行方」の実現について	令5	90分1200字	❹⓯
栃木県	佐野市	●組織の一員として仕事を進めていくうえで大切こと	令4	60分800字	❾⓱
	日光市	●日光市に住みたいと思うようターゲットに市を紹介しなさい。※20歳代、東京都出身、都内大学卒業	令4	60分800字	⓮❹ ❻⓯
	小山市	●持続可能なまちとは？実現に向けて取り組むこと	令4	90分800字	❼⓯
	大田原市	●費用対効果について	令4	60分800字	⓱
	矢板市	●「10年後の矢板市職員としての自分」について	令4	60分1200字	❾
	那須烏山市	●公務員志望者を増やすための策について述べよ	令4	60分1000字	❺❾
群馬県	太田市	●雇用のミスマッチをなくすにはどうしたらよいか	令3	30分400字	❿⓰
	富岡市	●富岡市職員となって、まず最初に取り組みたいこと	令5	60分800字	❺❻
埼玉県	川越市	●地域の公共交通について	令4	90分1200字	❻❿
	熊谷市	●チームで物事に取り組むうえで大切なこと	令5	60分600字	⓱
	春日部市	●あなたのめざす市職員とは。あなたが春日部市職員をめざす理由もあわせて書きなさい	令2	90分800字	❾
	越谷市	●行政サービスの提供、市政情報や市の魅力を発信するためにどのような発想や取組が必要か	令4	60分800字	❺❻

自治体	出　題　例	年	時間字数	参照テーマ
桶川市	●10年後あなたはどのような職員になっていたいか	令5	60分	❾⑮
鶴ヶ島市	●急速な少子高齢化の進行と人口減少に歯止めをかけ			❹
	安心して暮らせるまちづくりのため挑戦したいこと	令3	90分 1200字	❿⑯
ふじみ野市	●人生の中で最も緊張したのはどんなときか	令5	90分 1200字	⑰
千葉県 習志野市	●一番困難だった出来事をどのように乗り越えたか	令元	60分 600〜800字	⑰
勝浦市	●あなたの夢とその実現へのプロセスについて	令4	60分 800字	⑰
八千代市	●あなたが大切にしている言葉について	令3	60分字数制限なし	⑰
印西市	●市民満足度を今よりも上げるための取組について	令3	60分字数制限なし	❻
東京都 八王子市	●新型コロナウイルスの対策で、八王子市が最もやら			❺⓫
	なければいけないこと	令3	1200字	
武蔵野市	●希望しない部署に配属された新規採用職員がミスを			
	起こす話がA4用紙2枚程度で書かれている。原因と			
	自分でできる改善策について記述せよ	令4	60分300字、400字	❺❾
調布市	●デジタル技術を活用し、行政手続きの簡素化・効率			
	化や住民サービスの向上のための取組について	令4	60分 800字	❶⑯
東村山市	●行政に関するテーマ	令5	90分	❺⑮
東久留米市	●市の魅力発信について	令3	45分 800字	⑮
羽村市	●羽村市職員行動指針の実践について	令5	50分 800字	❾
あきる野市	●市民のために、あなたが取り組んでみたいこと	令5	90分 1200字	❺
山梨県 韮崎市	●変化、変革に対し、韮崎市がさらなる発展を遂げる			❺⑯
	ため、行政が取り組むべきこと	令5	90分1100〜1200字	
甲州市	●甲州市職員として取り組んでみたいことは何か	令5	90分 1200字	❺❾
中央市	●温暖化対策について、どのような対策が可能か	令5	90分 800字	❼
長野県 岡谷市	●過去の失敗や挫折した経験について	令4	90分	⑰
小諸市	●小諸市が魅力ある「選ばれるまち」となるためには	令4	60分 800字	❺⑮
中野市	●選択式　①運と不運の出来事について述べなさい			
	②今までに心に残った3冊の本について述べなさい	令4	60分 800字	⑰
大町市	●持続可能な地域づくりに果たす市職員の使命	令4	90分 1200字	❼❿
千曲市	●千曲市が今後、さらなる人口増となるための施策	令4	50分 800字	❹❺
新潟県 三条市	●公務員、市職員として仕事に臨む考え方ついて	令5	90分 1200字	❻❾
糸魚川市	●「人口減少対策」「持続可能なまちづくり」について	令5	120分 800字	❹⑮
妙高市	●培った知識や経験を妙高市職員としてどう活かすか	令4	60分 800字	❾⑰
五泉市	●五泉市の魅力とは何か	令5	45分 600字	❺⑮
上越市	●周囲と協力して取り組んだ経験はなにか	令5	600字	⑰
佐渡市	●継続可能な島づくりのために私がやりたいこと	令5	70分 800字	⑮
岐阜県 多治見市	●多治見市の魅力や特徴と、それを次世代に残してい			❺⑮
	くためにすべき施策	令2	60分 800字	
中津川市	●中津川市役所職員になりたい理由	令3		❾⑰
美濃市	●時代背景を踏まえ行政はどのような役割を担うべきか	令5	60分 800字	❺
本巣市	●仕事を通じて自分自身をどのように成長させたいか	令5	75分 1200字	❺❾

自治体		出題例	年	時間字数	参照テーマ
静岡県	伊東市	●いままでに経験した最大のピンチと、学んだこと	令5	120分 800字	⑰
	掛川市	●掛川市の課題を1つ取り上げ「対話」または「チャレンジ」をキーワードに解決のための方策を述べよ	令4	700〜800字	❸⑩
	御殿場市	●「市民とともに歩む情のある御殿場」「御殿場らしい人づくり・まちづくり」を実現について	令4	30分字数制限なし	⑮
愛知県	稲沢市	●近隣市町と比較して、稲沢市が劣る点は何か	令5	60分 800字	⑩⑮
	高浜市	●多文化共生推進のための対策について述べよ	令4	60分 1216字	⑬
	豊明市	●人口減少を受け止める自治体経営について	令5	60分 800字	❹⑮
	愛西市	●イベントの企画運営に携わることになった。どのような企画をしたいか	令4	120分 1200字	⑮
	清須市	●世代間交流により住みやすい清須市とするためには	令5	60分 700〜800字	⑮⑯
	みよし市	●周りの人から信頼される人になるためには	令4	80分 1200字	⑰
三重県	四日市市	●「子育て・教育安心都市」、「産業・交流拠点都市」、「環境・防災先進都市」、「健康・生活充実都市」の4つのうち、最も必要な具体的取組について	令5		❻❼⑩
	熊野市	●挫折しそうになった経験とそれをどう乗り越えたか	令5	60分 800字	⑰
	いなべ市	●つらいことの乗り越え方	令3	60分 600〜800字	⑰
富山県	富山市	●富山市の職員に採用されたと仮定して、職場において円滑なコミュニケーションを図るためには	令4	30分 A4 1枚	❺❾
	滑川市	●地方公共団体のデジタル化がもたらす影響について	令5	60分 700字	❶⑥
	小矢部市	●あなたの能力や経験をどのように活かしたいか	令5	60分 648字	❺
石川県	金沢市	●市民が安心してくらせるまちづくりについて	令5	70分 800字	❽⑮
	七尾市	●あなたが理想とする七尾市の将来像とは	令5	60分 800字	⑮
	輪島市	●公務員として地域に貢献できること	令5	60分 800字	❺❾
	小松市	●北陸新幹線小松駅開業を契機としたまちづくり	令4	50分 800字	⑩⑮
福井県	大野市	●「これからの大野市職員に必要なもの」とは何か	令5	60分 800字	❺❾
	坂井市	●坂井市を全国にPRしてください	令5	60分 800字	⑮
	あわら市	●観光振興について	令4	90分 800字	⑩⑮
滋賀県	長浜市	●周囲の人たちと取り組んだ最大のチャレンジは何か	令4	60分 800字	⑰
	栗東市	●職員として実践すべきこと	令4	60分 550〜600字	❺❾
	東近江市	●市職員として能力を発揮し、成果を上げるためには	令4	60分 800字	❻❾
京都府	宇治市	●「デジタル化」「住民サービス」「可能性」の3つのキーワードをすべて使用して作文しなさい	令4	50分	❶⑥
大阪府	岸和田市	●あなたが今までで一番苦労したこと、またそれをどう乗り越えたか述べなさい	令3	50分 800字	⑰
	池田市	●予想される社会変化を一つ挙げ、取り組みたいこと	令4	800字	⑬⑯
	枚方市	●社会情勢、市民ニーズの変化に加え、新たな行政課題に対処するためには柔軟な発想、創意工夫することが必要だ。どの手法を使えば効果的に実現できるか	令3	60分 800字	❺⑩⑯
兵庫県	西宮市	●2023年は西宮市にとって文教住宅都市宣言60周年、			

自治体	出 題 例	年	時間字数	参照テーマ
高砂市	平和非核都市宣言40周年、環境学習都市宣言20周年という節目の年だ。市が今後発展するためにどのような取組が必要か	令5	60分 800字	⓭⓰
	●自治体DXをより推進するための取組			❶⓰
	●男女共同参画社会の実現のための取組について	令5	90分 800字	⓰
たつの市	●住み続けたいまち訪れてみたいまちとは、どのようなものか、またどう実現するか述べなさい	令4	90分 1200字	❺⓯
奈良県 御所市	●『行きたい、住みたい、語りたい。～自然と歴史を誇れるまち　ごせ～』の将来都市像を実践するにはどのようなことをすればよいか	令4	60分 800字	❺⓯
生駒市	●これまでに他にないことをやったこと・創意工夫した経験について	令3	60分 1200字	⓱
宇陀市	●最も興味あるニュースの問題点と解決法について	令5	60分 800字	⓱
和歌山県 和歌山市	●地方公務員の定年延長が導入されるに当たり、弾力的な働き方を可能にする仕組みが求められている。このような状況で職員のワークライフバランスを実現するためにどのように取り組むべきか	令4	1200字	❺⓰
御坊市	●やってみたい仕事について	令4	60分	❺❾
田辺市	●最希望する配属先とそこでように貢献できるか	令5	60分 800字	❺❾
鳥取県 倉吉市	●県外の方にお勧めしたい倉吉の一番良い点について	令4	60分 800字	⓯
境港市	●3題中1題選択①報告・連絡・相談について②不安を笑顔にするために③私のお勧め	令4	60分 800字	⓱
島根県 益田市	●公務員として求められること	令4	60分 400字	❺❾
安来市	●私が地域に貢献できること	令5	90分 1200字	❺❾
岡山県 新見市	●人生に影響を与えたもの、それにより変わったこと	令3	60分 800字	⓱
瀬戸内市	●新型コロナウイルス感染症について、あなたが見聞きしたことに対して感じたことや考えたことを示し、行政はどのような役割を果たすべきか、あなたの考え方を述べなさい	令2	60分 800字	❺⓫
浅口市	●今の自分、10年後の自分について	令3	45分 600字	⓱
広島県 大竹市	●新型コロナウイルス感染防止と社会経済活動を両立させるための行政の役割	令4	60分 800字	❿⓫
山口県 宇部市	●宇部市の課題を1つ挙げ解決に向けてどのように取り組むか述べよ	令4	90分 1200字	❺❻
萩市	●「地方公務員として働くこと」と「民間企業で働くこと」の魅力について	令5	70分 1600字	❾
長門市	●理想の職員像を時代背景から検討し、どのような能力が求められるか述べなさい	令3	90分 1200字	❻❾
山陽小野田市	●人口減少を食い止め人口を増加させていくためには	令5	60分 800字	❹
徳島県 徳島市	●社会における女性の活躍推進についてどのような施			

35

自治体		出 題 例	年	時間字数	参考テーマ
		策を講ずるべきか	令元	90分1200字	④⑯
	鳴門市	●ワーク・ライフ・バランスについて	令5	90分1200字	⑯
	小松島市	●公民連携の基で行政施策を実施する場合、小松島市が果たすべき役割について	令5	60分800字	⑤
		●市民に信頼される行政をめざすため何をするか	令5	60分800字	⑥⑨
香川県	丸亀市	●周囲との関わりの中で、大切にしてきた「私らしさ」	令5	50分600字	⑰
愛媛県	八幡浜市	●コロナ前後を比較したとき、人々の行動や社会の仕組みはどのように変化していくか	令3	60分800字	⑪
	新居浜市	●最近興味を持って取り組んでいること	令3	50分	⑰
	大洲市	●人との接し方について	令5	60分760字	⑰
高知県	高知市	●10年後高知市役所でどんな活躍ができるか述べよ	令3	90分1000字	⑥⑨
福岡県	春日市	●個性とチームワークについて	令5	90分1000～1200字	⑰
	みやま市	●みやま市への定住促進のアイデア	令5	90分1600字	⑩⑮
	那珂川市	●ワークライフバランスの思考（文章要約）	令4	60分400字	⑯
佐賀県	唐津市	●人生で、目標としてきたこと、達成できたこと	令5	600字	⑰
	小城市	●令和の時代、あなたがなりたい地方公務員とは	令4	60分800字	⑤⑨
長崎県	島原市	●島原市の地方都市としてのこれからの可能性と魅力	令3	60分字数制限なし	⑩⑮
	諫早市	●地域社会と自分自身の役割について	令5	90分800字	⑤⑥
熊本県	上天草市	●自分の強みと弱みについて述べ、その強みを生かして市職員として、どのような仕事に取り組みたいか	令4	60分800字	⑤⑰
	阿蘇市	●地方公務員として働くことの意義	令4	60分字数制限なし	⑤⑨
	合志市	●私にとって住みよいまちとは	令4	60分1350字	⑮
大分県	津久見市	●市役所でデジタル化したら便利になると思うこと	令4	60分字数制限なし	⑥
	由布市	●最近注目した由布市についての話題を自由に述べよ	令4	60分800字	⑮
	国東市	●どのような市職員として働きたいか	令4	60分800字	⑤⑨
鹿児島県	枕崎市	●平和について	令4	60分750字	⑰
	南さつま市	●南さつま市職員としてどのように生きていきたいか	令4	40分400字	⑨⑰
	志布志市	●平和について	令4	60分	⑰
	伊佐市	●勇気を出して挑戦したこと。そこから学んだこと	令3	60分800字	⑰
沖縄県	宜野湾市	●自治体DXについて述べよ	令5	60分800字	⑥
	宮古島市	●人材育成及び学力向上について	令4	90分800字	⑧
		●健康長寿の社会づくりについて	令4	90分800字	③

本書を読むにあたって

　公務員試験で出題される論文は、字数が 800 字〜 1600 字と多く、分野も「人口減少」から「ジェンダー」まで現代の社会問題が幅広く出題されます。勉強せずに「ぶっつけ」で書ける、あるいは数日から一週間程度の準備でこと足りる、と考えるのは甘すぎるでしょう。

　本書では、よく出るテーマを 19 選び、その理解に必要な知識・情報を整理しました。著者自身による現場取材や写真も織り込み、これだけ読めば「多様性」「貧困」などの社会問題でも実感と客観性を持って捉えられるよう構成されています。さらに、実際の出題例を示し、答案に至るまでの考え方を整理して、類似問題にも対処できるようにしました。全部読めずとも、最初の出題表から志望自治体の過去問を見て、出そうなテーマを把握し、そのテーマを扱った項から関連情報をインプットするだけで、合格可能性は高まるはずです。

　現代では、情報収集は容易です。難しいのは、むしろ、信頼に足るデータを見つけ、それらを論理的に結びつけて具体的な予想や提案に結びつけることです。それも、他からの批判に耐えるレベルでなくてはいけません。ネット上の断片的知識を脈絡なくつなげるのではなく、情報を評価し体系化して、一貫性を持った自分なりの判断を簡潔に提示する必要があります。

　本書では「集団討論」の説明・例示も入れました。「討論」も、実は論文と同じく、十分な根拠で裏付けつつ、論理的・説得的な主張を出す構造になっています。だから論文が書ける人は討論もできるし、「逆もまた可なり」です。2024 年元旦に発生した能登半島地震にも見られたように、公務員の仕事とは、刻々と変化する事態に即応し、異なる立場の人々とも協働して、住民の安全と幸福を確保する解決策を見つけ出す作業です。したがって、この本を読んで討論力を高めれば、公務員として仕事する「底力」もつくはずです。

　変化と危機の中、世界は着実に変わっていきます。先が見通しにくい状況の中、新鮮な発想と粘り強い探究力を持って解決に向かって模索していく力が求められます。本書が、公共の立場から社会の発展に寄与しようとする皆さんの助けになることを切に願っています。

本書の使い方

知識と理解編

●大見出しはトピック
ここを見れば、今自分がどんな内容について読んでいるか分かります。

●小見出しは必須事項
重要な内容は、ここだけ読めばとりあえず把握できる。

●コメントは段落の要約
段落の内容を知りたい場合は、コメントで当たりをつける。

●強調赤字は重要な表現
この部分は、重要なフレーズです。これはそのまま答案に使うこともできるので、活用してください。

●図表問題の解き方とは？

数値データやグラフが提示される設問形式について、解説しておく。この形式は、国家一般職［大卒］で盛んに出題された。

手順を覚えよう

グラフや表など、データがビジュアル化されている問題を扱うには、一定の手順がある。その手順をちゃんと踏んで論じないと、データと関係のない、主観的な論述になる。

データ処理の基本手順

基本的には、データを処理するには、

 読解➡解釈・評価➡対策

という三つのプロセスをたどって書く。どこを今自分が書いているか、十分意識することが大切だ。

● POINT
POINT は、理解の急所を示します。見やすい形で、それぞれの要点をまとめてあります。

● MEMO は具体例
ここには具体例がのせてあります。公務員の論文では、具体例が大切です。論文の充実度をぐんと増します。

●注意は間違いやすいところ
事実はしばしば常識とは違います。気をつける箇所、注目すべき事実を示します。

●各テーマの組み立て

　全体は 19 のテーマで構成されています。それぞれ「知識と理解」と「出題例と研究」の二つのパートから成り立っています。前者でその分野についての基礎知識、後者でそれを応用したまとめ方・書き方を示しています。

●テーマを見つける

　まず巻頭の「自治体別出題例一覧」で、自分の受ける地方自治体の過去問を見てください。そうすると、過去にどんなテーマが出ていたか分かります。二度と同じテーマは出ないと考えたあなた！　その考えは間違っています。数年たつと、同じテーマが出されることはよくあるのです。

　「情報化の日常」などの、はやりのテーマは最初の方に並んでいます。もちろん「行政の役割」「住民サービスとマイナンバー」など行政に特有のテーマ、「環境問題と SDGs」や「科学技術と人間」など現代的なテーマもあります。志望する自治体は、どんなテーマを好んでいるか、さがしてみましょう。

●知識と理解はデータベース

　テーマを選んだら、すぐその項目から読み始めてください。まず「知識と理解」を読みましょう。とくに大事なのが、いま問題になっている事柄。論文では、意見が分かれている「問題」の部分こそ大切です。そういうところは、自分の意見を言いやすい。問題にぶつかったら立ち止まって、自分の意見を考えてみること。あとで必ず役立ちます。

●小見出し・コメントの使い方

　時間のない人は、左側に書いてある小見出し・コメントを見てください。ここだけ読めば半分くらいの時間で理解できます。

●論点ブロックは全体のまとめ

　最後の論点ブロックは、復習と全体のまとめの部分です。ここだけ読むという手もありますが、かなり圧縮してありますので、これだけで理解するのは、ちょっと苦しい。一度読んでおいてから、整理するために使う方がよいでしょう。試験直前には必ず眺めておくこと。

●出題例と答案例

　出題例（一部要旨を抜粋した場合もあり）は、過去の代表的設問を選んであります。その次に、設問をどのように考えるか、どう知識を活用するか、どうまとめたらよいかなど、書き方と考え方のヒントが解説してあります。答案例と見比べながら、書き方の仕組みを身につけてください。類題も紹介してあります。ヒントを見ながら、自分でも書いてみるのが理想的です。

傾向と対策

Ⓐ 形式と傾向

公務員試験の論文試験は、「あなたの考える地方分権」などのように、その大部分が一行問題と言われるタイトル中心の形式で出題されている。字数は800〜1800字程度、時間は90分のところが多い。書く時間としてはかなり短い。ある程度書き慣れていないと、あわててしまうだろう。本書にある過去問の解説をよく読んで、書き方を学んでほしい。

時代に敏感な出題

テーマとしては、時代に応じた内容が好まれる。つい最近までよく出されていた「産業の空洞化」「規制緩和」などは古くなり、「情報化」「地方分権」「格差社会」「地球温暖化」などが目立ってきた。したがってその年に話題になった事件などについては、チェックしておくことが大切。完璧を期すなら新聞、ニュース番組などで最新の情報を仕入れておくこと。

Ⓑ 評価の仕方と書き方のコツ

論文は、次の四つの要素で評価されることが多い。

    1 知識・理解力
    2 発想力
    3 構成力
    4 表現力

1 知識・理解力

知識・理解力は、その分野についての必要な知識をきちんと持っているかどうかだ。たとえば「地方分権」というテーマで、なぜ今「地方分権」が必要とされるのか、その社会的背景を知っていることは、重要なポイントだ。もちろんその反対の「中央集権」と比較して、どんな利点や特徴を持っているかが分からないと、十分な内容と説得力のある答案は書けない。

背景知識をアピール

このような形式の問題の場合は、文章理解力より知識力重視だと言えよう。出題された言葉について、ある程度知識量がないと、何を書けばいいか分からない。その知識がいい加減だったり間違っていたりすると、どんなに名文を書いても評価は低くなる。

2 発想力

発想力はアイディアを出す力である。一般論として、人にない面白い考えが書いてある方が個性的でいい。しかしこれも程度問題であり、ユニークであれば反社会的でもかまわない、というわけにはいかない。公務員としてバランスのとれた考えを持っていることが大切だろう。

明確な主張を

面白さと同時に大切なのが、明確さだ。論文は基本的にあなたの意見を書く場である。

どういうことを主張したいのか、はっきりしないものはだめだ。よく「この問題については、論議をもっと深める必要がある」などと書く人がいるが、勧められない。これでは「あなた」の意見が明確でないからだ。どのような意見なのか、立場をはっきりさせること。

面白さとのかねあい

しかし明確さと面白さは、しばしば矛盾する。常識的な主張をすれば明確にはなるが、面白さはない。逆に面白さをねらうと支離滅裂になる。限られた時間の中で書く論文試験は、このかねあいが難しい。なるべく面白くかつ明確な主張というバランスを大事にしたい。そのヒントは本書のいたるところに示してある。

③ 構成力

論文では、なくてはならない要素がある。それは「問題」とそれに対する「解決」である。なるべく早い段階で自分の扱う問題を提起すること、それに対して明確な解決、つまり自分の主張を提示することである。この二つがなければ、論文としての体をなさない。つまり

　　問題➡解決 (主張)

というスタイルをとるのだ。

根拠が必要

またその解決 (主張) には、必ずそれを支える根拠が必要だ。根拠には、理由と証拠 (実例) の二つがある。理屈として主張が正しいことを説明する部分と、実際に自分の主張していることが存在することを示す。つまり

　　根拠＝理由＋証拠 (実例)

となる。全体としては

　　問題➡解決 (主張)➡理由➡証拠 (実例)

という四段構成が基本になる。この四つの部分をちゃんと書くことが、よい構成の条件だ。

④ 表現力

表現力は、日本語を操る力である。と言っても特別な才能は必要ない。言いたいことを、正確かつシンプルに書ければよい。個性は内容で出せばいいので、文体で出す必要はない。「比喩」表現などを好む人がいるが、論文ではやめておこう。あいまいになる危険があるからだ。文章が得意だと思っている人に限って、論文はうまく書けないことが多い。

段落の組み立て方

明確な文章を書くには、段落の組み立て方も大切だ。原則は一番言いたいことを、段落の最初に置くこと。その後に最初の文を詳しく分かりやすく具体的に説明する文を付け加える。読み手としては、なるべくはやく筆者の言いたいことを知った方が読みやすいからだ。つまり

　　言いたいこと➡理由、説明、実例、対比など

という順番である。この順序で書きにくい時は、まず下書きを書いて段落の最後に書いてある文を、一番前に置くとすっきりすることが多い。もちろん誤字・脱字には注意しよう。行頭に句読点を置かないなどの基本は守ること。適当に段落を区切ることも大切で、目安は 800 字で 3 〜 4 段落、1200 字で 4 〜 6 段落くらいだろう。

2025年度版

論文試験　頻出テーマのまとめ方

Contents

装幀・レイアウト　長谷眞砂子

1. 情報化の日常

●知識と理解　SNS の普及・セキュリティの混乱など、情報化は相変わらずホットなテーマを提供している。批判するだけでなく、現実への影響の大きさを見据えた論述が必要だ。

●情報とは何だろう？

数学者クロード・シャノンによれば、人間が紙に書いた文字と猿が紙に書きなぐった模様は、物理学的には同じ性質を持つが、まったく違う意味を持つと言う。たとえば、下図のマッチ棒は、なぜか上の方だけ SOS と読める。

●情報の特性
SOS とマッチ棒

情報は yes、no だ

情報は単純化すると yes か no かという形になる。たとえば「明日は雨が降るか？」に対して、「降る」か「降らない」か、一方が選ばれるとすると、情報となる。その yes と no を 1 か 0 かで表せば、二進法の数になる。もちろん日常では yes か no かでは表されない場合もある。たとえば「あの車は何色か」という問題には、何千何百の答えがあるが、色に番号をつけて、それを二進法で表せば 0 と 1 の数字の列になる。実際、コンピュータでは、そのように 1,000 万色以上の色を処理している。

コンピュータとは？

二進法はコンピュータの原理そのものである。コンピュータは電気回路の ON、OFF という二つの状態をもとにシステムが組み立てられている。したがって、すべての情報は、コンピュータで処理できる。もちろん、コンピュータは初めから「情報」と結びついていたのではない。最初のコンピュータ ENIAC は第二次大戦中に発明され、アメリカ陸軍の砲弾の弾道計算用として開発された。しかし情報理論と結びつくことで情報全般を処理する機器として飛躍的な進歩を遂げることになったのである。

●情報は世界を変える

考えてみれば、人間は有史以来、言葉や文字という情報を利

用することで、社会や環境を変えてきた。たとえば、15世紀のグーテンベルクの活版印刷は、それまで限られた人にしか流通しなかった書物による情報を一般民衆に広げた。しかし現代が「情報社会」と言われるのは、コンピュータと結びついた情報処理が普及・発達し、今までの社会のシステムが大きく変わる可能性が認識されたからである。

もちろん、コンピュータ自体も進化した。もともとコンピュータは巨大な装置で、初期の真空管式は問題外としても、トランジスタやICが開発されてからも、大手メーカーは企業向け、官庁向けの大型コンピュータを主に生産してきた。流れが変わったのは、アップル社がパーソナル・コンピュータ（PC）を作ってからである。

パーソナル・コンピュータの発達

●慶應義塾大学病院では自動運転システム搭載の電動車いすに患者が乗って病院内を移動できる

アイコンをクリックしてアプリケーションを操作する方式を使い、それまでのようにコマンドを文字で打ち込む必要がない。操作性が直観的になったため、利用できる人間の幅が一気に広がっただけでなく、さまざまな装置に組み込まれることで利便性を増し、自動化・ロボット化を飛躍的に推し進めたのである。上の写真の電動車椅子も、病院内の診療科を検査・診断の順序に従って自動で移動でき、スタッフの省力化にもなって好評だという。

POINT パーソナル・コンピュータの発達➡個人が情報を自由に利用

インターネットの拡大

さらにインターネットの拡大が、コンピュータを使うメリットを増やした。インターネットは非中心型ネットワークで、電話など中央で一括管理するネットワークとは違う。蜘蛛の巣のように各端末がつながれ、それぞれが平等な資格で分権的にネットに関わる。だから、一つのコンピュータが壊れても、他のラインを利用して情報は世界に流れ続け、参加も退出も自由なのである。

●中心的ネットワークとインターネットとの比較

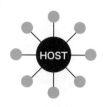

HOST

中心的ネットワーク

●パーソナル・コンピュータ

インターネット

個人のネットワーク

　もともとインターネットは学者が利用して、PCから大学や研究所の大型コンピュータに入って遠隔操作して計算などをさせる用途だったが、これがメールなどを初めとして、人間同士を結びつける道具として発達し、80年代末からはヴィジュアルを表示するブラウザが表れて、絵や写真、動画も送れるようになった。そこから、大衆も巻き込んで商用化され、大勢の人々が接続してYouTubeを見たりZoomで討論したりしている。

ハイパーテキスト

　画面には至る所にリンクが張られ、クリックすれば関連する別ページに一瞬で飛べる。もともとは、過去の論文を整理し、それぞれの関連性や相互参照性を高めるための工夫だったが、今ではほとんどのサイトで用いられている。

POINT 👉 情報化＝情報の相互参照、関連性の強化

　つまりインターネットの情報は、相互に連関し、互いに批評しあったり注釈やコメントをつけたりする結果、情報は個人所有というより、相互に関連した全体に組み込まれるのである。

●日進月歩の技術

ユビキタスの実現

　一方、ハードも日進月歩で、電話から携帯、さらにスマートフォンになって自由度が飛躍的に高くなった。Wi–Fiで接続できる場所も拡大したので、地球上のどこからでもいつでも接続できる「ユビキタス」状態が実現した。コミュニケーションの方法もFacebook、X、LINEなど多様なSNSが使われるようになった。各国の政治家もSNSで発信し、その波及力・伝達力は強い。

カスタマイズされた情報

　情報の発信・受信の障壁が限りなく低くなるとともに、瞬時に対応できるので、個人・状況ごとにカスタマイズされた情報を得ることができる。たとえば、どこか知らない場所に行って食事がしたいときには、「○○を食べたいけど、どこがお勧めか？」とSNSで発言すれば、たくさんの情報が集まる。それど

知識と理解

ころか「一緒に食べてくれる人募集！」と書けば、食事相手も恋愛の相手も現れるかもしれない。ネットを介して、その場の状況や必要に合わせた情報や人間関係が手に入るのだ。

 SNS は双方向でカスタマイズされた情報が手に入る

集客方法の変化

　もちろん人を集める方法も変化する。かつてなら、イベントや店の情報はチラシをまくなどしたが、現在では、口コミサイトに利用者や消費者を装ってコメントを書き込んだり YouTube でインフルエンサーが言及したりして、「草の根」を装う。

SNS の利用

　その感想を、客が SNS で「いいね」するとさらに客が増える。一般人が簡単に発信できるため、情報と広告の境目がなくなってきた。もしニュースの提供などに、この手法が使われたら、ウソの情報（フェイク・ニュース）も簡単に広げられる。「マスコミでは言われていない真実の暴露」と言いながら、でたらめな情報を広める。マスメディアなら検証部門もあるので、メディアに載るだけで、ある程度の真実性の保証になった。しかし、ネットでは、いくら広がっていても真偽は確認できない。だからこそ「エビデンス」という言葉も流行語になったのである。

双方向の情報のやり取りは連鎖反応を強調する

社会への影響の拡大

　このような情報社会化は、官僚制とヒエラルキーを中心に構成された近現代の政治・社会秩序にも影響を与える。たとえば、台湾ではコロナ流行時にマスクが不足したとき、どこの店でマスクが買えるのか探せるアプリが開発された。音頭を取ったのは当時のデジタル担当大臣だったオードリー・タンだったが、もともとのアイディアは若者たちの「草の根」から生まれたという。

● Uber Eats の配達員

交通手段も劇的に変わった。アジアでは、タクシーはスマートフォン・アプリで呼ぶのが普通になった。もちろん、運転手の安全性や価格もネット上で公開されるので不正も減って、乗客の安全のためという参入規制の意味もなくなってきた。

●変化の方向

このような変化の方向を大きくとらえれば、以下のようになろう。
1 分散・分権化
2 効率化
3 国際化

分散・分権化

近代は、「大量生産」「大量消費」を前提として社会が組み立てられていた。その効率や生産性を上げるには、各人がそれぞれの部分を担当して組み立てる「分業」と、それを総合して、全体をコントロールする「マネジメント」が不可欠になる。だから、さまざまな作業をする人がオフィスや工場などに集まって一定の時間を過ごす。

近代の集権化

相互に結びつきが強くないと、必要なものを十分供給できないので、オフィスや工場は集積し、人々もより集まって「都市」が発達する。多数の人が一箇所に集まると消費も生産も集中する。相互の連携を強めるために就業時間も均一化され、朝9:00に出勤、夕方5:00に退出、という画一的リズムに従う。

時間・空間の変容

しかしながら、もし各自の情報操作・加工が主要な生産活動になるのなら、一つの場所で一斉に仕事をする必要はない。むしろ、各自がそれぞれの生活リズムに合わせて仕事をし、その成果をネット上で共有すれば、遅刻欠勤も存在しない。仕事の目標を自分で定めて実現できるので会社に行く必要はない。会社は、従業員の集団作業の場というより、むしろ大事な顧客と対面して、打合せやプレゼンテーションする折衝の場に変わる。

POINT 情報のあり方は、時間・空間の利用を変える

当然、オフィス・デザインも変わるはずだ。従業員は固定したデスクを持たず、情報端末を持って動き回る。インターネットによって連絡できるなら、同じ地域、国にいる必要もない。実際、生産部門は中国、販売拠点はシンガポール、会計はオーストラリア、管理機能は日本などという分担もすでに現実化している。

情報共有と分権化

それに対して官僚組織では、情報も担当者が独占・専有し、はんこをもらいながら、ピラミッド状の組織を一つ一つ持ち上げ

ることで意思決定する。しかし、ネットワークで情報を共有すれば、それぞれの立場から意見を言いやすいし、稟議書（りんぎしょ）もネット上で共有すれば、かつてのように反対する担当者が案件を「たなざらし」にできなくなる。つまり、情報化は決定をオープンにし、組織の民主化をもたらすのだ。とくに行政組織では、秘密主義を防ぎ、個人責任を明らかにし、相互チェックでミスも少なくなる。ピラミッド型より「なべぶた」型の平等な組織になるのである。

情報発信の民主化

　社会での情報発信のハードルも劇的に下がった。今までは、自分のメッセージの発信は少数しか許されなかった。たとえば、出版物なら刊行までに多数のチェックも入る。テレビや新聞なら巨大な資本投下も必要になる。その結果、権力が介入したり組織内で変更されたり、個人が意見を表明できないことも多い。しかし、発信コストが下がれば、個人が簡単に参入できる。とくにSNSでは、多様な情報がチェックなしで公共空間に伝えられる。

メディアが表現を決める

　結果として、マスメディアの語法とは異質の情報が大量に供給される。考えてみれば、マスメディアも正確な情報を伝達してきたとは限らない。むしろ、メディアという権力を持っているから正確と思われてきたのだ。たとえば、政治に関わる情報では、政府からのコメントを取るために、大新聞が中心となった排他的組織「記者クラブ」を形成し、独立系ジャーナリストは入れなかった。だから、政府と癒着して事実上の情報統制にもなったのだ。

　つまり、47ページの「中心的ネットワーク」の図は、これまでのマスメディアによる情報の構造も表しているが、この統制的な構造がインターネットによって崩壊しつつあるのだ。たとえば、最近のテレビは災害や火事などの事件映像を市民からの「提供」に頼ることが多い。テレビ独自の報道というよりYouTubeに流れた映像を「引用」して流すこともある。これでは、マスメディア独自の存在意義があるのかどうか、と問われるだろう。

効率化

　2の効率化も大きい。今までは、届け出・証明書のシステムが簡便化されたり、「情報公開」などでコストがかからなくなったりすることが強調されたが、公共情報もFacebookなどで発信すると有効であることが分かった。

オーストラリアの洪水

　たとえば、2011年のオーストラリアの洪水被害では、警察のFacebookで市民への警告や避難呼びかけを流した。洪水のピーク時には一日3,900万件のアクセスがあり、情報提供に大いに役立ったという。それだけでなく、市民が書き込んだコメントから新たな情報を集めることもできるので、災害時には有益かつ効率的なツールであることが明らかになった。

国際化のパワー

　3 の国際化はいわずもがなであろう。インターネットは世界中に張り巡らされるので、言語さえ分かれば地球上のどこの情報にもアクセスできる。中国などでは、それを嫌って重大事件のときに突然関連情報が検索できなくなる。これは、自国の政治体制が不安定化するのを恐れたからだろうが、それほどインターネットの情報は国境を越えて拡がり、影響力を持つのである。

POINT ☞ プラス面＝分散・分権化、効率化、国際化

●予想されるマイナス面

　しかし、これらの利点は、裏返すとそのまま欠点にもなる。「分散・分権化」などは、同時にセキュリティ低下として表れる。個人情報漏洩などは、かねてから問題になっているが、権限が「分散・分権化」すれば、当然、監視も管理も行き届かなくなる。たとえば、アメリカ政府の公文書は、かつて WikiLeaks という名の下で内部告発者によって、インターネット上にアップされ、機密保持ができなくなった。アメリカはあわてて「政府協力者の名前などがアップされた結果、その人の命が危うくなる」などと非難したが、後の祭であった。

立場・評価の違い

　もちろん、このような「マイナス」面は、立場が違えば評価もまったく異なる。この暴露では、アメリカ軍の残虐行為なども白日の下にさらされたからだ。WikiLeaks が 2011 年ノーベル平和賞候補になったことから考えても、情報漏洩というだけで悪いとは決めつけられない。誰にとっての評価であるのか、という議論が必要になるだろう。

POINT ☞ 情報漏洩の評価は誰の利益になるかという観点が必要

　そもそも、セキュリティを厳重にしすぎると、インターネットの持つオープンさという利点が台無しになる。実際、最近の会社では、セキュリティの厳重化傾向が強すぎるために、多くの混乱が起こっている。会社の業務で使った情報を自宅で見られなかったり PC を自宅に持ち帰れなかったりすると「自由な労働時間」「自由な労働の場」も実現せず、労働は、会社という一定の場所に拘束されてしまう。

　むしろ、漏洩はネットのせいというより、行政情報の扱い方が原因になる。たとえば、2018 年に国税庁からマイナンバーの情

報が 80 万件漏洩した事件があったが、これはインターネットが原因ではなく、国税庁から情報の取り扱いを委託された企業が、その情報を下請けに再委託したために起こった。情報漏洩は「委託」という下請け構造が原因だったのである。

ニセ情報の選り分け

　一方、膨大な情報が出現した結果、その中から価値あるものを取り出す作業も難しくなった。情報発信が楽だということは、それだけ他者によるチェックが入らないことでもある。今までなら、淘汰されていたニセ情報やデマが世間に流通する。だから、受け手のほうが、直接情報をチェックしなければならないが、そういうスキルを持つ人ばかりではない。そのため、個人の思い込みや偏見などが大量に流通し、それを助長して、社会を混乱させる者さえ出てくる。たとえば、2021 年アメリカで起こった国会議事堂襲撃事件では、トランプ前大統領の票を「盗まれた」と主張する暴徒が国会議事堂に侵入した。Qアノンと呼ばれる「陰謀論」を信じ込んだ人たちだったが、彼らは、批判や指摘を受けても主張を曲げず、ますます先鋭化した。いったん信じ込むと情報を選り分け選別する力がなくなってしまうのである。

情報格差の進展

　もちろんインターネットにアクセスしなければ、このような危険に会わないが、有用な情報も得られない。たとえば、コロナ危機の際に行われた補助金・給付金申請などでは、行政情報もネット上で公表されたり申請したりするので、そこにアクセスできないとサービスが受けられなくなる。この問題は、インターネット情報に慣れた世代が中心になれば自然に解決するが、それまでは、使えない人のための手当も必要であり、そこに人員が割かれて、かえって効率が悪くなる事態も考えられる。

POINT マイナス面＝プライバシー、ニセ情報、格差、一時的非効率

IT をめぐる確執

　このように、情報化とインターネットのもたらす分散・分権化、効率化、国際化は、既存の社会制度を無効にしていくので、既存の制度の受益者から言えば「破壊」「損失」として敵視される。実際、コロナ危機では、官公庁で未だにファックスなどで情報をやりとりしていることが明らかにされている。しかし、現代では情報の迅速な共有は必須であり、評価・位置づけをめぐる確執にこだわるのは時間のムダでしかない。情報化への流れは止められないし、今後もさらに加速し、国家権力でもコントロールできなくなろう。その意味で、行政もインターネットの存在を前提にして、情報管理・広報などを行っていくほかないのである。

1. 情報化の日常

●出題例と研究

令5・特別区
スマートフォン等の情報通信機器の普及に伴い，区民生活のデジタル化が進む中で，行政の情報発信のあり方にも変化が求められています。特別区においても，デジタル・デバイドの解消を推進する一方で，今後の社会の担い手となる，10代・20代を中心とした若年層について，その情報収集手段や価値観，生活環境を理解した上で情報発信を行う必要があります。また，行政活動である以上，効果検証や継続性の視点も重要です。このような状況を踏まえ，若年層に伝わりやすい行政情報の発信について，特別区の職員としてどのように取り組むべきか，あなたの考えを論じなさい。（80分・1000～1500字）

解説します

話題を確定する

　　まず文言から答えるべき内容を確定する。そうすれば、どんな構成で書けばよいのか分かる。第一段落では「行政の情報発信のあり方」という話題が出てくる。背景にあるのは「デジタル化」「情報通信機器の普及」。つまり、区民がスマートフォンなどを駆使して情報を得る状況で、どんな「行政の情報発信のあり方をすべきか」を述べればよい。

問題のポイント

　　一方、第二段落では、中心が「若年層」に置かれている。とくに若年層の「情報収集手段や価値観、生活環境」をどう捉えているのか説明しなければならない。さらに「効果検証や継続性」にも言及し、そのうえで「若年層に伝わりやすい行政情報の発信」に「どのように取り組むべきか」が求められるのである。

問題　　　若年層に伝わりやすい行政情報とは何か？　どう発信すべきか？
条件1　　若年層の情報収集手段や価値観、生活環境のあり方は？
条件2　　提案した行政情報発信の効果検証や継続性の方法は？

ポイントから構成へ

　　いきなり解答を書くのは大変なので、書きやすい内容から始めて、そこから論理展開して最終的な解答を導くという方法をとる。たとえば、条件1「若年層の情報収集手段や価値観、生活環境のあり方は？」なら、書き手自身が若年層に属しているから、比較的書きやすいはずだ。そのうえで、そういう行動を取る人々に「どんな発信方法が受け入れられるか？」と推論する。これが問題に対する直接的解答につながるはずだ。補足として、条件2

「効果検証や継続性」を検討すれば、条件すべてを満たすはずだ。余裕があれば、直接的な解答を冒頭におき、次に「なぜなら…からだ」で理由を書き、若年層の状況を具体例を交えつつ分析する。この順番は、解答という一番大切な内容を冒頭において、それが正しいことを次第に示すので、読み手にとって受け入れやすく、評価が高くなる。

若年層の情報収集は？

　まず、若年層の情報収集手段や生活環境のあり方は、設問にもあるように「スマートフォン等の情報通信機器」が大きな役割を果たしている。かつてのように、若者は TV・新聞などのマスコミではなく、SNS などをコミュニケーションの手段としている。これらは誰でも発信でき、多様な情報や少数派の意見も伝わりやすい。反対に、発信者のチェックが少ないので、情報の質は保証されず、フェイクの言説も飛び交う。その過程で議論が過熱したり、誹謗中傷などの混乱も現れる。それでも、次第に淘汰されて正しい情報が伝わると期待される。他方、インスタグラムや YouTube では、映像など直観的で総合的な理解が使われる。いかに正しくても、文章が長々と続くだけの情報は忌避される。つまり、完成された文字情報より、未完成でも進行中の視聴覚情報が主になり、訂正や改善も頻発するのだ。

可能な伝え方は？

　このような情報収集・生活環境・価値観の特徴を考えれば、今までの行政の情報発信のように「文書を使って間違いがないように気をつける」というあり方は有効ではなさそうだ。正確さを保証して大衆向けに一斉に情報発信をしようとしても、十分に伝わる保証はない。むしろ、だいたいの内容を直観的に届け、その後に逐次修正しつつ、完成形に持っていく方が有効だろう。

　もちろん行政情報の責任は大きく、個人の発信のように頻繁に変更できない。それでも、正確性を追求するだけでは SNS は使いこなせない。そもそも、IT では製品もアイディアをとりあえず実現した β 版を世に出して、使用者からフィードバックをもらって改良を加えて製品にする。しかも、製品にした後も次々に工夫や改善を加えて質を高める。これは、製品自体が「モノ」ではなく「情報」であるから可能なことであり、改善・変更のためのコストが限りなく少ない、という事情が関係している。

行政情報の発信とは？

　行政情報の発信も、この手法が使えるはずだ。つまり、結果だけを市民に素早く届けるのではなく、むしろ、SNS で、現在、何が問題になっているか、どんな検討が行われているか、どんな意見の対立があるか、などを発信していき、その過程で変更があったら、「訂正」や「変更」として逐次発信していく方向だ。

これは今までの組織文化と矛盾するかもしれない。官僚機構では、現場が出した提案は、上位者に上げて許可をもらって初めて実行に移る。いったん決めたら変更できない。それを見越して、現場では、許可をもらいやすいように、提案を初めから完璧なものに仕上げる。実際、行政情報発信でも、エクセルやパワーポイントを使った図解や説明などが行われるが、正確を期して図示されるので、かえって伝わりにくい。映像などで担当者が語りかけつつ解説していくやり方なども工夫できるかもしれない。

そのためには、作業スタッフも、本質を大雑把に把握するとともに、映像などの編集やSNSの企画などに精通することが必要になる。そのうえで、現在、何が起こっているか、取材する能力があれば申し分ない。幸いにして、若い世代は「デジタル・ネイティヴ」と呼ばれ、ネット上の情報発信の危険や可能性の理解が深い。そういう人材を積極的に広報などの地位に当てればよい。情報の処理・管理は、現実を動かす大事なポジションになるはずだ。

検証や継続性について　他方、デジタル・メディアでは、中間に「モノ」が入り込まないので、情報発信の効果も簡単に測定できる。たとえば、アンケートや質問も短時間かつ大量に安価に発送できる。もちろん、それへの応答は多少の偏りはあろうが、情報通信機器の扱いに慣れている世代なら、ゲーム感覚で答えてくれるはずだ。継続性についても、改善・訂正にコストがかからない利点が大きい。システムを作るのに時間とコストがかかるが、情報発信だけなら、比較的素早くできる。かりに発信内容が経過とともに変わっても、次の発信で訂正すればすむことだ。むしろ、途中経過を刻々と報告した方が、結果だけを伝えられるよりも「臨場感」や「自分事」として感じられる、というメリットが大きいはずだ。

答案例

結論とその理由　若年層に対する行政情報は、SNSなどを活用し、迅速な報告に焦点を当てた発信をすべきだ。なぜなら、若年層の情報収集は「スマートフォン等」が大きな役割を果たしているからだ。若者は、TV・新聞などのマスメディアではなく、SNSなどのメディアを、主な情報源やコミュニケーションの手段としている。このようなメディアは誰でも発信できるので、マスメディアより細かく多様な情報が迅速に伝わる。逆に、発信者は内容を厳密にチェックしないので情報の質は保証されず、フェイク

出題例と研究

情報も飛び交ったり誹謗中傷などが出現したりする。それでも多数の参加の中で淘汰され、次第に正しい情報が伝わっていく。伝え方もインスタグラムや YouTube など映像が使用され、直観的で総合的な理解が期待される。

可能な伝え方は？

　このような伝達様式は、行政機構が培った文化と矛盾するかもしれない。行政では、現場が出した提案を、上位者に上げて許可をもらった後、初めて実行に移る。決めたことは容易に変更できない。それを見越して、提案もあらかじめ完璧なものに仕上げようとする。たしかに、エクセルやパワーポイントで図解されもするが、細かいところまで正確に示そうとするので、元の文書を読まないと理解できなくなる。これでは、正確な情報を発信しても伝わる保証はない。むしろ、だいたいの内容を直観的に届けるあり方が有効だろう。そもそも IT では、製品でさえ、アイディアを実現したβ版を出して、使用者からフィードバックをもらって改善する。しかも、発売後もヴァージョンを変えて次々に変化させる。これは、製品自体が「情報」で、改善のためのコストが少ない、という事情が関係している。

行政情報の発信とは？

　行政情報の発信も、この手法が使えるはずだ。完成形より、むしろ、今何が問題になり、どんな検討が行われているか、どんな意見の対立があるか、など、刻々と過程を発信する。変更があれば、逐次「訂正」「変更」をする。YouTube などで担当者が語りかけつつ解説することもできる。そのためには、事務作業だけでなく、映像の編集や SNS の企画などに精通した人材が必要になる。幸いにして、若い世代は「デジタル・ネイティヴ」として、このタイプの情報発信のについての理解が深い。そういう人材を積極的に採用して、広報などに当てればよい。

検証や継続性について

　他方、情報発信の効果についても、デジタル・メディアでは、中間に「モノ」が入り込まないので測定が簡単だ。たとえば、アンケートや質問なども、短時間に大量に安価に届けられる。そのレスポンスも多少の偏りはあろうが、若い世代なら、ゲーム感覚で答えてくれる。他方で、継続性も、改善・訂正にコストが掛からないという点が活かせる。システムを作るのには時間とコストがかかるが、情報発信だけなら、比較的小規模でできる。かりに発信内容が経過とともに変わったとしても、次の発信で訂正すればすむことだ。むしろ、途中経過を報告した方が、結果だけを一方的に伝えるよりも「臨場感」や「自分事」として感じられるはずだ。

類題をやってみよう

令2・福岡県

IoT、ビッグデータ、ロボット、人工知能等による技術革新が進行している。こうした技術革新は、医療、福祉分野等の活動など、社会経済システム全般に大きな変革をもたらす可能性がある。県としてどのように取り組むべきか（時間・字数不明）

*まず、情報技術の可能性に言及し、次に行政への適用について論じる。

論点ブロック

情報化の日常

定義	情報化＝インターネットを代表とするコンピュータ技術が、情報の蓄積・処理・流通を推進し、それに従って社会の組織・構造が変わってくること。日本では1990年代半ばから本格化した。
背景	コンピュータと情報理論の結びつき⇒あらゆる情報がコンピュータ処理できる⇒インターネットの登場⇒世界中のコンピュータがつながれ、相互に利用でき、誰でもアクセスできる
現状分析	1 プラス面＝分散・分権化、効率化、国際化など⇔マイナス面＝非人間化、セキュリティ対策、弱者の切り捨てなど 2 プラス面がそのままマイナス面となるし、過大な期待も多い 3 インターネットの持つ自由さ、非中心性はSNSなどの双方ネットワークでさらに強調されてきている 4 ITは単なる情報ツールではなく、現実を変える道具になっている
提案・解決	1 マスメディアとインターネットの対抗関係を理解すべき 2 デジタル・ディバイドは一時的な非効率を生み出す 3 新しいメディアが存在することで、新しい現実が開かれる 4 情報化の是非を論ずるより、情報化を前提として利用すべき

過去問データ

令3・山口県「『新たな日常』を支えるデジタル化を推進していくうえで、県として必要な取組は何か」

2. 情報公開と住民参加

●知識と理解　情報公開制度があってこそ具体的な住民自治につながる。行政にどのように民意を反映させるか、住民投票からワークショップまで、さまざまな手法が現在試みられている。

●情報公開とは何か？

情報公開とは、行政機関などの持っている情報を知りたいと思うときに、誰もが知ることができる制度である。したがって、行政機関は住民の請求があれば、原則的に情報の公開が義務づけられる。もちろん、これには自治体の広報活動などは含まれない。政府や自治体の広報・官報などに必要な情報を載せるだけでは、内容がコントロールされて、政府・自治体に都合のよい情報ばかりになる。情報公開の本質は、住民による請求という点にあるのである。

3つの原則

情報公開は次の3つの原則から成り立つ。

1 情報公開の原則…行政機関の保有する文書の情報公開
2 個人情報保護の原則…自己についての情報をコントロールするために、個人情報の適正利用・開示・訂正などの請求
3 会議公開の原則…審議会・委員会の公開

POINT　情報公開＝行政機関の情報を知る権利の保障

情報公開の歴史

情報公開制度は、1970年代後半から日本でも関心が生まれ、1979年山形県金山町や神奈川県で情報公開条例が制定され、80年代からは各地で条例制定が活発化し、情報公開請求がなされた。とくに地方自治体の首長が交際費をどのように使っているかに関心が集まり、各地で市民オンブズマンによる情報公開が請求されるようになった。当初は非公開が相次いだが、それに対して次々と取消訴訟が提起された。

知る権利が基本

その結果、大阪地裁では「情報公開制度は、基本的に憲法第21条の知る権利の尊重と、第15条の参政権の理念を具現化するために制定されたものである」と情報公開を憲法の条文から基礎づけた。最高裁では、交際費の相手方が特定されるものは公開しなくてよい、という判決も出たが、その後、相手方が公務員である場合は非開示とする理由はないという判決が出た。

POINT　情報公開➡憲法の知る権利が基本

森友学園文書の改ざん

　2021 年には、安倍晋三元首相が関与したと見られる学校法人森友学園への公有地売却をめぐって、財務省公文書改竄問題が明らかになり、人事院が、改竄を苦にして自殺した近畿財務局職員の公務災害補償に関する個人情報を開示した。それまで開示された文書は大部分が黒塗りだったが、遺族の不服申し立てや情報公開・個人情報保護審査会の答申を踏まえ、ほとんど全面的に開示された。文書では自殺を公務災害と認定し「上級官庁との連絡調整、指示事項への対応業務」で負担が増加したと指摘し、改竄をめぐる国家賠償請求訴訟で国側が示した文書と同様の内容だった。

●ほぼ黒塗りになった入国管理事務所の公開文書を示す弁護団

行政側の対応

　こういう問題では、行政側の対応には特有のパターンが繰り返される。まず公開に抵抗し、嘘の説明をし、証拠が出されて初めて謝罪し、その実態を過小に見せる。最後に責任主体を分散し、解明を放棄して真実を闇に葬る。上述の事件で遺族が国と元上司を訴えた裁判では、国が原告の訴えを全て認める「認諾」の手続きを取ったため、裁判が終結し、賠償金が満額支払われた。その一方、上司の証人尋問ができなくなり、真相解明が阻まれた。これは情報公開法の趣旨にもとる恥ずべき行為と言えよう。

情報公開法

　1999 年には情報公開法が制定され、中央省庁などの国の行政事務を、請求に応じて公開することが定められ、2001 年から施行された。この法律は「政府の活動を国民に説明する義務がある」という趣旨から、書類などの記録を公開するもので、外国人も請求できる。窓口に出向くか、書類を郵送すれば、特別の場合を除き 30 日以内に、文書の開示、一部開示、不開示のいずれかの決定がなされる。その結果に不服であれば、不服申し立てを行ったり、行政訴訟を起こしたりできる。この制定を受け、全国のほとんどの自治体で情報公開条例を制定した。

知識と理解

　民主主義の基本は住民自治にある。しかし行政や議会には特権意識が残り、なるべく秘密裡に物事を進めて決定しようとする。これを変えるには、アカウンタビリティの確立が必要だ。アカウンタビリティは、公務員や行政機関が行った行為について国民が納得する形で説明する責任で、行政には外部から請求があれば、客観的に説明する義務がある。だが、日本の官僚機構は諸外国に比べて説明責任への意識が欠如し、最近は、その傾向がさらに強まり、情報非開示の範囲が増えたり統計を改竄したり、という事態が続発した。情報が十分になければ、効果的な具体案は出せず、行政や議会に住民が介入できない。その意味で、情報公開は、民主主義の根幹にある住民参加の前提条件なのだ。

 POINT　情報公開の意味＝十分な情報➡効果的な具体案

情報公開の問題点

　もちろん公開に問題がないわけではない。とくに議会を公開すると、率直な議論ができにくくなる、実質的な妥協策が探れなくなる、などという意見もある。さらに、コピーしたりチェックしたりする行政側コストの増大や個人情報の漏洩、などの恐れもある。

 問題点＝行政の秘密、行政コスト、プライバシーの侵害

　とはいえ、情報公開は、地方自治体および官僚機構に自己コントロール力が期待できないことから始まったのであり、公開されることで初めて不正が暴露される構造を考えれば、情報公開の問題点ばかりをあげつらう主張は、公開を阻止して思い通りにやりたい、という行政の内なる欲求の表れでしかない。

　とくに、森友事件以来、行政による情報公開への意欲は減退している。住民による公文書の公開請求に対して、前ページ写真のような黒塗り文書（通称ノリ弁）が連発され、質問やインタビューでも「個別の案件に対しては答えない」などという答弁が横行した。2022年に注目を集めた「旧統一教会」問題でも、富山県では、市長や県知事が旧統一教会から選挙支援を受けていたことが明らかになったが、それを追及した地元TV局に対して「偏った報道」と反論するなど、議員や行政とカルト団体との結びつきについて情報をなるべく出さない、という動きが目立った。近年「情報公開」の動きは後退しているとも言えそうだ。

●住民参加の必要性

　行政や議会が、住民が手を出せない特権的仕組みをつくると、住民の意思から離れた政治や行政を行いがちだ。たとえば、実質的審議は本会議より委員会でなされるのに、都道府県議会の委員会は、傍聴席が狭い、議員が精神的・物理的外圧を受ける、などの理由をつけて住民の傍聴を許可しないところも少なくない。

住民を向かない行政

　このように、行政に住民の意見を聞く姿勢が乏しかったのは、地方自治体は補助金と地方交付税で成り立つので、住民より中央とのつながりを重視するという面が関係する。とくに原子力発電所の建設や廃棄物処理場、米軍基地など、国の政策と住民の意思が相違する場合では、自治体は住民の意思を無視しがちだ。だから、形式的に公聴会などを開いて直ちに強行採決に持ち込む。

　このように、住民の意思を反映しない議会や自治体に不信感がつのると、住民は直接民主主義的手法を使って民意を示そうとする。たとえば、新潟県巻町（現在は新潟市）では、東北電力が原子力発電所をつくろうと用地買収を進めていた。一部の買収が難航して、原発の建設計画は10年間にわたって凍結された。ところが、「原発凍結」を公約に当選した町長が、三選を期に急に方針転換して原発推進を表明した。

　そこで危機感を抱いた住民グループは、反対の民意を明確にすべく、まず自主的な住民投票を実施し、全投票数（有権者数の約45%）のうちの95%が反対に回った。この得票数は町長自身が選挙で獲得した票数をも上回っていたが、町長は結果を無視して原発建設を推進した。この対応に怒った住民側は、議会から行政に圧力をかけようと、町議会選挙に「原発の建設は住民投票で決める」という公約を掲げる候補者をたてた。

議員選挙とリコール

　この地域は、昔から買収工作など選挙違反が続発し、反対派の当選は難しいとされたが、予想に反して住民側の候補者が当選し、反対派の町議が多数を占めた。ところが、当選後、公約を撤回して原発推進派に回った議員が出たため、議会はまた推進派が多数を占めた。そこで町民側は町長リコールのための署名集めを開始。有権者の3分の1をはるかに上回る数を集めたため、町長は辞職。出直し町長選挙では、反対派の候補者が当選し、原発建設についての住民投票が行われた。結果は投票率88%で、圧倒的多数が反対に投票した。

建設の中断

　この結果、新町長は東北電力や国、県に対して、原発計画の

知識と理解

中止を要望、原発に必要な町有地の売却を拒否、建設計画は中断した。1999年に東海村で起きた放射能漏れの事故発生の影響もあり2000年には反対派の町長が再選されたが、経済産業省は原発の推進をあきらめないと言明した。このようなあり方は、沖縄の辺野古基地建設についての住民投票をめぐって、県民の支持を受けた県と国、さらには市が対立する構図などとも共通する。

直接民主制の是非

住民投票など直接請求に訴える住民参加に対しては「間接民主制の無視だ」として、批判する学者、政治家も存在する。理由は下記にまとめられる。

●県民の圧倒的な支持で沖縄県知事に当選して喜ぶ玉城デニー氏。しかし、辺野古基地建設を進める国との対立が続く

1 住民のエゴイズムが出やすい
2 住民は、政治意識も低く専門知識を持たない
3 住民は、宣伝に乗せられやすく衆愚政治に陥りやすい
4 討論が十分行われない
5 無駄な時間や費用が費やされる

意識の高まりが見られる

しかし、巻町では、住民参加で町民の政治意識がむしろ飛躍的に高まったようだ。家庭には毎日賛成・反対の両陣営からビラが入り、テレビ局も特集を組み、それを見た町民はビラを熱心に読み、ついには賛成・反対両派が一堂に会して、町主催のシンポジウムまで開かれた。議論が盛り上がる経緯を見れば「政治意識も低く専門知識を持たない」とか「宣伝に乗せられやすく衆愚政治に陥りやすい」などという批判は当たらないだろう。

POINT 👉 住民投票➡意識の高まり、十分な討論、コミュニティの活性化

住民投票の政治利用?

とはいえ、住民投票をすれば、問題がすべて解決されるとも言えないだろう。なぜなら、住民投票は、政党の党勢拡大や宣伝として利用される可能性も大きいからだ。たとえば、大阪維新の会は、大阪市と大阪府と合体させて「二重行政をなくす」と主張して2015年、2020年の二度にわたって「住民投票」を行った。とくに2020年では、当時の松井大阪市長が「住民投票は究極の民主主義だ」と位置づけたが、1万票あまりの差で否決さ

れた。

　問題なのは、その後、住民投票に対する党としての態度が矛盾してきたことだ。実際、大阪維新の会が推進してきたカジノ（IR）計画では、建設には公金が使われないはずだったが、地盤整備などで700億あまりの支出が見込まれた。そこで市民グループがカジノ（IR）計画の是非を問う住民投票を呼びかけ、20万票の署名が集まったが、府議会では「国に認可申請済みなので住民投票の意義はない」として否決され、維新の会議員が「はよ出て行けや」とグループの住民投票メンバーを罵る姿が報道されるという騒ぎになった。自らの政治目標のためには住民投票を利用しながら、反対派からの住民投票の要求は軽んじるのでは、住民自治の理念にもとると批判されても仕方がないかもしれない。

●カジノを含む統合型リゾート（ＩＲ）の事業者について記者会見する大阪府の吉村洋文知事

SNS は民意か？

住民参加のコスト

　最近では、SNSなどで個人が発信しやすくなったので、それを利用して「民意」を形成し、政治・行政を動かそうとする動きも強くなっている。かつてのマスコミのように、巨大組織が取り上げて初めて社会が変わるというプロセスが簡易化されたのはいいが、これにも両面があり、民主主義の進展だと単純に喜ぶわけにはいかない。

　なぜなら、政府や行政の側もSNS等を利用して、匿名で広報宣伝をする動きが盛んになったからだ。たとえば、ツイッター（現X）では、Dappiというアカウントが自民党から資金援助を受けて野党や反対勢力への攻撃を行っていたと疑われたし、防衛省でもインフルエンサーに働きかけて世論を誘導しようとする研究があるという。トランプ元大統領のツイッター（現X）でアメリカ議会襲撃事件が発生したことも記憶に新しい。発信が簡単であるだけに、フェイクの民意が形成される危険も少なくないのである。

2. 情報公開と住民参加

●出題例と研究

> 令元・堺市
> 近年、多くの地方公共団体が政策の形成・決定過程等への住民参加を促進している。住民参加の必要性を踏まえながら、今後、住民参加をより一層促進していくために、堺市はどのような取組を行う必要があるか（時間不明・800字）

解説します

課題からどう出発するか？　　地方自治における民主主義の根幹は「住民参加」にある。住民自身が政策に関心を持ち、その形成・決定過程等にも関わる。しかしながら、行政が正確な情報を提供しないと、住民も効果的な介入や提案ができない。「知識と理解」編でも述べたように、行政は特権意識を持っており密室的運営に陥りやすい。したがって住民が主体的に正確な情報を請求し、それに基づいて住民が適切に判断する必要がある。

　　「住民参加」と言うと、住民と行政が平和的に協調するイメージになりやすい。実際、堺市も2022年の「市民活動の活性化（促進）に関する基本方針」では、社会に多様なニーズが出現する中、NPOなどの市民活動団体が自助活動をする一方で、企業・地方金融機関と共助し、それを地方公共団体が「公助」する姿を描いている。しかし、両者の関わりは、協調だけでなく対立もある。むしろ対立する場合にこそ、行政に住民の意見を反映させるシステムが必要になるのである。

答案例の構成　　答案例では、言葉の定義から問題提起に入り、それから自らの主張に反対する立場・イメージを取り上げた。つまり「住民参加」の概念を整理し、日常の用法を例に、行政の広報活動の一環や都市計画との関連が多いことを指摘する。しかし、本質が住民自治なら行政との対立もあり得る。緊張関係こそが地方自治の根幹をなすのである。

問題の提示　　間接民主制だけでは「民意への対応」は必ずしもうまくいかない。公共事業などで民意に反したものを強行するなどの現象などを取り上げ、直接民主制的方法が発展した経緯を述べるとよいだろう。

批判にも応答する　　もちろんこのような直接民主制的な動きには、選挙を万能視する立場からの批判があるので、それも取り上げ、両者のメリット・デメリットを対比させながら、自分の意見を述べるのがよい。

行政のなすべきこと　　　　　　ラストは、自分がその一員になる行政のとるべき立場を書きたい。直接民主制的手法を積極的に認めるにせよ、そうでないにせよ、それによって提起された問題は変わらない。住民に開かれた行政を保障する情報の開示が必要になるとまとめた。

答案例

明確な説明の必要性　　「住民参加」というと、「消防訓練」「まちづくり」など、自治体に住民が参加・協力するイメージが強い。実際、本市で作られた「市民活動の活性化（促進）に関する基本方針」でも、住民の自助を企業・金融機関などの共助に繋ぎ、それを市が公助すると謳われている。

　しかし「住民参加」はこのような協力にとどまらず、両者が対立する場合もある。そういう場合、行政は、自分たちの立場を守ろうと正確な情報を提供しない場合も少なくない。これでは、具体的・効果的な介入や提案ができない。

引き起こされる混乱　　たとえば、原発・産廃処理場などの「迷惑施設」問題では、行政や議会が利害関係者からの働きかけを受け、民意とずれた決定をする場合がしばしばあった。実際、新潟県巻町でかつて起こった原発建設問題では、それまで慎重派だった町長が改選を機に急に賛成派に転じた。その際、なぜ態度を変更したのか、くわしい説明がなかったため、リコールや再選挙など町政の混乱を招いた。

　しかし、この過程で、町政に関わる情報が多数開示され、住民も興味を持って理解した上で議論が活発に交わされた。その結果、それまで地域行政に積極的に関わらなかった住民も自らの意見を持ち始め、地方自治の根幹である「住民参加」の精神が高められた。つまり、住民が主体的に要求することで、行政から情報が出て、それが「住民参加」をさらに促進するという好循環を作ったのだ。

直接民主制への批判　　たしかに、直接民主制的な手法には「選挙による民主主義の否定だ」という批判も多い。有権者たちが、政治的宣伝に踊らされたり地域エゴイズムに走ったり、などの危険があるというのだ。たとえば、東京・港区青山での児童相談所建設に関する住民への説明会では、反対派が「資産価値が下がる」と反対した。しかし、その住民たちの行動が報道されることで、建設

行政のとるべき態度

賛成派の住民も声を上げ始め、極端にエゴイスティックな主張に歯止めもかけられた。

　したがって、本市の行政も情報を積極的に開示し、住民の意見を反映させる回路をつくるべきだ。それが果たされないと、一時的には行政や議会の意思が通るようだが、かえって事態が紛糾する。まずは、情報を開示して住民の理解を得る姿勢が欠かせないのだ。

類題をやってみよう

平29・横浜市
地域の課題を解決するには、市民や民間団体等と一体となって取り組む必要がある。市民との連携の意義を述べたうえで住民参画機会を構築するにはどのような取組が必要か
（60分・750字）
＊出題例に準じて、例を挙げて述べればよい。

論点ブロック

情報公開と住民参加

定義	情報公開＝誰でも行政の情報を知ることができる権利を保障 住民参加＝行政・議会への住民の直接参加⇒住民自治
背景	情報公開⇒憲法の知る権利⇒行政の対応の不備⇒市民・住民の不信 住民参加⇒行政・議会＝住民に開かれていない＋自己統制の欠如
現状分析	1999年情報公開法＝国民への説明責任（アカウンタビリティ） 住民参加を進める⇒意識の高まり、十分な討論、コミュニティの活性化などが見られる⇒最近は情報を出さない傾向も強まる
提案・解決	具体的提案に情報が必要⇔問題点＝行政コスト増、個人情報の漏洩？ 住民投票などの事態の前に、政策形成過程に住民を参加させる仕組みが必要⇒手間はかかっても、行政に対する信頼は増す

過去問データ

平21・浜松市「説明責任を高めることとは、自治体の行政および市民にどのような効果があるか、具体的政策を用いて述べよ」

3. 高齢化と長寿社会

●知識と理解

高齢化が進むとさまざまな矛盾が起こる。とくに若い世代では、高齢者世代を支えるという年金構造に不満が大きい。社会や行政が介入する仕組みを確立する必要がある。

●高齢化とは何だろう？

高齢化社会は全人口に高齢者（65 歳以上）が占める割合が、7% を超えた社会、高齢社会とは 14% を超えた社会をいう。日本は高齢者の占める割合が 29.1%（2022 年）の超高齢社会で、平均寿命は男性 81.05 歳、女性 87.09 歳で、新型コロナの影響か、前年から 0.42 歳、0.49 歳前年より下回っている。75 歳の高齢者の平均余命は、男性は 12.04 年、女性は 15.67 年で、40 年前と比較すると、それぞれ 4 年、6 年長くなっており、この間、生きがいを持つには、どんな社会システムをつくるべきかが問われる。

高齢化に伴う問題

高齢化に伴い社会的にさまざまな問題が出てくる。たとえば

1 労働力の不足
2 貯蓄や投資の減少から来る経済活動の停滞
3 社会保障費の支出など政府の活動の拡大
4 年金負担など、世代間の不公平感の拡大

など、どれも社会のシステムを揺るがす問題であろう。

●朝早くから、公園清掃のボランティアに勤しむ高齢者たち

高齢化は問題でない？

しかし、これらの懸念にはそれぞれ反論も唱えられている。

1' 高齢者の労働機会が増大すれば相殺できる
2' 高齢者の消費が増大すれば経済は活性化する
3' かつて子どもにかかった費用より社会保障費は少ない
4' 親から子への遺産相続増大などが計算に入っていない

それぞれ、さらに細かく見てみよう。

労働力不足？

生産に関わる年齢を 15 ～ 64 歳と考えると、高齢化とともにこの年齢層の人口が減っていくわけだから、より少ない生産人口

生産年齢の問題

で、働かない高齢者を養っていかなければならなくなる。当然労働力が不足する、と予測される。

しかし、これは現在の生産年齢を基準にして考えている。平均寿命が延びていることは、高齢者の健康水準も向上することも意味する。したがって、生産活動に従事できる年齢も上がる。実際、アメリカでは、私企業でさえ70歳以下の従業員に対して、年齢を理由にして退職を迫れなくなった。また政府関係では、原則的に年齢を理由に解雇はできない。高年齢でも十分に生産者と認められているのだ。

日本では、2021年に高年齢者雇用安定法が改正され、2025年度までに希望者全員が65歳まで働ける制度の導入が義務づけられるとともに、70歳までの定年引き上げなどの努力義務が盛り込まれた。すでに65歳までの定年延長や継続雇用の制度がとり入れられた会社も多い。

リカレント教育

最近では、むしろ「人生100年」として人生設計すべきだ、という提言も出てきた。ここ数十年、平均寿命は上昇傾向なので、現在の赤ん坊の寿命は100年を超えると予想される。とすると、青少年期に教育を受けて、そのときに獲得したスキル・能力を使って、壮年期に一つの仕事に集中し、老年期には引退して年金で生活するという現今の人生モデルは現実に合わない。なぜなら、教育で得られるスキルは10年程度で陳腐化するからだ。むしろ大人になっても「リカレント教育」で学び直し、その都度必要なスキルを獲得する「リスキリング」を繰り返し、キャリアチェンジをしながら80歳まで働くようになる。そうすれば、「高齢化」にともなう労働力不足も解決されるだろう。

●家計貯蓄率の推移
内閣府「国民経済計算年次推計」(2023年9月公表)より

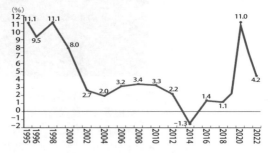

貯蓄の減少

他方、高齢化が進むと貯蓄率は減少すると言われる。高齢者は職業に就かず、青年・中年期の貯蓄を取り崩して生活するからだ。貯蓄が減少すると社会全体では投資が減少し、工場建設や技術開発などに回る余剰資金が少なくなる。だから、経済は

停滞する、というわけだ。前頁のグラフを見れば、新型コロナ下
で給付金があった年を除いて、たしかに貯蓄率は減少傾向にある。

高齢者の消費

とはいえ、経済活動の水準は、これだけでは決まらない。む
しろ、日本の経済が沈滞しているのは、企業に留保金が積み
上がるだけで、投資に回らないからであり、貯蓄率が下がって、
投資が減ったわけではない。むしろ、高齢層の消費活動を活発
化させれば、経済に影響を与えられるかもしれない。なぜなら、
世帯主が30代の世帯の平均貯蓄額が400万円程度なのに、世帯
主が65歳以上の世帯の平均貯蓄額は1,200万円を超えているか
らだ。今まで高齢者の消費活動が不活発とされたのは、彼らのニー
ズにあった商品が開発されなかったためとも考えられる。

社会保障費の増大

一方で、高齢者が増えると介護サービスなど政府が関わる事
業が増え、「大きな政府」になるという指摘もある。たとえば、
スウェーデンでは高齢者介護を政府事業として展開しているの
で、介護サービスに関わる人々も公務員として給与を得る。財
源は税金なので税負担も重くなる。

産業の空洞化？

税負担が重いと、企業は国外で経済活動をした方が収益が上
がるので、外国に出ていく。そのため国内の雇用が減って産業
の空洞化現象を生む。つまり「大きな政府」は経済活動の停滞
を招き、税収入の不足を招き、福祉政策の実施ができにくく悪
循環になる、と言うのだ。

費用は意外に小さい

しかしながら、この説明は日本の実態に合わない。なぜなら日
本の税負担は最近急激に上がって、欧米並みに近づいているが、
それが「企業の海外移転」を生んでいる、という事実はないか
らだ。むしろ、企業は、海外の政治リスクや賃金の安さを考え
て日本回帰している。そもそも、欧米の社会保障危機は失業保
険や生活保護などの費用が大きいから起こるのであり、そのよう
な保障の薄い日本では、社会福祉を抑制すると、その分が次世
代の負担になる。ヨーロッパ並みに充実しても、かつての義務
教育費用より小さい、という計算もある。

世代間の「不公平」

ただ、問題なのは年金負担の問題だ。日本の年金の仕組みは
賦課方式で、積み立てた分が自分のためではなく、現在の高齢
世代に払う年金として使われる。これはかつてのように高齢者
が少なかった時代にはよい制度だったが、現在のように少子高
齢化が進むと、財政基盤が危うくなる。

たとえば、1990年では、5.8人の現役世代で1人の高齢者を
支えていたが、2015年では2.3人で1人の高齢者を支え、2050
年は1.3人で1人の高齢者を支えることになる。

知識と理解

●高齢者一人を支える現役
世代の人数の変化

1990年　2015年　2050年

　国庫負担割合を同じとすれば、このままでは、①保険料の納付額の引き上げか、②年金支給年齢の引き上げか、③支給額の引き下げしかないが、①なら月ごとの納付額は二倍以上になる。今でも負担感が大きいのに、さらに負担が増す。一方、②③は現在利益を受けている高齢者の反対が大きく、消費減退も起きる。

世代間戦争？

　もし、保険料を引き上げることで制度を存続させようとすると、保険料納付額と受け取る年金額との間に、世代間で大きな開きが出てくる。現在受け取っている世代は受取額のほうが納付額より大きく、今納めている世代は納付額が受取額を大きく上回る。

　これは、実質的に若い世代から高齢者への所得移転になる。したがって「賦課方式では先行世代だけが得をする。年金は自分のために積み立てる方式にすべきだ」という主張が出てきた。それに対して、高齢者からは「自分たちが一生懸命働いた結果を若い世代が享受している。だから、先行世代の年金を負担するのは当然だ」と反論する。これは年金問題における「世代間戦争」と言われる。

経済援助として戻る

　しかし、この「戦争」の比喩は必ずしも正確とは言えない。なぜなら、これは、支給された年金を高齢者世代がすべて使って残さない、という前提に立つからだ。経済学者バローによれば、高齢世代は年金として支給された金額とほぼ同額を、後の世代に相続させている。たとえ、若い世代から高齢世代に所得移転があっても、その分は余剰分として貯蓄されて、結局、遺産として若い世代に贈与される。とくに、日本社会では、子の結婚費用や孫の教育費用など、子世代が親世代から経済的に援助されるので、全体としての流れを考えれば、高齢者に年金として所得移転された分は再び所得移転されて、若い世代に戻ってくる。年金があるからこそ、高齢者扶養の負担が少なくなり、親世代からの援助も受けられるのである。

若い世代からの不信

　それにも関わらず、若い世代からの年金制度に対する不信感は根強い。実際、国民年金の保険料納付率は 70% 程度だが、年齢が若いほど納付率も低くなる。若い世代のかなりの部分が、現在の年金制度を非合理的だと考えているわけだ。

下流老人の問題

　しかし、年金制度を軽視するのは得策ではない。高齢者は、

そもそも貧富の差が大きい。今でさえ年金支給額では生活できないと言われているのに、これ以上減れば、貧困が拡がって社会問題化する。実際、2015 年には生活に困った高齢者が新幹線の中で灯油をかぶって自殺し、それに女性が巻き込まれて死亡する事件が起きた。事件自体は特殊といえるが、年金生活者の困窮は珍しい事態ではない。年金支給が困窮を少しでも緩和しているなら、制度否定には慎重であるべきだろう。

POINT 👉 年金制度を軽視してはいけない

● 高齢社会の根本問題

後期高齢者の増加

　むしろ、高齢化の根本問題は介護のシステム構築にある。人間が生物である限り、医学がどれだけ発達しても、年齢が進むにつれて健康状態は低下する。とくに 75 歳以上の後期高齢者では、介護を必要とする者の比率上昇は避けられない。高齢化とともに、後期高齢者の人口も増加するので、高齢者一人一人の健康状態が上がったとしても、病弱者・障害者・認知症などの人数は増える。したがって、高齢者のための介護サービスを拡大しなければならない。日本では、この問題に対して、経済的困難と同時に、それに要する人材 (マンパワー) の養成・供給などが難しい。

家族の「神話」

　かつての日本では高齢者介護は家庭で行われていた、とよく言われる。専業主婦の女性が介護していたが、女性の社会進出とともに家族の介護力が落ちた、というのだ。「家族による介護は、日本の美風」などという時代錯誤の発言も未だ聞かれる。しかし、このような発想は根本的に間違っている。

寿命が長くなった

　たしかに、社会福祉制度が貧弱な時代には、高齢者は家庭内で世話されたが、平均寿命自体が短かったので、その期間は現在と比べて圧倒的に短い。だから、家族の介護負担も大きくなかった。しかし、現在では医学が進歩して、従来なら死亡していた事例でも生命維持が可能になった。その代わり、半身麻痺などの障害を抱えながら生きる、という状態が一般化した。これをケアすることは、家族の介護能力を超える。

POINT 👉 高齢化 ➡ 家族の介護能力を超える

高齢者介護の現実

　とくに後期高齢者の介護では、介護する子世代も 60 歳以上の

高齢者になる。この世代は、どちらかといえば、社会から引退した世代で、社会に「進出」する現役世代ではない。

　実際、下のグラフを見ると、同居の主な介護者の約7割が60歳以上となっており、青年・中年層は極めて少ない。また、介護者の約4割が配偶者と子の配偶者で、性別は圧倒的に女性に偏っている。世話をするほうが、健康や体力の不安を抱えている場合も少なくない。自らも高齢である介護者が、被介護者の入浴や食事などの世話が負担だ、と答えるのも当然であろう。経済的な不安より、マンパワーの問題が深刻なのだ。

● 「同居の主な介護者の性別と年齢」厚生労働省（令和4年版より）

男	40歳未満 1.3%	40〜49歳 6.0%	50〜59歳 17.6%	60〜69歳 26.9%	70歳以上 22.8%	80歳以上 25.3%
女	40歳未満 1.6%	40〜49歳 5.0%	50〜59歳 17.0%	60〜69歳 30.1%	70歳以上 31.1%	80歳以上 15.3%

高齢者が高齢者を介護

　実際、上を見れば「中年の主婦による高齢者介護」というイメージは虚像で、80歳の妻を介護する85歳の夫、90歳の母を介護する70歳の娘など、高齢者が高齢者を介護する「老々介護」状況が普通なのである。最近では、家庭の機能不全もあって若年層に介護の負担が行く「ヤングケアラー」問題も多くなっている。

家族と暮らせば幸せか？

　高齢者が一人でいることは、「孤独死」などマイナスイメージで捉えられがちだが、社会学者ベラ・デパウロは、独身で生きることは、むしろ豊かさを実現する、と主張する。彼女はヨーロッパの20万人以上の人々を対象としてインタビューをし、恋愛パートナーがいない20歳から96歳までのすべてで、独身生活に対する満足度は高く、とくに40歳から数十年にわたって満足度は増していくことを明らかにした。著書『Single at Heart』では、独身者は自由を使って学び、成長するのであり、仕事などで、たくさんの人々から連絡をもらい、コミュニティも築けると言う。つまり、愛と親密性は家族だけでなく、親しい友人や信頼できる人々とも共有できるのだ。高齢者の自殺の理由として家族問題の比率が高いことを考えれば、一人暮らしだから寂しく孤独であるという決めつけは偏見であり、自分の居場所を持ち、友人たちと交際すれば、豊かさも感じられる。むしろ同居する家族から理解されないことこそ、孤独なのである。

社会で介護する

　このように、家庭の介護力は弱くなり、家庭で高齢者を十分に介護することは不可能になった。そこで、医療制度が利用され、健康保険制度を利用して、高齢者を入院させる。月に4、5万円ですむので、ヘルパーを雇うより、ずっと安くつく。しかし、その医療費は健康保険で支払うので、社会的コストが大きい。そこで、制度が改革されて、高齢の慢性病患者は長期入院できなくなり、地域内で健常者と一緒に、あるいは専門の介護施設内で生活させる制度に変わってきた。ただ、そうなると、今度は介護者の数が足りなくなるし、介護者の給与は高くないので人員が集まらない。そこで、その人員を満たすため外国人労働者を雇用するところも増えたのだが、最近は円安傾向もあって、外国人労働者も集まらない状況に進む。

POINT 高齢者の介護労働力が不足する＋外国人の雇用

●高齢者をささえる若い外国人介護士

介護の社会化の問題

　いずれにせよ、介護は家庭内で処理できないので、行政・企業などの介入は避けられない。これを介護の「社会化」という。しかしここにも、さまざまな問題とそれに対する反対論がある。主なものをあげて説明しよう。
　　1　行政が担当すると福祉の費用がかさむ？
　　2　企業が参入すると、自由競争でサービスが効率化する？

福祉水準の切り下げ？

　たしかに、日本の財政は危機的な水準であり、財政赤字を増やさないように福祉水準の切り下げが試みられている。たとえば、介護費用を抑えるには、福祉施設を安易に増やすべきではない、という主張さえあった。しかし特別養護老人ホームなどの福祉施設の数を制限すると大量の入所希望者がつねに入所を待つ状況になる。今入所している高齢者たちも、一度退所したら二度と入れないのでは、と不安になるので、状態がよくなっても

退所しなくなる。つまり、さほどニーズがない人を抱え込み、ニーズがある人がサービスを受けられなくなる非効率が生じるのだ。せっかく施設を作ったのに必要な人に利用されない。それどころか、入所希望者が多数待っている状況では、施設が希望者をえり好みできるので、比較的世話をしやすい希望者を選び、手間のかかる人を排除する、という本末転倒の事態にもなりかねない。

　これでは、入所希望者と与えられるサービスとの間でミス・マッチが生じる。これを避けるには、適正な量の福祉施設を行政が提供しなければならないが、今度は「適正」をどう評価するか、が問題になる。

 福祉施設の制限➡社会的非効率

企業の参入の是非

　そこで、世間での「新自由主義」の影響もあり、企業なら価格競争が働くので、適正量が供給されると期待された。2000年4月には、介護保険制度が導入され、数多くの企業が高齢者介護の市場に参入して、一時は介護業界が経済を引っ張ると言われた。しかし、この期待は実現していない。そもそも高齢者介護という商品から利益が生まれるのか、という問題が討議されないままに実施されたこともあり、企業利益が十分に上がらず、政府からの補助金を入れることで何とか成り立っているのが現状である。介護士の労働条件もきつく、離職者も多い。政府は介護士の給与を引き上げることを決定したが、その額はごくわずかで効果は高くない。

合理的な選択?

　このように費用に見合う利益が生まれないと、必要であっても、企業による供給はなされない。認知症などを患うと、当事者がサービス内容を見比べて選択することも難しいので、合理的な行動ができる経済主体とみなせない。その意味で、自由競争になりさえすれば、コストが削減されて、うまくいくというのは幻想にすぎないのであろう。

POINT 自由競争は必ずしもうまくいくわけではない

審査は客観的か?

　一方、介護レベルは、障害の程度により市町村の介護認定審査会で決定される。しかし、審査が客観的であるかどうかも問題になっている。過剰なサービス、逆にサービス不足などのミス・マッチが現場で続発している。

　介護保険で介護を受けたところ、今までよりサービスが低下した上、自己負担が倍になった、などという例もある。今のところ

は、現場の介護サービス提供者が、時間やお金の無理をしてやりくりをしているのが現状だ。機械化・ロボット化などが介護の手間を軽減するとも言われてきたが、開発にはまだ時間がかかる。ボランティア活動など、元気に活躍する高齢者がいる一方で、高齢化の問題はさまざまな局面で出現するのである。

●家事の機械化、ロボット化は高齢者介護を助ける？

NPO の可能性は？

行政に任せるだけだと、財政負担が増したり対応が官僚的になったりする。逆に商品化して企業に任せると法外な金額になって、一般の人が購入できず、必要な介護が受けられなくなる危険もある。そこで、これらを補完するものとして、NPO（非営利団体）などの活動も期待されるようになった。

専門性の蓄積は？

企業に比べて、NPO は、収益性の追求だけでなく使命感もある。また行政に比べて、きめ細かな対応ができるとも言われている。それどころか、経験を重ねて、行政よりも専門的なスキルを蓄積しているところも少なくない。NPO は補完的な役割を徹すべきという議論もあるが、もはやそうとは言えなくなっているのだ。NPO は、企業と行政の狭間で活動領域を見つける。これからは、企業のサービス提供が期待できないところを補完する NPO に、行政が積極的に補助金を投入して支える方式がさらに進むだろう。

介護保険の機構

介護保険とは、40 歳以上の国民が毎月一定の保険料を支払い、介護が必要になったときに、要介護認定を受け介護を受ける仕組みだ。その際、介護費用の原則一割を自己負担する。ただし、高額所得者は二割負担である。サービスは、民間の業者が参入して市場原理を取り入れる一方、市町村が保険者となり、その財政的基盤を国がバックアップする。

しかし実施されてみると、今まで福祉で受けていたサービスが受けられない、介護報酬が低く抑えられ民間業者が撤退する、などの矛盾が出てきた。老人医療費、福祉費を抑えるための措置にすぎず、実態は、福祉を切り下げる役目を果たしているだけだという批判も強い。

3. 高齢化と長寿社会

●出題例と研究

令元・群馬県
長寿化が進み、「人生100年時代」が訪れようとしている。人生100年時代に向けて、群馬県はどのような施策に取り組めばよいか、あなたの考えを述べよ
※人生100年時代：ある海外の研究では、2007年に日本で生まれた子どもの半数が107歳より長く生きると推計されており、日本は健康寿命が世界一の長寿社会を迎えています。（人生100年時代構想会議中間報告より引用）（60分・1000字）

解説します

答案の構成

「人生100年時代」は『ライフ・シフト』の中で提唱された。現代では10年ごとに2、3歳寿命が延びており、かなりの人が100歳まで生きる可能性がある、というのだ。実際、筆者の曾祖父は50歳で亡くなり、祖父は70歳、父は90歳超と20年ずつ寿命が延びたので、筆者も110歳まで生きる可能性がある。「健康寿命」も伸びて、1980年代ごろまで55歳だった定年も、現在では65歳に引き上げられている。

人生ステージの変化

しかし、このような長寿では、今までの人生設計では間に合わない。これまで人生は3つのステージとイメージされてきた。つまり、知識とスキルを獲得する青少年時代、それを社会化して生産に携わる壮年時代、退職して貯金と年金を使って暮らす老後である。だが、このモデルは現代には対応しない。なぜなら知識・スキルは短時間で陳腐化するからである。苦労して獲得しても10年を超えたあたりから時代遅れになり、生産に役立たなくなる。もちろん60歳で退職しても貯金は不十分で低賃金の仕事につかざるを得ない。壮年時代に十分貯蓄をせねばならないが、家族の扶養で思うにまかせない。だから『ライフ・シフト』では、このイメージから離れ、自分のスキルが陳腐化したら、一度休養を取って別の分野にチャレンジせよと言う。新スキルを獲得したら、それを元に生産活動する。こういうことを二、三回繰り返して最終的に80歳過ぎで引退するのだ。

変化する生き方

だが、これをするには、金や土地などの有形資産より、むしろ環境の変化に柔軟に対応する「変形資産」、その都度獲得した知識やスキルの「生産資産」、心身の健康を維持する「活力資産」などが重要になる。65～74歳の「前期高齢者」はまだこういう資産を蓄積し活用する世代ととらえられる。

とすると、地方自治体も介護や生活保護という発想ばかりではなく、「前期高齢者」がこれらの資産を蓄積・活用できるようサポートすべきであろう。たとえば、リカレント教育など中高年世代の学びの場を充実させるとか、新しい活躍の場を準備する、など「健康寿命延伸」の施策である。しかし公務員は定年まで1つの自治体で働けるので、外部からの発想を取り入れて高齢者が容易にキャリア・チェンジできる仕組みに変える必要がある。

誰の介護を望むか？

逆に「後期高齢者」の方は、今以上に手厚い対応が必要になるかもしれない。とくに85歳以上になると目に見えて身体が弱るので、周囲に助けてもらいつつ自立して生活できる期間を延ばす必要がある。だが、これは家族に頼れない。群馬県では高齢者を支えるべき世代が少ない地域も多い。これでは、介護が必要になっても住み慣れた地域にとどまれない。気持ちでは子どもが支えでも同居は逆に減少しているので、介護を依頼したい相手も子どもよりヘルパーという希望が増えた。つまり、現実面と意識面の両方で「介護の社会化」が急速に進んでいるのだ。

行政の役割の増大

したがって、高齢者のライフサイクルが家族内部で完結せず、むしろ地域や行政の介入が不可欠な状況になりつつある。介入・支援を受けつつ生活し、最終ステージで施設に入る、というようなプロセスになるはずだ。実は、群馬県下では、高齢者の施設は急速に整えられつつある。あちこちに介護施設が作られ、県外から入所者も来る。首都圏に比べて入所費用が安く設定でき入りやすいからである。実際、筆者の叔母も群馬県で特別養護老人ホームに入ったが、東京のように待たされることもなく、すぐに入所できた。群馬県は比較的東京に近いので、東京の高齢者を収容できる施設を作れば、若年層の仕事も増やせるだろう。

『ライフ・シフト』のように考えれば、高齢者対策と言っても一律ではなく、世代によって対応を変えねばならない。たとえば、80歳までは知識やスキルを高めたり、社会貢献や生産活動に従事したりする活力を支援するが、80歳以上では、支援用員を増やしたり施設の充実を図ったりする。人生がマルチ・ステージになるのに対応して、自治体も多元的な対応をすべきなのである。

答案例

前期高齢者は問題ない

「高齢者」とは65歳以上の人々を言うが、その状況は一様ではない。とくに、65〜74歳の「前期高齢者」は、医療の発達・充実で、かなり活動できるようになった。実際、「人生100年

時代」では、従来のように若い頃に獲得した知識・スキルを利用して壮年時代で働き、老後はその貯金と年金で過ごす、というモデルが通用しない。知識・スキル自体が速やかに陳腐化するからだ。だから、ある程度働いたら、分野を変えて新しい知識・スキルを獲得し、それを利用して、また次の生産にいそしむのである。

したがって、自治体も、高齢者の介護・年金ばかりではなく、むしろ、80歳くらいまで何度も学び直しができるシステムを構築したり、柔軟な発想を養う仕組みを整える必要が出て来る。実際、65〜69歳の男性は約6割の人が働いている。経済的自立が果たせれば、非生産年齢ではなくなるのだ。

後期高齢者がメイン

それに対して、「後期高齢者」、とくに80歳以上は、今まで以上に介助システムを充実させ、周囲に助けてもらいつつ、自立して生活できるようにする必要が出て来る。もちろん、この環境を家族に頼るわけにはいかない。群馬県では、高齢者を支えるべき世代が少数の地域も多い。子どもが心の支えでも、同居は減少しているので、介護を依頼したい相手も、子どもよりヘルパーという希望が増えている。つまり、現実面と意識面の両方で「介護の社会化」が急速に進んでいるのだ。

家族への期待と現実

幸い、群馬県下では、高齢者の施設は急速に整えられつつある。入所者も県下ばかりでなく、首都圏からも来る。首都圏に比べて入所費用が安く設定でき、入りやすいからである。このような施設が多くできるような支援ができれば、首都圏からも後期高齢者が集まり、圏内の若年層の働き口も多くなる。高齢者の増加はマイナスばかりではなく、それを利用した地域経済対策にもなるはずだ。

このように「高齢者」とは言っても、世代によって一律ではなく、対応を変えていくべきだと分かる。65〜80歳では、まだまだ知識やスキルを高めたり、社会貢献や生産活動に従事したりする活力を支援し、80歳以上では支援用員を増やし、施設の充実を図るべきだ。人生がマルチ・ステージになるのに対応して、自治体も発想を変えるべきなのである。

類題をやってみよう

令元・山形県

山形県では、人口減少対策のためのさまざまな施策を推進しているが、人口減少の要因と人口減少がもたらす影響を明らかに

したうえで、県が取り組むべき具体的な施策について、あなたの考えを述べなさい（60分・1000字）

＊人口減少の視点からの問題だが、少子化が止まらない以上、解決策は外国人労働者の導入・県外からの流入増・高齢者の活用の3つしかない。最後の論点なら、答案例の前半と同じ。

論点ブロック

高齢化と長寿社会

定義	高齢社会＝高齢者（65歳以上）が全人口に占める割合＞14% 日本は29%超の超高齢⇒社会さまざまな問題⇒労働力不足、経済の停滞、世代間の不公平 しかし、これらは問題にならないという反論あり
背景	女性の平均寿命の延びは世界一 高齢化の進行が家族の介護能力を超えた⇔女性の社会進出が家族の介護能力低下の原因ではない むしろ平均寿命が急激に延びたことが原因⇒高齢者による高齢者の介護、ヤングケアラー等の問題も出て来る
現状分析	「前期」と「後期」の区別＝65〜74歳は生産年齢、知識・スキルを学びつつ働く⇔75歳以上は介護されつつ自立⇒介護サービスの増加⇒家族によるケアは難しく社会的な介入が必要⇒介護の社会化⇒行政の補助＋企業の進出⇒商品化された介護は高価
提案・解決	「介護の社会化」をさらに進める 福祉施設の制限は社会的非効率⇒施設を充実させるべき NPOなどの活動に期待しすぎない＝専門性が少ない

 過去問データ

令3・大阪府「新型コロナウイルス感染症では、感染を恐れて、外出を控えることにより生じる運動不足やストレスが、健康に及ぼす影響が危惧されている。特に高齢者については、『動かない』（生活が不活発な）状態が続くことにより、フレイルが進むことが懸念されている。　(1)高齢者のフレイル予防の必要性について、あなたの考えを述べなさい。(2)高齢者のフレイルを予防していくためには、高齢者自身やその家族等も含め、社会全体としてどのような取組が必要か」

4. 少子化と人口減少

●知識と理解　　少子化は女性の問題ではなく行政・政治の問題である。産まなくなったのは社会構造の必然的変化なので、小手先の対策ではなく、変化に応じた行政の転換が必要だ。

少子化とは何だろう

少子化では、出生数が減少することで相対的に高齢化が進むとともに人口減少が進行する。日本では第二次大戦後から出生率が下がり続け、2005 年と 2022 年には一人の女性が一生のうちに産む子どもの数の平均が 1.26 と過去最低になり、2022 年の出生数は統計開始以来はじめて 80 万人を割った。

高齢化との複合

子どもが少なくなった分、高齢者人口も増えるので、さまざまな問題が出てくると予想される。とくに日本の場合は、平均寿命の伸びとあいまって、急速に「高齢化・少子化」が進んだことが問題を悪化させた。

●年間出生数および合計特殊出生率
「令和 4 年人口動態統計の年間推計」
より

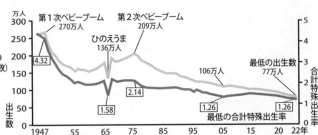

原因は何だろうか？

社会的背景

少子化の原因は完全に解明されてはいない。しかし上のグラフを見ると、1947 年の高い出生率が、戦後のベビーブームであることは確かだが、もうひとつターニング・ポイントがある。それは 1975 年前後の戦後ベビーブームの子ども世代の出生だろう。だが、その次の孫世代が生まれるはずだった 2002 年あたりの出生数はとくに増えておらず、横ばい状態だった合計特殊出生率も徐々に下がってきた。

晩婚化の進行

一方、女性の未婚率もこの時期を境として、急激に上がっている。つまり晩婚化が進行しているのだ。男女とも結婚が遅くなるのは、戦前からの傾向だが、とくに 1975 年以降、30 〜 34 歳

など比較的年齢の高い層での未婚率も上昇している。

●女性の年齢別未婚率の推移
総務省統計局より

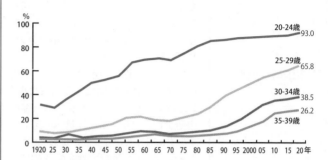

女性革命

　この時期に特徴的なのは女性の社会進出であろう。70年代の後半以降、女性の就業が一般化した。初めは事務職など男性の仕事の補助的作業であったが、次第に総合職など男性と同等の仕事に就き、現在では女性の管理職なども珍しくない。この現象は「女性革命」と言われる（G.エスピン＝アンデルセン）。

●少子化のメカニズム１─女性と職業

出産と仕事の競合関係

　このように女性が生産者として本格的に社会に進出すると、出産のために仕事を辞める、という選択はとりにくくなる。まず、いったん仕事を辞めると元の職場に復帰しにくい。現代の技術は変化・発展が激しいので、二、三年現場から離れるだけで、変化についていけなくなる。育児のために仕事を離れるというのは、生涯所得も少なくなるので、はなはだ不利な選択となる。

チャイルドペナルティ

　一方で、妊娠・出産に対する企業のサポート体制は未だ不十分で、育児休業制度はあっても利用率は低い。育児はモニタリング作業と言われ、常に作業する必要はないが、何か異変があるときや決まった時間がきたときには、他の作業を中止してでも、集約的に作業しなくてはならない。

　ところが、会社の仕事は、「専念義務」など全身全霊を打ち込むことを求められ、育児作業とは両立しにくい。会社側から言うと、女性が育児に関わらない方が、よけいな問題を抱えなくてすむ。事実上、女性は「子ども持とうとすると仕事をあきらめねばならない」というチャイルド・ペナルティを課せられるのだ。

いつまで待てるの？

　もちろん、生涯、子どもは欲しくない、という女性はごく少ない。大部分は、いつか子どもが欲しいと希望するが、仕事と収入を犠牲にする決心がつかず、「いつまで出産をしないで、仕事を続

けられるか?」と迷う。これでは結婚が遅くなり晩婚化が進むのも当然だろう。もちろん、比較的高齢になってから第一子を出産する女性も少なくないが、高齢出産を医学的に危険だとする見方もある。最初の出産時期をいつにするか、女性は強く意識せざるを得ないのだ。

早期出産は不利だ

他方で、早期の結婚が経済的に不利なのは明らかだ。特に10代や20代前半で出産して子育てに専念すると、教育の機会を逃し、職業選択にも制約を受ける。離婚すると、元夫からの経済援助がない限り、正規社員への道も閉ざされ、低賃金のハードワークに就くしかない。だから、困窮した女性が多く働く風俗業などでは、逆に子育ての施設が充実する。こんな過酷な状況で、誰が子どもを産むリスクをわざわざ負いたがるだろうか?

仕事はアイデンティティ

それに、仕事は単にお金を得るための手段ではない。経済的に自立できないと、自己のプライドも脅かされる。社会的に「よい」とされる職業に就かないと、社会の仕組みにも関与できず、コンプレックスにも悩む。早期に子どもを産み、家庭に入った女性はほとんど、後年、その選択に後悔する、という報告もある。

社会的にも、女性が仕事を辞めれば、それだけ税金も減り、GDPにも悪影響を与える。さらに仕事は気晴らしにもなる。コロナ禍でのステイホームでも分かるように、家に閉じこもってもリラックスはできず、むしろストレスをため込む。仕事をする女性は家庭との両立が難しいが、仕事を持たない女性に比べて精神的にはむしろバランスがとれるのだ。

家庭に帰れ?

このように、現代では、女性が職業を持つのは有利で、仕事をしないのが不利なのは明らかなので「家庭に帰れ!」と説いても効果はない。実際、ドイツでは日本に先駆けて1960年代に少子化が進行したため、当時の政権は子どもへの補助金や減税を実行する一方、「女性の場所は家庭だ」というキャンペーンを張って保育施設の拡充整備への予算を減らした。その結果、出生率はさらに低下した。結局、女性に「伝統的」な役割を自覚させるようにしても、少子化は解決されない。伝統的家族を唱える保守的主張は、むしろ少子化進行という結果しか生んでいない。

「伝統的家族」の主張は少子化を悪化させる

専業主婦も子どもを産まない

そもそも専業主婦も、子どもを産む数は減っている。現代では教育費の増大など子どもを育てる負担が極端に大きくなったからだ。子どもが多いと、それだけコストも増して生活リスクも

増える。つまり女性が出産しないのは、仕事と競合するからだけではなく、子どもを持つ意味が従来と異なっているからなのだ。

● 子どもの中学受験に付き添う親達

二重役割はマイナス？

　職業と家庭の両方の役割を担うことは、女性と子どもにとって悪い結果をもたらすだけではない。たしかに働く母親は身体的な疲労が大きいが、反面、いくつもの役割を果たすことで生きる充実感を味わうからだ。働く母親の方が育児不安も少ないし、夫との関係もよいという調査結果もある。さらに、子どもも保育所に預けられることで多様な人間関係に触れ、他の子どもとの接触も多くなって、精神的にも安定するという。その意味でも、家庭の意義を強調して女性を職業から遠ざけようという主張は、かえって社会的にも損失になるのである。

●少子化のメカニズム2—子どもの負担

母親の重圧

　核家族化も、子どもの価値を大きくする。なぜなら、家族の結びつきが親子に限定されるため、親の責任や役割が過大視されがちだからだ。親は、子どもに深い愛情をかけ、正常な大人に育てる存在であると見なされ、母親の責任は重くのしかかり、子どもを持つ心理的コストも増加する。

昔の母親の負担は軽かった

　よく「昔の女性は5〜6人も子どもを産んだのに、今の女性は子育ての苦労を引き受けようとしない」という批判があるが、これは事実に反する。確かに、核家族化以前は子どもの数は多かったが、母親は子どもの世話などせず、ほとんど放りっぱなしであった。数が多い分、一人一人に掛ける時間が少なかったのである。たとえば、筆者の父は六人兄弟だが、子ども時代は母親にかまってもらった記憶がほとんどなく、むしろ、お手伝いさんに面倒を見てもらって、彼女によりなついていたという。過去を美化する言説には気をつけなければならない。

知識と理解

負担の増大

とくに、子どもの数が減った分、親は子どもにより手をかけることが期待される。金銭的な面もさることながら、教育的な配慮など、手のかけ方が密になる。つまり子どもが減ると、子どもを持つ負担はますます大きくなったのだ。

● 子どもの数は減ったが
育児の負担は増している

実際、子どもを持たないのは「これ以上の負担に耐えられないから」とよく言われる。子どもを持ちたいと思っても負担が重いなら、持ちたいという思いは弱くなる。その中で「家族の意義」などを強調すると少子化はさらに進行する。「子どもに愛を」などと若者に説教するより、子育てを家庭だけでなく、社会が負担するシステムを作るべきなのである。

POINT 👉 女性の経済的自立＋子育てのコスト増加➡少子化

男性の役割

もちろん、男性の育児へのコミットメントが少ないことも問題だ。本来、子どもを育てるのは、女性とともに男性の役割でもあるが、育児は未だに女性の仕事と扱われる。しかし、最近の研究では、子どもには、愛情が必要だが、それは、必ずしも母親でなくてもよい、と言われる。父親でも他人でも、母親の代わりはできる。母親の愛情のみを強調するのは、父権社会の正当化にすぎない。子どもの正常な成長には、母親の愛情が不可欠であるという言い方は、むしろ男性の非協力を正当化するだけだ。

意識が変わらない

一時「イクメン」など男性の育児への協力が推奨されたが、母親の負担は父親よりはるかに大きく、一日に子どもの面倒をみる時間は、父親が40～50分なのに対し、母親は2時間以上。しかも男性は「一緒に遊ぶ」など比較的責任が軽い分野を担当するのに、女性は食事の準備など、より注意や時間が必要な作業を担当する。これでは、職場での責任とともに、家庭での責任も二重に負わなくてはならないことになる。父親がもっと育児に関わるべきなのだが、男性にその意志があっても、社会や企

業が障害になる。たとえば、育児休暇は男女に認められている
のに、男性が取得する例は少ない。育児休暇を取ると宣言した
議員が年長議員からバッシングを受ける例さえある。

少子化は男性と社会の責任が大きい

実感と現実の乖離

　教育心理学者の柏木惠子によれば、育児への実感を調査して
みると、「子どもはかわいい」などの肯定感は父親と母親で大差
ないのに、「子どものために行動が制限される」「子育ては負担だ」
などという否定的感情は母親に強く、逆に「子どもとの一体感」
は父親の方が強いと言う。
　つまり「常識」とは反対に、母親より父親の方が子どもとの
一体感が強く、しかも育児に関与しない父親ほどその一体感が
強い。これは、父親が子どもと一緒にいる時間が短く、自分との
対立を感じないので「子どもはかわいいし、自分の分身だ」と
甘い思いを持っているせいだ（柏木惠子『子どもという価値』）。
育児についての女性の葛藤は男性に理解されないのである。

●社会問題としての少子化

　少子化の問題点として、少子化は人口減少につながるから何
とかしなければならない、とよく言われる。その内容は「高齢化」
と共通なので、すでに検討済みである。

いろいろな反論

　さらに次のような問題点も唱えられている。

　　5　社会の活力、創造性が落ちる
　　6　子どもの社会性が低下する
　　7　不動産の値段下落、教育産業衰退など産業への悪影響

マイナスばかりではない

　しかし5は、感覚的、直感的すぎる。年齢が若い方が創造性
があるとは、必ずしも言えない。そもそも若者は経験も少なく、
その狭い経験に頼って判断するため、宣伝や流行に流されやす
く、他と根本的に違うオリジナリティは期待できないとも言える。
実際、江戸時代では、葛飾北斎など高齢の芸術家が旺盛に創作
をしており、老齢になると創造性がなくなる、とは一概に言えな
い。「活力」も曖昧な概念である。医療が発達して、60歳以上で
も健康な人は多い。登山など、むしろ中高年が中心となる活動
も少なくない。

社会性は教育の問題

　6については、とくに中国の「一人っ子政策」で、弊害が指摘

された。両親に大切にされるので、「家庭の王様」化し、自分を
コントロールする能力が足りない、というのである。しかし、こ
れは教育を充実すれば克服できそうだし、逆に一人の子どもを
何人もの大人が注目して教育するので、社会性が育ちやすいと
いう反論も成り立つ。

7はすでに兆候が現れている。大学をはじめとする学校の経営
危機・廃校などはマスコミでも取り上げられた。また、土地・マ
ンションなどの値段も、首都圏の一部を除いて下降しており、地
方の不動産など、税金だけ取られて売れない、という状況にあ
る。とはいえ、社会状況の変化とともに、産業が再編を迫られ
るのは普通のことである。土地の価値が下落すれば、個人が低
価格で家を持ちやすくなるし、教育機関も子どもや若者だけで
なく、社会人がリカレント教育などで学び直して、新しいスキル
を獲得する期間にすれば、新しい需要が生まれる。しかも、少
子化では子ども一人にかけるお金も増加するので、子ども向け
消費が減退するとは一概には言えない。

問題の本質は何か？

結局、少子化とは、今までの多産多死の社会が少産少死の社
会に転換する過渡期の現象とみなせる。少子化も、局所的には
デメリットがあっても、反面でメリットも考えられるので、必ず
しも全体的にマイナスをもたらすとは言えない。むしろ、変化に
応じて、社会やビジネスのシステムを調整すれば、それなりに
解決がつくのかもしれないのである。

したがって、少子化を、子どもを産まなくなった「女性の問題」
ととらえ、女性に働きかけて子どもを産ませようとする発想は根
本から間違っている。むしろ、社会構造が変わって、子どもの
数が少なくなる現実に対応して、行政や政治がどう社会資源を
再配分していくか、という政治の問題なのである。

POINT 👉 **少子化の本質➡ ×子どもを産まない女性の問題**
○ 少子化に対応しない行政や政治の問題

対策の基本方向

社会現象が出現するにあたっては、相応のメカニズムが存在
する。そのメカニズムに働きかけないと事態は変わらない。直接、
現象をコントロールしようとしてもできないのだ。各人は、自分
の利益を最大化しようとして動いているのだから、「子どもを少
なくする」もそういう最大化の一環だ。したがって、その判断に
反する倫理や道徳で行動を変えようとしても不可能だ。少子化
を避けたいなら、子どもを産むことが、個人にとって利益になる

か、少なくとも損失にならないように、環境を変えるしかない。

施設の時間が短い

　対策としては、子育て費用を援助すること、女性の労働と子育てを両立しやすくすることだろう。「待機児童」の問題も多少改善されたようだが、態勢はまだ不十分だ。施設の整備、時間の拡張などが切実に求められる。たとえば、朝8時半からしか預けられないので、9時からの始業時間に間に合わず、夕方遅くまで預けられないと、仕事を早退して迎えに行かねばならない。これでは雇用者からの評価も下がる。「働きながら子どもを育てる」ための環境作りになっていないのだ

● どこが改善点か？

人口減少は避けられない

　とはいっても、今さら合計特殊出生率を多少上げようとしても人口減少は抑制できない。これまで続いた少子化の結果として、若年女性の人口は将来さらに減るからだ。さまざまな対策がとられたとはいえ、現在の人口が維持できるようなレベルには達していない。はっきり言えば、少子化対策はすでに手遅れ状態なのである。

● 日本の人口の歴史的推移
（2100 年まで）
国立社会保障・人口問題研究所「人口統計資料集」より　金子隆一作成

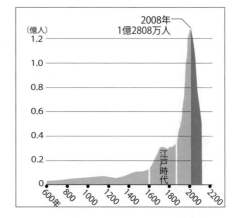

　上のグラフにあるように、人口の変化は急激である。2008 年を境に「つるべ落とし」に減り続け、22 世紀までには 6,000 万人を割り込む。需要縮小・経済縮小もまた避けられない。短期的には調整できたとしても、長期的には、今のままでは、日本の経済的・社会的 凋 落は避けられない。

地方が最も影響を受ける

　しかも、その影響をもっとも激しく受けるのは、現時点でも人口減少している地方である。とくに、若年世代では 1960 年代・バブル期に続き、2000 年代に入ってからも都市への人口流出が続いている。そのため、30 年後には 900 近くの市町村が消滅する、

若者が残る地域とは？

と予測されているのだ。

　そこで、喫緊の問題は少子化より、むしろ目前の人口減少と市町村消滅の回避だという風潮も生まれてきた。実際、地方では、一番栄えているのは葬祭産業であり、かつての土建業者が葬祭産業に鞍替えする例も少なくない、ただ、人口減少のみを問題とする主張は皮相な感じも免れない。ある社会派ブロガーは「市町村が消滅して困るのは誰か？」と疑問を投げかけて「行政機関やその公共事業にぶらさがっている企業だけじゃないか」と喝破している。これは言いすぎとしても、現状に歯止めをかけるだけの小手先の対策は意味がない。むしろ、若者が残れるような魅力的な地方を作り出すことで、少子化を緩和する工夫をしなければならない。しかし、地方の市町村は古い意識に縛られ、若者をどう呼び込むか、という対策が進んでいるとは言えない。

● 三大都市圏及び地方圏における人口移動（転入超過数）の推移
出典：日本創成会議資料より

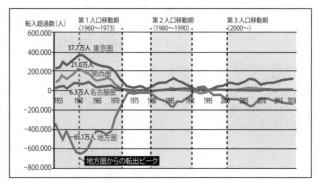

若者を歓迎しない地域

　たとえば、最近、人口減少の進む群馬県のある小さな町で、夏に音楽イベントが開かれ、たくさんの若者たちが集まった。ところが「騒音がうるさい」と近隣住民から強いクレームが出されたために、次の年から開催できなくなったという。

　しかしながら、少子化で悩んでいるはずの町の住民が、実際に若者が集まると「うるさい！」と文句を言うようでは、「若者が魅力を感じる町」になるはずもない。実際、町に移住してきた若者に聞いてみると、「結局、ここの住民は、本気で若者を受け入れたい、などと思っていないんですよ」と言う。住民が地域の持続に関心がないのであれば、消滅は必至である。

　逆に、福島県矢祭町などでは、子どもを産むことに公的な扶助を厚くしたために、子どもの数が増え、子育て世代が移り住むようになったという。環境を整えたことで、少子化に抗する動きをつくれた一例であろう。

4. 少子化と人口減少

> 令4・島根県
> 島根創生計画では、将来にわたって人口を安定的に推移させるために、合計特殊出生率（1人の女性が産む子どもの平均数）を2035年までに2.07まで上昇させることと、毎年平均約600人の減である人口の社会移動（県外からの転入者数−県外への転出者数）を2030年までに均衡させることを目標として掲げています。この目標を達成するために、今後どのようなことに取り組んでいく必要があるか自由に述べなさい。（90分，1,200字）

解説します

答案の要素と構成

　　問題を解決するには、なぜ、その問題が出て来たのか、から始めなければならない。人口減少の原因が出生率低下なのは間違いないとして、どのようにして出生率が減少したのか？

チャイルド・ペナルティ

　　まず、子どもを持つリスクがあまりに大きいと考えられる。育児に時間を取られ、仕事に割ける時間は少なくなる。しかも、子育てに追われて社会から孤立する。雇用を考えれば、経済的・社会的に不利になるだろう。労働者としての評価はスキルと能力だが、教育が中途半端なままに結婚・出産すると十分な報酬が得られない。他方で、企業側も子を持つ女性を「厄介者」として嫌うのに、人手不足になると非正規労働者として低賃金で雇う。

　　このように、日本社会は子どもを持つと経済的・社会的なペナルティ（子育て罰）を与える仕組みになっている。これでは、誰が積極的に子どもを持ちたいと思うだろうか？　だから、女性が、結婚・出産をなるべく遅らせようとするのは正常な判断だし、その結果として2022年に出生数が77万人になったのである。

地方の保守性？

　　ところが、地方では、この状況を変えるより、個人の自覚や道徳観に訴えて問題を解決しようとする傾向が強い。つまり「女性の役割は家庭にある」などと強調するのだ。しかし、このような方法はうまく行ったことがない。それどころか、こういう保守的な地域から若い女性は逃げ出す。これでは、地域の少子化と人口減少はますます進行するだけだろう。出生率を上げるには、女性に対する社会的なバックアップを徹底的に行う必要がある。つまり、①女性労働者を正社員待遇にして正当に評価する、②働きながら子育てできるコストを雇用主が負担する、③男性パートナーが子育てに協力できる体制を作る、④奨学金など子育て

出題例と研究

費用を自治体が援助する、などの施策を総動員する必要がある。

対策の遅れ

　そもそも、ここまで少子化が進行した原因は対策の遅れにある。「知識と理解」編で述べたように、少子化を緩和する最初のチャンスは、終戦直後の第一次ベビーブーム世代が親になった時期であった。合計特殊出生率は 2.16 と半減したが、出生数は多かったので、有効な対策が取れば人口減少は防げたはずだ。しかし、すぐに回復すると見通しが甘かったため、結果として、第二次ベビーブーム世代が親になった 2005 年前後にも合計特殊出生率は 1.26 とさらに下がった。そのまま減少傾向が続いて今に至る。今更、多少出生率が上向いても、出産する女性の数が少ないので出生数は上がらない。実際、島根県では、2022 年の合計特殊出生率は 1.62 と全国平均より高く、2021 年より上昇したが、出生数は 4,415 人と前年より 58 人減少した。だが、死亡数は 9,847 人と 208 人増加したため、人口減少は止まらなかった。

家族の流動化と対応させる

　したがって、合計特殊出生率を 2.07 まで上昇させ、人口減をストップさせる、という野心的な目標を実現させるなら、子どもを産むリスクを軽減させるような施策をすべて試みなければならないはずだ。島根県女性の平均収入は 326 万円、男性でも399 万円である（中国・四国地域の男性の平均収入は 426 万円、女性は 324 万円）。この水準では、二人以上の子どもを育てるのはかなり困難だ。島根県女性の収入は男性の 80% ほどで、離婚したら即生活苦にさらされる。結婚した男女の約 1/3 は離婚するので、リスクを減らすため産まない選択をするのは、むしろ合理的な判断と言える。

　このような状態を変えるには、女性が一人親になっても生活できるように行政が支援して、社会全体で「子どもを育てる」体制をつくらなければならない。生まれた子どもに対して無条件に支援金を配るなど、家族の流動化を前提にした支援策を提供しなければならないのだ。

答案例

チャイルド・ペナルティ

　出生率減少の背景には、チャイルド・ペナルティがあろう。なぜなら、日本社会で子どもを持つリスクは大きいからだ。育児に時間を取られて、仕事に割く時間は少なくなり、社会からも孤立する。労働者として不利になることが予想される。

　そもそも、労働力として評価されるには、スキルと能力を獲得する必要がある。教育を十分受ける前に結婚・出産すると報

酬も低い。企業も、子を持つ女性を「厄介者」扱いして一人前の労働者として扱わない。ところが、人手不足になると女性を非正規労働者として低い給与で雇い入れる。つまり、日本企業は、家庭での労働力再生産にフリーライドして少子化を進行させる主犯なのだ。子どもを持つと経済的に不利になり、いわば社会的な罰を与えられる。これでは、誰も積極的に子どもを持ちたいと思わない。リスクを避けようと、女性は結婚・出産をなるべく遅らせ、その結果として2022年の全国の出生数が80万人を割りこむ結果になったのである。

地方の保守性　　ところが、地方では「女性の役割は家庭にある」などと個人の自覚や道徳観に訴えて問題を解決しようとする傾向が強い。しかし、この方法はうまく行ったためしがない。それどころか、こういう地域からは若い女性が逃散し、人口減少はますます進行する。むしろ、出生率を上げるには、女性に対する社会的なバックアップを徹底的に行う必要がある。つまり、女性労働者を正社員として正当に評価して、男性パートナーが子育てに協力できる体制にする一方で、奨学金など子育て費用を自治体が援助するような手厚い施策を総動員しなければならない。

対策の遅れ　　そもそも、ここまで少子化が進行したのは、対策の遅れが大きい。終戦後の第一次ベビーブーム世代が親になった時期に合計特殊出生率も2.16と半減したのに、十分な対策が取られなかった。そのため、第二次ベビーブーム世代が親になった2005年前後にも出生は増えず、合計特殊出生率も1.26とさらに下がった。それが現在の惨状に至る。これでは、多少出生率が上向いても、出産の母数自体が少ないので出生数は上がらない。実際、島根県の2022年の合計特殊出生率は1.62と比較的高いのに、出生数は前年より58人減少している。

家族の流動化に対応　　したがって、2035年までに合計特殊出生率2.07にし、2030年までに人口減をストップさせるというなら、子育てしても不利にならない環境を早急につくらねばならない。島根県の女性の平均収入は326万円で二人以上の子どもを一人で育てるのは困難だ。女性の収入は男性の80%で、何らかの事情で離婚したら即生活苦にさらされる。子どもを産まない選択をするのは、むしろ合理的な判断だろう。情勢を変えるには、女性の一人親でも生活できるように支援して、社会全体で「子どもを育てる」体制にすべきだ。生まれた子どもに無条件に支援金を配るなど、家族の流動化を前提にした支援策を講ずべきだろう。

出題例と研究

令3・熊本県

本県の人口は、平成 10 年を境に減少傾向にあり、令和元年時点で 174.8 万人となっている。このまま何も対策を講じなければ、本県の令和 42 年の人口は、約 124.3 万人となるとの推計があり、今後も減少傾向が続くことが予想されている。そこで、人口減少が本県に与える影響を挙げ、それを解消するためにどのような取組を行うべきか、あなたの考えを述べなさい

(80 分・字数不明)

＊答案例とほぼ同じ内容。熊本県の統計や特徴を入れたい。

論点ブロック

少子化と人口減少

定義	少子化＝女性が子どもを産まなくなり、出生数が減少する 女性が生涯に生む子どもの数⇒日本では 1.26 人⇒若年人口の減少⇒さまざまな社会問題 (年金の不公平、労働人口・社会活力減少)
背景	1 女性が生産者として働く⇒競争社会では出産は不利⇒退職・キャリアへの障害⇒結婚・出産を遅らせようとする傾向 2 子育てのコスト⇒子どもには手が掛かる＋教育・経済の負担 3 男性の非協力⇒社会的意識は変わらない 4 子どもを持ちたくても社会が障害になる状況
現状分析	1 女性は伝統的役割には帰れない⇒女性革命の進行 2 女性が仕事を辞めることは収入・アイデンティティを失うこと 3 少子化が引き起こす問題点の多くには根拠がない 4 少子化は過去の選択の結果なので、今更変えられない
提案・解決	1 少子化は女性が引き起こした問題ではない 2「少子化問題」の本質は、社会の必然的変化に行政・政治が十分対応できていないこと 3 子どもを持ちやすい社会環境をつくるように支援すべき 4 施設・制度の改善で少子化を緩和する

過去問データ

令5・静岡県「若年層の人口減少について」
令4・神奈川県「少子化における人材活用について」

5. 行政の役割

●知識と理解 公務員論文試験の最頻出テーマだが、他の分野との関連が難しい。具体例は他のテーマの知識が必須。ここでは基本を解説する。

●はじめに注意すると…

本当は、この項は本書を最後まで読んでから、もう一度戻って読んでもらいたい。なぜか？ それは他の各テーマの内容がすべてこの項に関係しているからである。

抽象的な課題

たとえば、論文試験では、行政の役割を問う問題は「これからの行政に求められるものは何か、あなたの考えを述べよ」などという形で書いてあることが多い。これはとても抽象的な出題で、どう答えていいか分かりにくい。

行政にはさまざまな活動がある

なぜなら、行政の仕事といっても多様で幅広いので、どの問題に焦点を当てて書くか、が重要になるからだ。ごみの収集も警察の活動も行政だし、また、地域おこしや環境保全、国際化への対応なども行政の活動だ。「国際化における行政の対応は…」と書けば、国際化がトピックになるし、「情報公開が大切だ」と書けば、情報公開が話題になるだろう。

どこに焦点を当てるか➡具体例で決まる

官僚制度の問題

一方で、それらの活動を実際に遂行するのは、官僚制度というシステムおよび組織である。これは本来、法律を公平・迅速に執行するためにつくられた組織なのだが、組織として完成されるにつれて、非能率性や非即応性などの特有の逆機能が出現するようになった。

特殊の中の一般

たとえば、1995年の阪神・淡路大震災では、官僚システムの持つ力と問題点が古典的に表れている。震災直後、被災者が毛布を必要としていた時、区役所に何百枚かの備蓄があったのに、「みんなに行き渡らないのは不平等だから配れない」と毛布を隠してしまった公務員がいたという。これは、平時の「お役所」的対応が、地震という特殊な危機に直面して、うまく適応しなくなった問題として捉えることができる。

優先順位の混乱

確かに公平性は日常の仕事なら大切なことだが、災害時にもそれを第一優先にすると復旧を妨害しかねない。災害時には住民を助けるのが、行政にとってもっとも重要な役割のはずなのに、形式性・合法性を追求するあまり、システムが住民に対す

るサービスという本来の機能を果たせなくなったのである。

このような問題は、どの事件でも繰り返し現れる。つまり、どの特殊なトピックをとっても、そこに行政システムや官僚組織が持つ共通の問題が表れる、という仕組みになっているのだ。

具体から一般がよい

したがって「行政の役割」という課題に対して、最初から行政一般について書くこともできるが、むしろ、その中の特定の分野について焦点を当てて、そこから行政の一般的問題を検討する方が具体的で書きやすい。

しかし、そのためにはまず、一つ一つの事例に対するしっかりした知識を持っていることが望ましい。つまり、このタイプの問いに対して説得力ある解答を書くには、他のテーマを読んで個々のトピックについての知識を深めてから取り組んだ方が、具体性と理論性を兼ね備えた答案になる可能性が高いのである。

POINT 👉 行政の役割➡他のテーマの具体的知識が答案作成を助ける

一般的なアプローチ

とはいっても、「行政の役割」を問う問題は、数多く出題されている。出題の範囲が広く、いろいろな聞き方があるせいだろう。その結果、毎年どこかで必ず出題される。だから、このテーマに対するヒントを手っ取り早く得たい読者もいるだろう。この項では、いささか抽象に流れるかもしれないが、通常とは逆に、行政の一般的状況から近づくアプローチをとってみよう。

●行政の活動はどうなっているのか？

自由がない行政？

法治主義の体制では、行政とは、法律を執行・実施することなので、行政は、法律に縛られて自由がないとも考えられる。「お役所仕事」といういささか軽蔑的な表現も、役所の仕事が法律にがんじがらめにされて、自由に動けないでいるイメージと関係があるだろう。しかし現在では、このようなイメージは必ずしも正確とは言えない。

行政は裁量である

なぜなら、立法機関で制定された法律は、それほど細かいところまで規定されていないことがしばしばだからである。法律には想定されるありとあらゆる場合への対処を書き込むわけにはいかない。そんなことをすれば、条文はいたずらに煩雑になり、読んでも意味がとりにくくなるからである。

しかも民主主義では、法律の制定は異なる立場の妥協の産物となるので、文面は一義的、明確になりにくい。むしろ多様な解釈を許すといっても過言ではない。そのため行政が必要な細則

を付け加えない限り、現実に適用できない場合が多い。とくに最近は、そのあたりの事情を予想して、おおざっぱな方針だけを制定して、細目について初めから行政に任せるという形の法律が多くなっている。

法治主義の限界
　もちろん、現代では「法治主義」が原則なので、行政の究極イメージは、行政府が法律を決まり切ったルーティンとして実施する形、つまり法律の自動販売機のような（西尾勝『行政の活動』）、何か問題を入れると解決策が示されるシステムが理想になるだろう。しかし現実には、この想定とは逆に、行政の役割・権力はどんどん拡大している。これは、行政が法律の忠実な執行でないことの証拠であろう。これを典型的に表すのが、警察官や福祉関連部署の職員など、現場を担当する職種であろう。これらの人々は、現実と法律が直接接触する最前線にいる。そこでは、法律は一律でも状況は多様であり、現実を法律のどの条文にはめ込んで処理するか、現場の解釈次第になるのである。

犯罪か合意か
　たとえば、2023年には経営者や漫才師、映画監督などによる「性加害」が、さまざまな場面で告発されたが、これに対して、あるタレントが「被害に遭ったのなら警察に行けばいいのに、なぜ雑誌に告発するのか？」と疑問を呈した。しかし、これは犯罪が行われたら、警察という行政機構が即座に動いてくれる、という思い込みにすぎない。実際、女性が強姦被害に遭って警察に行っても「証拠が少ない」とか「裁判で詳細に聞かれてかえって傷つく」などと言われ、被害届を受理してもらえず、警察に行っても解決にならないことが多い。

具体的判断力の必要
　これは警察側の「怠慢」とばかりは言えない。なぜなら、性加害を立証するには、それなりの手続きや対応が必要になるからだ。たとえば、何が起こったか事実を確認するだけではなく、「合意の上だった」という反論を覆すための論理や証拠も用意し、詳細な調書を作って検察官が告発する。裁判では犯行を証明するために証言もなされる。あまりにも同様の事件が多いと、警察のリソースを消費しないために事件化しない選択もあり得よう。
　このような処理を変化させるには「性加害を許さない」という世論を盛り上げて、行政が受理しないことが社会的問題とならなければならない。その意味では、「警察ではなく、雑誌に告発する」意味は大きいし、同時に、公務員は法律の奴隷ではなく、眼前の具体的状況に合わせて抽象的な法律を運用し、妥当な判断を下さなければならないという責任を負わされている、とも言えるのである。

5.行政の役割

知識と理解

POINT 👉 行政＝抽象的な法律を具体的状況に適用➡妥当な判断

介護の場合

　これは要介護認定などでも同じであろう。要介護度は何段階かに分かれている。したがって具体的な障害はどのランクに入るのか、どの程度の介護を必要としているかは、まず現場が判断して、認定調査員がチェックする。しかし、判断はしばしば曖昧であり、いくつかの判断基準を適用すれば機械的に決まるというほど簡単ではない。

期待とコストのディレンマ

　実際、高齢者の状態は日々変化する。ある日には元気がよくても、別な日には具合が悪いかもしれない。笑い話のようだが、外から人が訪ねてくるだけで、ひとり暮らしの老人はいつもより元気になるという。だから何回か訪問して状態をじっくり見定めねばならないのだが、それには時間と手間がかかる。

　住民とじかに接する公務員は、住民から具体的な問題を解決してもらえると期待されているが、いくつもの案件を抱えているため、一つ一つに割ける時間やコストは多くない。したがって限られた時間や資源をどう配分するかというディレンマに悩まされる。上記の介護の場合でも、状態がはっきりしないとき、もう一度訪ねていくべきか、それともとりあえず判断を下して次の案件に移るのか、時間とコストを考えて迷うことも多いはずだ。したがって、行政の活動には完璧さを期待することはできない。間違ったら、速やかに認めて是正し、法令に違反した事態であってもあえて見逃すなどという行動も必要になる。たとえば、駐車違反を完璧に取り締まったら、現在の車社会は崩壊する。一部だけ取り締まり、後は住民の自主的な判断を促すのが適当だろう。

地方公務員の役割

　住民と直接に接する機会の多い地方公務員は、多かれ少なかれ、このような法律の現実への適用問題を抱えている。実際、2020年のコロナ禍でも、一人につき10万円の特別給付金が配られた。緊急事態だったので、このシステムは「迅速さ」を旨として運用が図られた。逆に言えば、申請に多少の疑義があっても、とりあえず配ることを優先したのである。だから、しばらく時間が経ってみると、不正受給のケースがたくさん出てきて警察が摘発する羽目になった。

独自の判断の必要

　しかし、だからといって特別給付金の給付自体が間違いだったということにはならない。行政は、多くの人々を迅速に救わねばならないので、すべてを綿密にチェックするわけにはいかない。ある程度、形式が整っていれば給付するという方針を取ら

ざるを得ない。それでも、あまりにおかしいと思われたケースだけ、後から調査して罰する、というやり方を取る。

矛盾こそ存在意義

逆に言えば、地方自治体行政の存在理由と存在意義は、この矛盾をバランスよく解くことにある。もし法律をそのまま施行して、自動的に現実問題が片づくならば、地方「自治」など存在しなくても、国の出先機関が地方にあれば済む。行政は自主的判断も必要なくルーティンをこなすだけという単調な仕事になってしまう。だが、現実と法律の矛盾があるからこそ、地方行政の裁量の余地があり、自治性・自主性も存在するわけである。

行政の意義＝現実と法律の矛盾

●行政責任とは？

accountability とは？

アメリカの行政学者C.フリードリヒは、行政の責任をaccountability と responsibility の二つに区別している。

accountability は行政の行った施策が、どんな基準と判断に基づいて、どのように行われたか、明確に説明できることである。これは議会制民主主義では、議会が行政府の統制を確保するために、当然行われなければならない。行政機構内部では、上司あるいは外部から質問があった場合に、きちんと答えることができなければならない。しかしこの accountability は、行政が法律に従って手続きを踏んで合法的に執行されていることを示すだけであり、いわば消極的責任にとどまる。

responsibility とは？

一方、responsibility とは、積極的責任である。フリードリヒは、現代の行政機構は、会に対する accountability を果たすだけでは足りず、その時々の行動において、地域コミュニティの民衆感情に直接に対応する責任を自覚することが必要であるとした。

つまり、行政職員は自分の職掌に発生した社会問題をいち早く察知し、対策を立案し、上級機関に上申・助言・忠告するだけでなく、それに関係する対象団体・個人の要望にも応答（response）しなければならないのだ。もちろん、これは上級機関や議会に対する応答と違って、非制度的なものであり、本来応答する法的な義務はない。しかし、関係する団体・個人の意向や反応は、行政活動に対する重要なフィード・バックであり、これを有効に使うことで、活動を円滑に行うことができるのだ。

問題の発見

行政では、法律という原則に従いつつも、現実の中に潜む問題を自ら発見し、それを目に見える形であぶり出し、対処してい

知識と理解

住民との協働

NPO との協働

く。法律学者の末弘厳太郎は「法律があることは、何かをしないことの理由になるが、法律がないことは行動しないことの理由にならない。法律がないからといって、現実問題への対処を拒否するのは公務員の怠慢だ」という意味のことを『役人学三則』で説いている。これこそ responsibility の理念である。

　responsibility の理念からいえば、行政は議会から統制されるだけでは十分ではなく、住民の要請に直接応える必要がある。実際、原発の建設その他の問題で、かつて地方自治体レベルで住民投票が頻発したのは、行政機構が議会を住民の意見を表明する唯一の機関ととらえ、直接の要望を軽視したことに起因している。住民団体などの意見を汲み上げる努力が必要なのである。

　もちろんそれらの意見は、議会の議決と違って法律的に明確な根拠があるわけではない。住民投票で表された多数意見が、行政によってしばしば無視されるのも、そのためである。しかし、議会制度だけにこだわるようでは、住民団体などの非制度的なフィード・バックを有効に活用しているとはいえないであろう。

　この意味では、NPO（非営利団体）などとの協働が注目される。たとえばイギリスのグランド・ワークは、地域の自然環境の保全を目的に作られた、ボランタリーな住民環境組織である。この事業を導入した環境大臣は、行政機関を新しく作るのではなく、独立して自由に動けるプロフェッショナルなチームを育て、地域・市民・企業が提供できる資源を活用して、具体的な成果に結びつけようとした。そのことで

　　　1 地域間ニーズをボトム・アップ式で吸い上げた
　　　2 コーディネーターを使い、地域・市民・企業のパートナーシップを確立した
　　　3 ボランティア活動とビジネスの発想を両立した
　　　4 共生に基づく地域社会づくりに寄与した

と高く評価されている。

　このような住民と自治体の共同作業は、高齢化した団地の再生事業などにも有効なようだ。たとえば、埼玉県北本団地では高齢化が顕著だが、団地出身の地元の観光協会スタッフが発案して、「無印良品」などを展開する企業と組んで、空きの目立つ商店街の再生に取り組んだ。まず、地元住民が気軽に集まれる場として、ジャズ喫茶「中庭」を立ち上げた。北本市が、このような企画を積極的に取り上げたこともあって、地域の人々がさまざまな物を持ち寄り、楽器にも触れるようになった。定期的に

ライブなども開かれ、商店街に活気が見られるようになったという。

● 北本団地内の商店街に
できたジャズ喫茶「中庭」。
さまざまな楽器がおいてあ
り、ライブも行われる

新しい市民

　このように、住民の中にも従来のように行政に頼りきりにならないで、自分たちで地域活性化に成功しているグループも出てきている。今まで、住民運動といえば、行政を告発したり要求したりする行動ばかりが目立っていたが、次第に政策提言型・事業型・政策実行型などの自主的な活動に発展してきているのだ。

　したがって、これからの公共政策は、もはや政府や地方自治体が担っている活動だけを意味するのではなく、民間企業やNPOなども担えるはずである。その意味で、新しいタイプの市民・住民が輩出していると言えそうだ。これからの行政は、そのような新しい意識を持った人々との協働が重要になってくるのである。

●公共財の理論

　それでは、どのような分野が、行政の担当すべき分野なのだろうか。これを経済学では「純粋公共財の理論」で説明する。

　現代の社会は、市場システムを元にできている。これは財やサービスを価格という指標を通してやりとりするシステムである。価格は市場の中で自動的に決まり、個人がそれを左右できない。与えられた価格の下で、自分の得る利益を最大にすべく、個人は競争する。するとアダム＝スミスのいう「見えざる手」によって、社会の資源のもっとも効率的な配分が決まってくるという。

市場システムの不備

　ところが、このような市場システムではうまく供給できないものが出てくる。それが「公共財」である。公共財とは、

　　1　集団によって共同に使用される
　　2　誰かが消費しても、その供給量は減少しない
　　3　消費の対価を払わない人を排除できない

などの性質を持つ財・サービスである。

知識と理解

フリーライダーの存在

その典型例は、国防や警察などである。もし、ある住民グルー
プが費用を払って自警団を雇った結果、犯罪が少なくなった
としよう。この結果として生じた社会の安全は、社会の全部の人
にとって利益となるはずだが、そのサービスに対して費用を払わ
ない人、つまり費用を負担しない利己的な人々（フリーライダー）
も、その利益を得る。だが、もしフリーライダーの存在を他の人
が知ったら、今まで費用を負担していた人も、お金を払うのは
ばかばかしいと思うだろう。そこで、彼らも次々にフリーライダー
化し、ついにはそのサービス自体が崩壊してしまう。

行政が供給すべきもの＝ただ乗りが可能なもの

政府の担当する事業

結局、このような性質を持つ財やサービスは、個人の利益を
追求するという市場原理ではうまく供給されない。だからこれ
らの費用は、政府が国民から強制的に徴収した税金でまかなう
ことになる。もちろん、徴収を拒否する人には権力を使って徴収
する必要も出てくる。コロナ危機で注目された医療や教育もこの
公共財に準じる。これらのサービスは、必要になるかもしれない
が、現時点での必要性は分からない。だから正しい消費行動が
とれず、市場が機能しにくい。行政が供給量を補完して、需要
を誘発する必要があるのだ。

公共サービスの拡大

現代社会では、このような財・サービスは、ますます増えている。
だから、政府や地方公共団体の規模やサービスの範囲は年々大
きくなってくる。地方公務員の人数が、公務員全体の八割近く
を占めているのは、人々の生活に直接関わる「公共財」が増え
ていることを表している。

新保守主義の幻想

これに対して、1980年代から欧米や日本で新自由主義が台頭
した。自由市場に任せられるサービスはなるべく市場に供給さ
せ、巨大化した政府を縮小し経済を活性化させようというのだ。
「規制緩和」「行政改革」などのスローガンは、その際に唱えら
れた。ただ、これら行政の関与を縮小しようという動きには一定
の正当性はあったものの、もともと行政が拡大してきたのは、市
場が十分働かない事態が次々と表れてきたからである。「規制緩
和」や「行政改革」だけで、これらを救えるという認識は幻想
であろう。

POINT 市場機構の活用＋行政の供給

5. 行政の役割

●出題例と研究

令元・千葉県
次の3つの主張のうち1つを選び、その理由づけを書きなさい（どの
主張を選んでもかまわない）（90分・1200字）
①公務員の数は多くなることが求められる
②公務員の数は少なくなることが求められる
③公務員の数は現状維持が求められる

解説します

適用できる場面は？　　この出題には時代の変化が見える。というのは、最近こそ変化の兆しがあるとはいえ、新自由主義の影響下で公務員の数は削減される傾向にあったからである。その結果、日本で全雇用者に占める公務員の割合は、OECD平均17.9%と比べて5.9%（Government at a Glance2021）。「日本は公務員の数が多すぎる」と言われるが、世界標準からすれば「少なすぎる」のである。

「効率化」の弊害　　公務員削減の結果として起こるのは、行政機能と公務員の士気の著しい低下だ。たとえば、大阪府では、2020年のコロナ禍の流行期に看護師が大幅に不足し、自衛隊に看護師派遣を要請した。だが、この事態はすでに予想されていた。というのは、大阪府では、効率化の名の下に看護学校への補助金を廃止して、公立看護学校を次々に廃校にしてきたからである。さらに保健所も統廃合し、大阪市で一箇所になったたため、地域の医療体制は弱体化し、感染者が増えると、あっという間に「医療崩壊」が起こったのである。

末端の士気の低下　　このような人員不足の中で機構改革を行っても十分な効果は得られない。実際、大阪市はコロナ流行に備え、2020年春に十三市民病院をコロナ中等症の専門病院に指定したが、その決定は市民病院には事前に伝えられず、地域の総合医療を担当していた病院は混乱した。外来を中止し、入院患者を転院させ、産科を受診していた妊婦は転院させた。医療者は診療科の枠を超えて貢献したが、流行期を過ぎて感染者が減ると、医師や看護師たちは「このままでは自分のスキルが向上させられない」と次々に退職した。この状況で秋冬の流行期を迎えたのだから、医療体制が破綻したのも、当然だったのかもしれない。

学校教員締め付けの結果　　もちろん、事は看護師に限らない。学校教員も同様で、10年前から「民間より待遇が恵まれすぎだ」と勤務評定を厳しくした

り罰則を強化したりしてきた。その結果、大阪市では教員のなり手が減少して、新任教員のレベルが低下したと言われる。公務員が特権階級だと批判して、待遇を切り下げたり数を絞ったりすると、必要なときに行政が働かなくなる。適正規模がどれくらいか、は難しい問題だが、少なくとも、公務員の数を少なくすれば行政の無駄が減るというほど問題は単純ではない。

効率化とサービスの矛盾

それどころか、「公務員は多すぎる」とか「待遇が良すぎる」という言説が行きすぎると、民間部門でも、その職種の待遇切り下げが起こりかねない。その結果、いざというときの人員が不足し、手当ができなくなる。財政硬直化の中で行政の効率化は重要だが、その結果として行政が機能不全になるのでは本末転倒だ。

答案例

主張の選択とその理由

①を選んだ場合

公務員の数は多くなることが求められる。なぜなら、日本の公務員の数はよく言われるように「多すぎる」のではなく、むしろ、世界標準からすれば、異常に少ないからである。実際、全雇用者の中で公務員の占める割合は 5.9% で、OECD 諸国の中では突出して少ない。この事実を見れば、ある経営者などが言うように「公務員を半分に削減せよ」という主張が的外れであることが分かる。

削減の帰結の説明

公務員が少なくなることで起こることは、行政機能の低下と公務員の士気の低下である。とくに、非常時では、人数が少なければ、行政の機能は十分果たせない。「冗長系」と言われるように、非常事態では、システムの一部がダウンしても、他の部分がその機能を担えるように、あらかじめ「無駄な部分」を作っておくべきだとされる。効率化を追求して「冗長系」をカットすると、非常時に対応できなくなる。

コロナ禍での影響

たとえば、2020 年のコロナ禍では、大阪府で秋冬の流行期に看護師が大幅に不足し、自衛隊に看護師派遣を要請する事態に陥った。原因は大阪府の「効率化」にある。まず「財政再建」の名の下に、看護専門学校などへの補助金を廃止して看護学校を次々に廃校させてきた。また、保健所も統合をくり返し、大阪市でたった一箇所になるなど、地域医療体制も弱体化した。そのため、感染者が増えると、あっという間に「医療崩壊」が起こったのだ。

このような状況下で機構改革を行っても十分な効果は得られ
ない。大阪市はコロナ流行に備えて、2020年4月半ばに十三
市民病院をコロナ中等症専門病院にしたが、その結果、地域の
総合医療を担当していた当該病院は、外来を中止し、入院患者
を転院させるなどの処理に追われた。それでも、医療者は献身
的に貢献したが、感染者が減ると、医師や看護師たちは「この
ままでは自分のスキルが向上させられない」として大量退職し
た。この状況で秋冬の流行期を迎えたのだから、医療体制が逼
迫したのも、当然だったのかもしれない。千葉県も2019年の
台風被害では、その後の復旧が人手不足で遅れ、次の年になっ
ても屋根を修理できずに、ブルーシートをかぶせたままの家屋
が残ったと聞いた。

効率化には限度がある

　その意味で、公務員の人員削減はすでに限界に達してお
り、これからは、むしろ公務員の増加が必要になってくるだろ
う。たしかに、財政の硬直化状況では、行政の効率化は重要だが、
その結果として行政機能が損なわれるのでは、「行政の存在意義」
自体が問われかねない。その意味で、コロナ禍の混乱は、「効率
化」とのためにIT化や人員削減にばかり熱心だった「小さな政
府」が、むしろ行政の否定に陥るという矛盾を表している。コ
ロナ禍は、こういう「改革」の方向が、根本的に変わっていく
転換点になるのかもしれない。

類題をやってみよう

令2・仙台市
新たに生じ、絶えず変化する課題に対応することができるよう、
個人や地域団体、NPO、企業などの多様な主体との関わりの中で、
行政が果たすべき役割について（120分・1000～1200字）
＊行政の役割を問う典型的な問題。「新たに生じ，絶えず変化す
る課題」については、設問に具体的な言及はない。事例は何を
使用しても構わないが、具体的な問題に言及しつつ「行政として」
何をどうやらねばならないのか、を答えるべきだろう。

令元・長崎県
暮らしやすく、魅力のある長崎県をつくるためには、県行政とし
てどの様な取組が必要であるか（時間・字数不明）
＊「地域おこし」の項も参照。「知識と理解」編で述べたように、
どんな課題でも「行政として」の取組に焦点を当てて書ける。

論点ブロック

行政の役割

定義	行政とは？⇒法律の執行⇔意外に裁量の範囲が大きい⇒期待と資源配分のディレンマに苦しむ⇒すべての公務員に共通する 行政責任＝ responsibility：地域コミュニティの民衆感情に直接に対応する、非制度的応答の必要がある⇔accountability：議会、上司、外部からの疑問に答える
背景	行政の特徴⇒競争がないから非効率、しかし教育、医療などの準公共財の供給には必要 福祉国家＝市場の失敗を補完する役目⇔「大きな政府」になりがち、財政赤字になる 新保守主義＝市場システムへの信頼、「小さな政府」を志向する、規制緩和して民間に任せる＋公共財が十分分配されない恐れ
現状分析	「市場の失敗」を否定することはできない⇔新保守主義の失敗も証明されている⇒ある程度、政府が役割を果たす
提案・解決	政府か市場システムかの、二分法は無効である 住民の中での公共意識の発展⇒新しい市民との協働の可能性をさぐる

過去問データ

令2・愛知県「あなたの考えるあいちの理想像はどのようなものか。また、その実現のために県として何をすべきか」

令2・島根県「あなたが考える『笑顔あふれるしまね暮らし』とはどのようなものか具体例を挙げ、その実現のために島根県としてどのような取組が必要か」

令2・熊本県「あなたが関心を持った本県の取組を一つ挙げ、あなたが県職員となったら、その取組にどのように関わっていきたいか、本県の現状や課題を踏まえ、考えを述べなさい」

令2・宮﨑県「暮らしやすく豊かな社会とはどのようなものか、また、それを実現するために行政がどのような役割を果たすべきか、あなたの考えを論じなさい」

6. 住民サービスとマイナンバー

●知識と理解

サービスの原義に戻って根本的に考えないと、論述の方向を見失う恐れがある。空疎な精神論に陥らず、行政の実態に基づいた論文が望まれる。

●サービスとは何だろうか？

サービスという言葉はさまざまな意味で使われる。たとえば、「あの店はサービスがいい」と「アフターサービスを徹底する」は同じ意味とはいえない。前者は接客態度、行動の丁寧さという意味だが、後者は、修理や相談など本来すべき業務や機能をきちんとやっているという意味だろう。さらに「サービス残業」などといわれる場合は、当然もらっていいお金をもらわないで残業をするわけだから、自己犠牲的行為という意味になる。

●行政の DX 化が進んでいる。写真はスマートフォン上のワクチン接種証明書

機能・業務が基本

この中でもっとも基本的な概念は、機能・業務的サービスであろう。その本質はモノや商品ではなく、人間の労役そのものが直接人の役に立つというところにある。たとえば、ある行政学のテキストでは、「サービス行政」の章に「廃棄物の処理運搬」つまり公共団体によるごみ処理が例として書いてある（西尾勝『行政の活動』）。ここでは態度・行動や自己犠牲としてのサービスではなく、市民生活を送るうえで欠くことができない業務として「サービス」という言葉が使われているのだ。

態度・行動のサービス

それに対して、態度・行動のサービスはそれだけで価値があるわけではない。他の業務であるサービスや品物と一緒に提供されて、はじめて役に立つ。たとえば、笑顔や丁寧な言葉遣いは、人間関係を円滑にして雰囲気を明るくするかもしれないが、本来のサービスや品物がちゃんと提供されていないと、かえってごまかしや嘘と映ってしまう。

自己犠牲的サービス

また自己犠牲的サービスは、本来あってはならないことである。たとえば「サービス残業」は労働基準法違反である。また

商人が「サービスいたします」などと使う場合も、表面上は、利益を無視して売ることを意味しているが、その取引で最終的には利益を得ることを見越している。かつて、ある企業が、公共の清掃を「一円で落札」したが、これも、その時点で自己犠牲に見えるだけで、最終的には他の事業も請け負えて、儲けになると考えたから、このような非常識な値段をつけたのであろう。

POINT → サービス＝態度・行動＋機能・業務（＋犠牲）

したがって行政サービスの立場からすれば、まず機能的・業務的サービスがきちんとなされていることが大事であり、態度・行動のサービスは副次的であるといっていいだろう。つまり窓口での丁寧で腰が低い態度や言葉遣いより、むしろ本人の確認や住民票の発行など、なされるべき業務が迅速にかつ間違いなく行われていることが、重要であるのだ。

POINT → 態度・行動＜機能・業務

サービスの種類

行政サービスはその内容によって、だいたい次のように分類できる。
1 労役的サービス…人間の肉体労働が直接サービスとなる場合
　清掃、運搬、河川や道路の補修など
2 知識・情報・指導的サービス
　学校、講習会、広報、生活相談・技術指導など
3 金銭・設備の提供サービス
　生活補助、場所・機械などのレンタル
4 技術の提供サービス
　保育、介護、社会調査など
これらのサービスのうち、モノや設備などのハード面はかなり整備されているが、それらを十分活用していない事例も目立つ。その意味で、ソフト面を担当する知識・情報・指導的サービスは、行政の主要な業務となってくるだろう。

サービスの動機

私企業では、サービスを行う動機は「利益追求」だ。つまり同業他社より売り上げを伸ばし、市場占有率を高め、企業力を強化して大きな利益を上げるために、サービスや品物をつねにユーザーの側に立って改良し、より競争力のある「商品」に育てて、顧客の開拓に努めることになる。

受託動機

ところが、行政には利益を上げるためによいサービスをしよ

うという動機は存在しない。なぜなら地域独占なので、同業他社のような競争者は存在しない。住民は、行政サービスが気に入らなければ、他地域に移転するしかない。またその運営費は、おもに税金によってまかなわれ、私企業のようなシビアなコスト

●福岡市のふるさと納税返礼品のいちご「あまおう」

意識は発達しにくい。

そのかわり、行政では、住民からサービスや財の提供を委託されており、その委託に責任を負っているという自覚・認識・責任感が、よい仕事をする動機になると言われる。しかし、この受託動機は利益追求と違って、自分の主観だけであるので、他者によるチェックが働きにくい。自分のこれでいいと思う基準と、他人から見ての基準は、しばしば乖離しがちだ。市場メカニズムでは、「価格」という客観的評価がなされ、それに合わせて企業はサービスを向上させる。しかし行政ではそのメカニズムが働かないため、サービス向上の動機が弱くなることは否めない。

行政には、他者からのチェックが働きにくい

市場メカニズムは他者からの批判

経済学者の岩井克人は、市場メカニズムを「他者からの批判」であるという。市場は独善を許さない。なぜならそこでは、生産物も労働も市場で値を付けられ、つまり他人からの評価を待って、初めて価値が決まるからだ。どんなに金持ちの経営者でも、生産した商品を人々が気に入らなければ、売れ残りの山に囲まれて倒産する。

そのため、社会主義では市場メカニズムを拒否したために、他者による評価・批判が機能せず、独善に陥って崩壊したと言われる。社会主義では共産党という官僚的なシステムが社会を動かしていたことを考えると、このような「独善」の危険は、行政にも当てはまりそうだ。社会主義では、奉仕・献身がイデオロギーとして国民に強く刷り込まれていたのに、経済がうまくいかずに崩壊した。したがって、上に述べた公務員の「受託動機」もうまく働かない可能性は少なくない。

以上の結果は、調査データとも合致している。公共サービスを世界の六都市で比較した調査によれば（大島章嘉『日本と世界、住民サービスはこんなに違う』）、概して料金を取る電力、ガス、電話、水道などのサービスの満足度は高く、税金に依存するサービス、たとえば警察などの評価は低いという。

料金を徴収するサービスは、金額に見合うサービスかという面で、住民から評価される機構があるが「税金という形で強制的に費用を徴収しているサービスはその費用も明確でなく、厳しい評価の対象にならないため、サービス水準がイージーに流れるのであろう」（同書）。

公聴の必要

したがって、行政システムでは、住民の要望を聞く「公聴」の制度が重要になってくる。市場メカニズムが働かない分、市民・住民の意見や批判を汲み上げるシステムを構築する必要があるからだ。ところがこの「公聴」に対する期待度・満足度も低く、「住民の要望を聞いてもらえない」という批判が多い。一方、行政側は公聴機能が弱いことが指摘されても、「十分やっている」と反論し、他からの批判を積極的に聞かないことも少なくない。

市民のニーズとの乖離

地方議員も、本来なら、行政に対する補完作用を果たすべきなのだが、「情報公開と住民参加」の項でも見たように「住民からの要望を聞かない」という批判も強い。さまざまな制約から、住民の希望を全部実現できないことは理解できるが、これでは、自治体における公聴の機能は弱いと言わざるを得ない。そのため、しばしば、自治体や国が提供するサービスと住民ニーズとの間に乖離が生ずる。

マイナカードの迷走

その典型例がマイナンバーカードの迷走であろう。マイナンバーは、一時期試みられた住民基本台帳カードの焼き直しで、国民すべてに番号を振って、公平な税や福祉に役立てようとする試みである。実はカードの有無にかかわらず、すでに国民一人一人に番号は割り振られ、何らかの支払いのあった場合はマイナンバーの記入が要求され、それらを集計して（「名寄せ」と言う）個人の収入を正確な把握しようとするのである。しかし、マイナンバーカードには、もう1つの番号が記載され、これがネットを通した行政サービスを受ける場合のIDとして使われる。さまざまな場面でマイナンバーカードを使うことによって、病歴・職歴・年金情報など多様な個人情報が一元的に把握されるようになった。

行政のDX

これは行政のDX（デジタル・トランスフォーメーション）を目指している。DXとは、本来デジタル技術を活用して、自治体が担うサービスを改善し、住民の生活向上を実現する施策であ

る。たとえば、オンラインで確定申告や公的証明書を取得でき
たり、電子署名や人工知能（AI）、ロボットによる自動化（PRA）
などで業務の効率化を図ったりする。コロナなどの緊急事態で
も、補助金を配る対応など素早くできるようになる

　しかし、これは問題も引き起こす。たとえば、中国では、この
種の利便性と罰則が対応し、駐車違反が見つかった場合は、住
民が写真を撮って通報すれば警察がすぐ対応する一方、個人番
号に対応した情報に組み込まれる。それどころか、所得や社会
的地位、評判、政治的傾向などの情報を収集して、個人をラン
キング化し、スコアが高い人ほど社会的に優遇され、低い人は
冷遇される仕組みもできた。つまり、個人情報がデータとして
行政に握られ、政府の都合のよいように人々を支配する「監視
社会」になりかねないのだ。

DX で何が可能か？

●マイナンバーカードに
ついての記者会見をする
河野大臣

普及策の代償

　日本では、マイナンバーカードを普及させようと、身分証明書
としての用途を広げた。たとえば、健康保険証としての利用では、
医療・介護機関では使われていた紙の保険証の代わりに、マイ
ナンバーカードを使わせようとした。しかし、定期的に病院にか
かる人なら保険証は毎月のように提示が求められて、持ち歩く
ために紛失も少なくない。紛失しても保険証なら再発行は簡単
だ。ところが、マイナンバーカードは再発行が困難になり、診療
途中で無保険状態になりかねない。

　あるいは、介護機関では、入所者の保険証を預かって、さま
ざまな手続きを代行していた。ところが、マイナンバーカードに
は他の多様な個人情報が紐付いているので預かれない。さらに、
別人の情報が表示されるなどの事例も出てきた。これは、情報
がカードに手入力されるためのミスだったが、それを無視する
ように、政府はマイナンバーカードの健康保険証利用に固執し、
必要な者には紙で本人確認書を発行すると言い出した。これで

知識と理解

は、元の紙の保険証と同じで、その使用期限は短くなるなど、かえって不便になった。行政の DX 化はよいとしても、紐付けられる情報が膨大なので、トラブルになることは避けられない。それをいかに国民に説明して納得してもらうか、そのプロセスの説明が不十分なままに強引に「紙の保険証廃止」を決めるのでは、住民サービスどころではない。2024 年 1 月現在、マイナ保険証を使用しているのは、約 2.6% にすぎない。このような事態になるのは、行政と住民とのニーズにミスマッチがあり、住民が望むサービスが施政に反映されにくいからだろう。

時間とコスト？

　行政は施策を進めようと、広報活動は熱心に行うが、公聴がおろそかになる。だから、審議会や住民集会などを開いても、単に「住民の意見を聞いた」というアリバイを作るだけで、実質的な意見の汲み上げにならない。たしかに、出てきた異論や反論に、いちいち行政が対処していたら、実行までに時間とコストがかかりすぎるという判断もあるようだ。

方針転換はコスト増

　しかし「情報公開と住民参加」でも見たように、異論や反論を無視した進行は、結局、地域に対立をもたらし、後になって膨大な手間とコストがかかる。初めから住民の意見を十分にとり入れたプランニングをした方が効率的だし安上がりなのである。

行政の弱点➡公聴が弱い、情報が固定する、方針転換しない

公聴制度

　公聴制度には次のような方式がある。1 と 3 は受け身的に住民に対応する方法、逆に 2 は積極的方法だろう。
　　　1　アンケート調査、面接調査
　　　2　審議会・委員会への住民参加
　　　3　提案ボックスの設置

審議会の運営

　審議会・委員会の運営については、注意しないと偏った結論が出てくる危険がある。とくに行政サービスは、機能・業務が本質なのに、態度・行動や犠牲的サービスを求める考え方が強い。そうすると、本来の業務より「接客」態度や金額の多寡ばかりが問題にされる。これでは、真のサービス改善には役立たない。また委員や審議員の構成が、住民の利益を代表しているかも確認しなくてはならない。たとえば、発言者が一部の利害を代表する者ばかりでは公正さが疑われる。厚かましく自己利益を主張する発言だけが「住民の声」とみなされてはならない。

具体性を追求

　さらに内容ある審議にするには、審議される事柄が、十分に

具体的である必要がある。たとえば、「スポーツ施設の改善について」というような一般的なテーマで審議すると、テーマが広がりすぎる。「スポーツ施設利用のインターネット予約ができるようにすべきか」などとテーマを限定すると、具体策が出やすい。広いテーマやで精神論を言うのではなく、限定されたテーマで具体的に追求した方が有効な結論になる。

予算の説明

また、どんなよい提案でも、予算の制約があって実行できないこともある。「住民の要望が聞き入れられない」という不満があるのは、この点と関係することが多い。コストがかかりすぎることは、結局実行できない。予算についての十分な説明がないと、住民の不満を募らせて意見を聞くことが逆効果になる。

POINT 👉 公聴のポイント＝代表性、具体性、予算の制約

問題解決のプロセス

行政サービスの仕事は、問題の解決としてとらえられる。問題はつねに新しく発生し、解決を要求する。行政職員の仕事は、解決策を提示し、それを実行することにある。たとえば「地球環境に悪影響を及ぼさないようなごみ処理」という問題なら、「地球環境に悪影響を及ぼさない」ことが目標で、「ごみがあふれている」ことが現状であろう。この現状と目標のギャップを見極め、有効な手を打てる解決を考える。

主体は誰か？

ごみを減らす具体的な方策を担う主体は、住民・事業者・地方自治体の三者であろう。まず、住民が地域でのリサイクル運動を高め、簡易包装をすすめる。事業者はそれに応えて包装の改善を行う。自治体はデポジット制度を作り、事業者の指導を強化する、などと役割が考えられる。

複数の問題点

この問題を、さらに複数の問題点にわたって分析する「悪影響を与えない」ためにはごみを減らすだけでなく、「有害物質を減らす」ことも重要だし、「ごみ処理能力を高める」ことも解決になる。したがってそれぞれについて、主体を特定して、具体的方策を考えることができる。たとえば「有害物質を減らす」ために、住民は、ごみの分別・プラスチック製品の不使用などを実行する。もちろん「ごみ処理能力を高める」にも同様だ。自治体が焼却能力を高めるには、新しい焼却施設を建設しなければならない。もし財政がきびしいと、この方策は当面とれない。このようにして、図を書いてみると、どの方策が有効で、どれが実現困難か、明確化することができる。このような原因の分節化は「特性要因図」として、次頁のように表すことができる。

知識と理解

●特性要因図
伊藤 介一
『自治体職員の問題解決プロセス』より

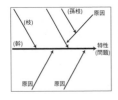

有害物質を減らす
リサイクル技術の開発
ごみの分別
住民の役割
事業者の役割
有害物質除去装置の設置
プラスチック製品の不使用
市の役割　普及啓発
事業者の役割
条例規制　法整備の働きかけ
管理体制の充実
包装の改善

ごみを減らす
地域でのリサイクル運動
住民の役割
簡易包装の心掛け
市の役割
リサイクル推進
法制化への努力
デポジット制の創設
事業者指導

ごみ処理能力を向上させる
企業内焼却・処理の推進
ごみ処理技術の開発
事業者の役割
大深度地下の利用
自家処理の推進
最終処分場の高度利用
住民の役割
市の役割
収集・運搬能力の向上
地域ごとにストックヤードを設置
焼却能力の向上
清掃工場の新設

地球環境に悪影響を及ぼさないようなごみ処理

特性要因図

MEMO

　品質管理では、製品の品質を左右する製造要因をつかみ、それらの要因を安定した状態に保つことが重要だ。不良やミスが発生したら、その原因を調べ、ただちに処置して一定の水準に戻す。ところが現実には、その原因が複数で、それらが相互連関していることが多い。特性要因図はそれらの複雑な関連を整理し、原因追及を明確化する技法である。
　作り方
　1 中央に横線を引き、一方の端に矢印をつける
　2 矢印の先端に「問題」を置く
　3 横線に枝を書き加え、原因 (問題点) を記入する
　4 大きな原因から、それの原因となる小さな原因を取り出し、3 の枝にさらに孫枝として書き加える
　5 最終原因までこの作業を繰り返す
　6 最終原因まで整理されたら、重要度によって順位をつける

問題の種類

　もちろん、問題はいつも「みえる」とは限らない。下記 2,3 の場合は、職員がより積極的・能動的に関わらねばならない。

　1 みえる問題—事故や異常など、目標と現状の差が、誰にでも見える形である　　例　住民からの苦情
　2 さがす問題—今のところ事故や異常はないが、よりよい現状に改善する　　例　窓口業務の能率化
　3 つくる問題—将来の変化を予測し、未来の望ましい状態をプランニングする　　例　まちづくり

令4・岐阜県

岐阜県ではデジタル・トランスフォーメーション推進計画を策定し、「誰一人取り残されないデジタル社会」の実現に向けて、情報格差の解消を図るとともに、あらゆる分野において DX を推進することとしている。そこで、岐阜県のデジタル社会形成のため、あなたが必要と考える施策を述べなさい。(60分・字数不明)

解説します

表現に従って説明する　　設問の表現を「誰一人取り残されない/デジタル社会」と二つに分け、それに従って書くと分かりやすい。まず「デジタル社会」とは何か、定義を示し、その影響や背景を説明する。

「デジタル社会」とは、デジタル化された情報が時間・空間を超えて伝搬する社会だ。つまり、ある場所に存在する情報が、ネットワークを共有して他の場所にも瞬時に伝えられる。輸送や運搬の手間もいらないので、効率性が大幅に UP する。たとえば、Zoom などの会議アプリを使えば、世界中どの場所にいても意思疎通できる。受信者・送信者が顔を見ながら話せるので、何か疑問があれば、その場で内容確認でき、間違いや誤解も少なくなる。もちろん、移動時間やコストも節約できる。

効率化の利点　　　　たとえ文書が必要になっても、PDF などにして即座に送れる。電子署名を使えば証明書も簡単だろう。たとえば、今まではどんな申請でも、窓口に行って、申請書を書いて提出する必要があったが、デジタル化すると、本人確認さえできれば、それを読み込んで、過去のデータを確認し、問題がなければ、即座に処理できる。自然災害時には、さまざまな証明が必要になるが、遅滞なく処理できる。また、行政が蓄積してきた膨大なデータに民間がアクセスでき、活用できれば、地域の活性化にもつながるかもしれない。その意味で「誰一人取り残さない」は実現されるのである。

問題点・改善点は？　　しかし、この施策を進めるためには、行政のデジタル化推進だけでは不十分で、すべての住民が使えるような工夫をしなければならない。たとえば、窓口に来なくても手続きができるのは便利だが、高齢者や障害者がデジタル機器を使いこなせるのか、使いたがるのか、という問題が残る。これは「デジタルデバイド」

出題例と研究

と呼ばれ、教育や啓蒙が必要になるが、これらの人々は教育しても使いこなせるとは限らない。したがって、使えない住民には別の形でのサポートが必要になる。一時的に紙ベースのシステムも残さねばならず、即座にペーパーレスにはならない。

他方で、デジタル化は情報が一本化できる利点があるが、それが、かえって問題を生み出すこともある。たとえば、マイナンバーカードを健康保険証にして紙の保険証をなくすと政府は言うが、保険証は持ち歩くものなので紛失も少なくない。その場合、数日程度で新しく作れるが、マイナンバーカードの再発行には時間がかかる。緊急の時には間に合わないだろう。

セキュリティのコストは？

さらに問題なのはセキュリティだ。行政には、膨大なデータが蓄積されている。そのデータを民間も利用できるようになるのはよいが、オープンにすればハッキングの被害も受けやすい。最近、地方の病院で、システムが外国のハッカーに乗っ取られる事件が起こった。過去の診療データはすべて閲覧できなくなったので、とりあえず、カルテなどすべてを手書きにして当座をしのいだが、大混乱に陥ったという。数週間後に復旧したが、この事件を受け、ハッキングへの安全性に対する議論が巻き起こった。ハッカーのリスク対策もするとなるとDX推進のコストは大きくなる。

それどころか、最近では、税務署署員がe-Taxの個人の識別番号とパスワードを同姓同名の人に教えるミスさえ起こっている。署員が慣れていないために混同したのだが、悪意のハッキングだけでなく、ヒューマンエラーも覚悟しなくてはならない。このように、行政のDX化は望ましい一面、メリットだけに注目すると、後になってからデメリットが出現する弊害が大きい。有効性とリスクについての緻密な検討が必要になろう。

答案例

DXが求められる背景

デジタル社会では、デジタル化された情報が時間・空間を超えて伝搬するので、社会が効率化される。なぜなら、ある場所に存在する情報が、ネットワークを通じて、他の場所に瞬時に伝達されるからだ。輸送や運搬の手間もいらないので、効率性が大幅に向上する。たとえば、会議アプリを使えば、どの場所にいても顔を見ながら意思疎通ができ、何か疑問があれば、そ

の場で確認できるので、間違いや誤解も少なくなる。

　もちろん、文書も、PDF などにして即座に送れる。電子署名を使えば証明書なども簡単だろう。今までは、どんな申請でも窓口に行って申請書を書いて提出したが、デジタル化すると、本人確認さえできれば、過去のデータを確認し、問題がなければ即座に処理できる。感染症流行や自然災害には、さまざまな証明が即座に必要になるが、その中でも、遅滞なく処理できるはずだ。また、行政が蓄積してきた膨大なデータがオープンにされて民間が活用できるようになれば、地域の活性化にもつながるかもしれない。

問題点・改善点は？

　だが、このような施策を「誰一人取り残さずに」進めるためには、行政システムの整備だけでは不十分だ。たとえば、高齢者や障害者がデジタル機器を使いこなせるのか、という課題が残る。教育や啓蒙が必要になるが、それでも使えない場合も少なくない、一時的にでも紙ベースでのサポートが必要になり、即座にペーパーレスにはならない。情報の一本化もむしろ問題を引き起こす。たとえば、政府はマイナンバーカードを健康保険証として使うと言うが、保険証は紛失も少なくない。それでも数日程度で作れるが、マイナンバーカードの再発行には相当な時間がかかり、緊急時には間に合わない可能性がある。

セキュリティのコスト

　さらに問題なのはセキュリティだ。行政には、膨大なデータが蓄積されている。それをオープンにすれば、ハッキング被害も受けやすい。最近、地方の病院でシステムが外国のハッカーに乗っ取られる事件が起こった。過去の診療データは閲覧できなくなり、カルテなどを手書きにしてしのいだが、大混乱に陥ったという。このようなリスク対策もしなければならないとしたら、DX 推進のコストは大きくなる。それどころか、税務署署員が e-Tax の個人の識別番号とパスワードを同姓同名の人に教える、というミスも起こっている。署員が慣れていないために混同したらしいので、ヒューマンエラーのリスクも覚悟せねばならない。

　このように行政の DX 化は基本的に望ましいとは言え、拙速に進めると、後になってからの弊害が大きい。行政は「すべての住民」を扱うので、有効性とコストについては、企業と違った形での緻密な検討をすることが必要になろう。

類題をやってみよう

令4・香川県
県民が豊かさを実感しながら安心して生活できる社会を実現するために、デジタル技術の利活用の観点から、県としてどのような取組を進めるべきか、あなたの考えるところを述べなさい。
（90分・1,000字）
＊「豊かさ」に注目。デジタル活用の効果を考察する。

論点ブロック

住民サービスとマイナンバー

定義	住民サービス＝機能・業務的サービスが基本⇒態度・行動サービスは副次的⇒機能・業務的サービスが満たされない＝行政システムの非効率性・機能不全 DX＝デジタル技術の活用⇒自治体サービスの向上
背景	行政システムが、他から競争にさらされていない⇒無意識なサービス低下が起きやすい 1 地域独占であるから、消費者＝住民が選べない 2 コスト意識がないから、効率が悪い 3 住民からのチェックがないので、ニーズをつかめない 4 政治的動機が優先する場合がある
現状分析	1 歯止めは職員の受託動機の自覚だけ 2 主観的動機に基づくので、客観的評価との乖離が起きやすい 3 説明不足のまま進めても、不信感を醸成するだけ
提案・解決	1 職員の受託動機を高める研修・教育が有効である 2 住民からのチェック機構を制度化する⇒説明責任の自覚 3 職員の問題解決の能力を育成する⇒具体的で実行可能な対策 4 強引に実行しても、機能しない制度をもたらしかねない

過去問データ
令3・埼玉県「行政のデジタル化を推進し、デジタルインフラを浸透させることで社会全体のDXをめざす『デジタルフォーメーション推進計画』を策定した。①デジタル社会の実現が求められる社会背景・理由 ②実現に向け、取り組むべき課題は何か」

7. 環境問題とSDGs

SDGs は環境問題だけではない。貧困や福祉などの社会問題をも含むテーマだ。持続可能という視点から、多様な問題を整理して、道筋をつける必要がある。

●環境問題とは？

温暖化の実感

　気候変動への警告は多くなされ、変化も身近に感じられるようにもなった。たとえば、日本では台風が大型化し、豪雨被害も毎回「何十年に一度」の規模となり、竜巻も頻繁に起こる。世界では、乾燥で山火事が起こったり、ツンドラの永久凍土が溶けたり、海面上昇による洪水で島嶼地域の消滅が懸念される。これらは「地球温暖化」の一部と見られる。つまり、人間活動が地球環境に影響を与え、不可逆的な変化を引き起こしたのである。

●海面上昇で被害を受けるツバルの外相が海中から危機を訴える

Ministry of Justice, Communication and Foreign Affairs, Government of Tuvalu

　もちろん「対策」も試みられている。2023 年ドバイで開催された COP28 は「化石燃料からの脱却」「損失と損害基金の創設」「再生可能エネルギーの目標設定」などを定めたが、日本は四年連続「化石賞」を受賞するなど、対策が進展しているとは言えない。

 POINT 👉 気候変動 ＝ 人間活動➡自然破壊・汚染➡不可逆の損失

　人間の活動に対して自然が果たす役割は、次のようになる。
　　1. 人間活動に必要な資源の供給
　　2. 人間活動によって発生する廃棄物の吸収・同化
　　3. 心地よさ、快適さなどアメニティ・サービスの供給

問題の表れ方

　それに対応して、問題も
　　1. 大量利用による資源の枯渇（石油、森林など）
　　2. 環境汚染（温暖化、生態系の破壊など）

3. 景観、環境の荒廃（都市化、人工化）

のような形で表れてくる。つまり、地球温暖化は 2. のタイプの廃棄物問題と言えよう。

●環境問題はどうして出てきたのか？

産業革命と人口

　人類は農業を始めた頃から、自然を改変してきた。しかし、このころはまだ自然の力が強いので、人間は自然のリズムに従って経済活動をし、人口もあまり変化していない。しかし 19 世紀、西欧に産業革命が起きると、生産力は格段と上昇した。機械による生産は自然に影響されず、自律的に拡大する。その原料、資源を求めて、アジア・アフリカも開発され、世界がひとつの経済となった。人口も爆発的に増え、人口を支えるために、いっそう資源を使うようになった。

大量生産と大量消費

　背景にあるのは資本主義のシステムである。これは、資金を投資して生産を行い、製品を売ることでもっと多くの利益を手にし、それを投資して、さらに大規模に生産して、もっと多くの利益を得る仕組みだ。売れれば生産を拡大して利益を増やせるが、うまくいかないと企業は倒産して失業者も増える。だから、消費者の欲望を刺激して次々に製品が売れるようにする。必然的に大量生産と大量消費になるのだ。

自然へのインパクト

　これは自然に回復不可能なインパクトを与える。生産は自然から資源を持ち出し、改変して消費できるモノにする行為だ。その過程で消費できない廃棄物も出す。つまり資本主義は拡大する生産・消費によって、自然の資源を猛烈なスピードで廃棄物に変える行程なのである。その速度は年々速くなるので、自然は廃棄物を吸収して元の状態に戻す余裕がなくなる。結果として地球環境は無視できない規模にまで変化する。これが「持続不可能」の状態だ。

経済とのせめぎあい

　経済システムが背景にあるので、政治で変えようとしても利害が絡まってなかなか変わらない。対策が遅れる一方で、地球へのインパクトは容赦なく進行する。だから、既存の経済体制に利害関係の少ない若い世代が、地球の将来を懸念して「気候変動対策」を主張するという構造になるのである。

POINT ☞ 産業化➡人口増加➡大量生産・大量消費➡持続不可能

●気候変動の危機を訴える環境活動家グレタ・トゥーンベリ

●どのような対策を立てたらいいのか？

公害と環境問題の違い

環境問題は公害とは違う。公害対策は特定企業が地域環境を汚染する行為だ。たとえば1960年代の水俣病は、「チッソ」という肥料会社が、水俣湾に有機水銀を垂れ流したのが原因だった。水銀が魚の体内に蓄積され、それを食べた人間に重篤な障害を引き起こした。ただ被害は水俣に限られたので「チッソ」の垂れ流しを止めれば、それ以上の被害はくい止められたのである。

生活全体、地球全体

しかし環境問題は、我々の「豊かな消費生活」によって引き起こされ、影響は地球全体に広がる。たとえば、CO_2は人間活動すべてから発生するので、全世界が温暖化する。だから特定の地域だけでなく、世界全体で対策を立てねばならないのだ。

全員一致の対策

もちろん、反対する国も排除できない。排除すると、その国だけは対策をしなくてよくなって得をするだけでなく、CO_2排出量も減らない。だから国際会議で全会一致で決定し、全員が対策を実行しなければならない。しかし意思の一致は集団が大きくなればなるほど難しく、面倒な政治、外交問題になる。

●温暖化の対策は難しい

温暖化の影響

CO_2は、石油・石炭など化石燃料を使用すると増え、それが「温室効果」によって、太陽熱を蓄積し大気の温度を上げていく。この温暖化の影響は、以下のような現象に現れる。

1. 海面の上昇
2. 洪水の増加
3. 砂漠化の進行

知識と理解

4. 生物種の絶滅

海面の上昇

まず北極や南極の氷、氷河などが溶けて、今後 50 年間に 20 〜 140cm 上昇する。島嶼国家や標高が低い国々では、国土が海面下に沈んで消滅する危険がある。一方、大陸内部では砂漠化が進行する。生物も急激な気温の変化に耐えられず、多くの有用種が絶滅する一方、マラリア蚊など有害種が増加する。もちろん農業生産の低下や難民増加など、経済面の影響も大きい。

●温暖化が原因で干ばつが起こる？

CO₂ の削減は難しい

温度の上昇を避けるには CO_2 を削減しなければならない。しかし、CO_2 は石油、石炭などのエネルギー源を使用すると増える。つまり、CO_2 削減は生産の一時的な切り下げになるので経済発展できなくなる。それどころか、温暖化ガスは農業活動でも排出される。たとえば、メタンは肥料などの腐敗でも生ずる。人口増大で食料増産が望まれるのに、温暖化ガス削減のために農業活動を抑えれば、食料危機を招きかねない。

 POINT CO_2 の排出量の削減＝（工業生産＋農業生産）の削減

経済との矛盾

そんな訳で、1997 年の気候変動枠組条約第三回締約国会議（COP3）では、アメリカは、年間に全世界で排出される CO_2 の 25% 以上を排出していたこともあり、削減に強硬に反対し、アメリカの産業界や労働界も「温暖化対策で、経済活動が低下する」というキャンペーンを繰り広げた。

弱者が被害を負担する

だが、環境問題では、被害は全人類に平等ではなく、強者が負担を免れ、弱者が負担する構造になっている。たとえば、海面が上昇しても、その被害は中国・アメリカなどではなく、ほ

とんど CO_2 を排出しないツバルなど島嶼国家を水没させる。バングラデシュでは、国土の3分の1が消滅するといわれている。

● 「2020年世界の二酸化炭素排出量」EDMC エネルギー・経済統計要覧 2023 年度版より

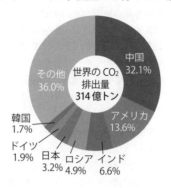

世界の CO_2 排出量
314億トン
中国 32.1%
その他 36.0%
アメリカ 13.6%
韓国 1.7%
ドイツ 1.9%
日本 3.2%
ロシア 4.9%
インド 6.6%

将来世代への責任は？

環境問題は現在世代の将来世代に対する収奪である。たとえば、現在世代が石油資源を消費し尽くせば、将来世代は石油を利用できず、現在世代が享受する「豊かな生活」ができなくなる。地球環境も悪化させると取り返しがつかない。だが、将来世代はまだ生まれてないので発言できず、自分たちに不利益となる仕組みを変えられない。将来世代の不利益を回避する政治メカニズムは存在しないのである。

 POINT 　環境問題＝将来世代の資源を奪う＋環境を破壊する

先進国と途上国の対立

先進国と途上国の対立も複雑だ。先進国は化石燃料を多用して温暖化を促進したが、近年、環境対策を講じてきた。したがって、現在の生活水準を下げずに、CO_2 排出量を減らすのは難しい。それに対して、途上国は急速に経済発展して排出量が伸びた。総量は先進諸国に及ばないものの、このままいけば将来地球環境に与える影響は大きい。したがって、先進国側は、現在の技術水準でも途上国の排出量を減らせるので、途上国の排出規制を主張する。それに対して途上国は、先進国の今までの責任を追及する。先進国と途上国で主張が対立する図式になっているのだ。

先進国　　発展途上国　　　　　自然　　人間

非難の応酬

7.環境問題と SDGs

SDGs とは？

その対立を仲介するように、最近では SDGs ＝持続可能な成長（開発）の諸目標という標語が掲げられている。これは Sustainable Development Goals の略語で、持続可能性と経済成長の二つの方向が組み合わされている。具体的には、以下のような 17 の目標が言われている。

1 貧困をなくそう　2 飢餓をゼロに
3 すべての人に健康と福祉を　4 質の高い教育をみんなに
5 ジェンダー平等を実現しよう 6 安全な水とトイレを世界中に
7 エネルギーをみんなに そしてクリーンに
8 働きがいも経済成長も　9 産業と技術革新の基盤をつくろう
10 人や国の不平等をなくそう　11 住み続けられるまちづくりを
12 つくる責任 つかう責任　13 気候変動に具体的な施策を
14 海の豊かさを守ろう　15 陸の豊かさも守ろう
16 平和と公正をすべての人に
17 パートナーシップで目標を達成しよう

成長とのバランス

これらの目標では、まず「貧困をなくす」「教育の提供」「ジェンダーの平等」など、主に途上国が抱える問題の解決が唱われ、そのうえで、「国ごとの平等」「気候変動」「自然の保全」などが示されている。つまり、経済成長で社会問題を解決する一方、環境条件が経済を枠づける構造をしているのだ。経済成長をしつつ、地球環境に影響を与えない範囲で行われなければならない。現在の状態を悪化させず、自然からとったものは自然に戻して将来世代に手渡す循環型経済を目指す、というのだ。

●いったい解決できるのか？

しかし、大量生産・大量消費社会が資本主義経済の必然的結果なら、これらを実現するには経済システムを変更する必要があろう。しかし、資本主義は今のところ、もっとも効率的な経済体制と言われ、これを越える経済システムは存在しない。環境問題は、このディレンマの中で解決策を考えねばならない。

経済と両立する対策を

もちろん「環境に対する意識を高める」とか「地球の運命を考える」ことは大切だろう。しかし人間の良心に訴えかける主張は不十分だ。なぜなら、経済とは、利己心を基本に組み込んだシステムだからだ。いくら「地球全体を考えよう」と言っても、利己心自体を否定するような対策は長続きしない。人間の身体を維持するには、経済的・物質的基盤を貧弱にはできない。だから、SDGs でも、まず貧困や飢餓の撲滅から始められているの

である。環境を保護するのは当然だが、発展の余地を残すシステムを考えるべきなのだ。良心は物の流通や生産を決定する経済システムと両立して初めて、社会に影響力を持つ。良心と経済が両立するシステムを案出すべきなのだ。

POINT 👉 人間の良心と経済が両立する解決をめざす

例1: 税制度を活用する

CO₂の排出の削減策として、経済学者は「炭素税」を構想した。排出量に応じて税金を取り立てる方式だ。誰も多額の税金を払いたくないから、排出量を減らす。これは経済的な動機づけ＝利己心を活用する規制法である。しかもその税金の一部を支出して国際的な対策基金をつくり、途上国の排出削減費用に回す。GDPつまり経済活動の規模に応じて、税額を加減する案も言われている。そうすると、発展途上国の税額は少なくてすむ。

例2: 問題を利益とする

資本主義は、規制や問題をきっかけにして、新たな利益を生み出すシステムでもある。新しい規制は、新製品を開発する条件を生む。たとえば、かつてアメリカで自動車による大気汚染が問題になり、厳しい法的基準ができた。このとき、アメリカ企業は、法的規制に反対するロビー活動を展開したが、日本企業はいちはやく基準をクリアした車を開発し、アメリカ市場を支配した。既得権を守るための政治的圧力より、新しいチャンスを活用した方が利益が大きいのだ。

●駐車場に設けられた電気自動車の充電スタンド

POINT 👉 規制・問題➡イノベーション➡新しい経済的利益

現在、自動車を電気自動車にする規制が、ヨーロッパを中心に進められている。日本のメーカーも、従来はハイブリッド化を

実現して、全面的な電気化には懐疑的だったが、電気自動車の生産に突き進むことになった。今まで成功した技術にしがみつくより、新しい技術に挑戦した方が、これからの市場を支配できる可能性が大きいと知っているからである

●若い世代の運動

環境問題では、若い世代の発言が活発に見られる。たとえば、スウェーデンの環境活動家グレタ・トゥーンベリは 2003 年生まれだが、2018 年から「気候のための学校ストライキ」を掲げて、スウェーデン議会の前で呼びかけを行った。彼女が国連気候変動会議で演説した後、「あなたたちは、我々の未来を奪っている」という彼女の激しい言葉は、若い世代の共感を呼び、2019 年には、100 万人以上が参加する抗議行動も行われた。

温暖化論への批判

もちろん、このような環境問題の取り上げ方には批判も根強い。たとえば、石油は 1970 年から「後 30 年」で枯渇すると言われたが、推定埋蔵量は増えている。これは掘り尽くしたと思われた油田も技術進歩で再利用できるからだ。北極の氷が溶けて世界が水浸しになるというイメージも、北極の氷は大部分水の中にあるので、溶けても水の量は増えず、地上に出ている分も水になると体積が減るので、海面は上がらない、と言われる。

温暖化のよい影響？

他方で、温暖化はよい影響をもたらす可能性もある。干ばつ・砂漠化だけでなく、逆に対流が盛んになって砂漠に雨が降るかもしれない。実際、気温が高かった時代には、サハラ砂漠は広大な緑地だったという。さらに、温暖化で農耕可能な地帯は北に広がるので、食料危機が解決されるかもしれない。そもそも数 % ほど CO_2 を削減しても、環境に与える影響は少ない。実は、温暖化に一番影響があるのは水蒸気で、CO_2 は全体の 10% 程度。CO_2 を削減するとは経済への影響が大きいのに、コストをかけて対策する意味はあるのか？

取組は必要である

とはいえ、これらは温暖化の影響を少なく見積もる説であり、温暖化自体の否定にはなっていない。実際、地球の気温が上がっているのはデータでも確認され、何らかの取組をしなければならない、という共通認識が成立している。日本政府も 2050 年には CO_2 排出ゼロを目指すと表明した。そのためには、2030 年代半ばにはすべての車をハイブリッドや電気自動車にしなければならない。産業界からは懸念の声があるとは言え、大勢は変わらない。アメリカも、バイデン大統領の下で削減の仕組みに復帰した。国際的合意は進んでいるのである。

> 令2・群馬県
> 近年、持続可能な社会を実現するための機運が高まっている。SDGs
> を達成し、持続可能な社会を実現するために、群馬県はどのようなこ
> とに取り組んだらよいか。あなたの考えを述べよ。
> （時間・字数不明）

解説します

SDGsとは？

SDGsというキーワードがあるので、その説明から入る。その
うえで、達成に向けて何をするか、課題と方策を書く。方策は、
マスコミ・SNS・教育などの意識啓発だけでは不十分で、実質
的な取組を書くべきだ。SDGsとはSustainable Development
Goals、「持続可能な成長（開発）の諸目標」の略で、環境を考
慮しつつ経済発展をする意味だ。背景には、先進国の大量消費
による環境破壊と途上国の貧困の矛盾がある。実際、目標の1,
2は貧困と飢餓、3～9は福祉と教育、インフラ、エネルギー、ジェ
ンダー、経済振興で主に途上国の問題。さらに10は平等と公正、
11のまちづくりは先進国・途上国の共通問題、12～15が消費
と生産、環境で主に先進国と経済・社会問題と環境問題が交互
に出てくる。「環境問題」より経済・社会問題の比重も大きい。

環境倫理学の基本主張

環境倫理学では、現在世代は資源を消費し、環境を破壊する
ことで、将来の世代を収奪しているとし、将来世代が資源を使
えるよう、現在世代は生産や消費を抑制すべきと主張する。た
とえば、化石燃料は極力使わず、太陽や風力など再生可能エネ
ルギーを使うべきだというのだ。ただ、これでは、経済発展を
否定して、先進国と途上国の不平等を固定化する危険性もある。
そこで、SDGsは、貧困や飢餓をなくし、教育を充実させるな
どの目標を取り入れて、途上国の向上を図る形でバランスを取
ろうとしたように見える。いじわるな見方をすれば、「持続可
能な成長」とは、環境問題と南北問題の妥協とも考えられるの
である。

SDGsの共有状況

ただ、貧困と飢餓は途上国特有とは限らない。なぜなら、新
自由主義で格差と分断が進んだ結果、日本ですら「食事を十分
に取れない子どもたち」が出て来たからだ。福祉が削られた結
果、貧困や飢餓はむしろ国内問題になりつつある。実際、SDGs
には「飢餓をゼロに」と言われているのに、日本の相対的貧困

率は 15.4%（2018 年）で、先進国で最低レベル。生活保護を受けていた人の餓死が毎年のように報告されている。ジェンダーギャップ指数も世界 156 カ国の内で 120 位と底辺レベルだ。

他方で、環境問題への対応も遅れている。たとえば、2018 年の日本の人口一人あたりのプラスチック廃棄量は米国に次いで多く、それどころか「リサイクル資源」として中国・ベトナムなどに「輸出」して押しつけてきた。だが、2017 年に中国が廃プラスチックの輸入を禁止したために、この体制が持続できなくなり、自国内で処理せねばならなくなった。SDGs という基準で見る限り、日本は 17 の目標のどれ一つとして達成できておらず、近い将来に達成できる見通しもほとんどないのだ。

具体的な課題

これでは、日本の地方自治体が SDGs を達成するのは容易ではない。とくに 17 のゴールをすべて達成しようとするのは不可能と言ってもよく、自治体ごとの特徴を活かして、重点を決めて実行するほかない。とくに環境問題では、いくつかの要素・問題が相互に関係し合っている。何か一つを解決するだけでも、他のゴールに見通しが得られるはずだ。

たとえば、ペットボトル問題でも、上述のように、自前で処理しなければならなくなった。経済的不況が続いてごみの量が減少傾向だったので、ごみ処理施設は縮小されたが、状況が変わったので、また増やす必要があろう。とくに、群馬県は、かつては山間部の「活用」でごみの集積場が盛んにつくられた。ごみ問題は県民の行動に直接関わり、関心も比較的高いので、処理施設をつくるなどの合意を得やすいはずである。最近は、マイクロ・プラスチックなどによる海洋汚染なども問題になっている。「プラごみ」処理をきっかけにすれば、関心が高まる可能性もある。群馬県が、こういう「持続可能性」にコミットしているとアピールできれば、従来のイメージを変えることにつながるはずだ。

答案例

SDGs とは？

SDGs とは、2015 年 9 月の国連サミットで、すべての加盟国が採択した世界の開発目標であり、17 の目標で構成されている。たとえば、1 貧困をなくそう 2 飢餓をゼロに 3 すべての人に健康と福祉を 4 質の高い教育をみんなに、などと並んで、13 気候変動に具体的な施策を 14 海の豊かさを守ろう 15 陸の豊かさも守ろう、と環境保護が入る形になっている。

SDGs の社会的背景

環境倫理学では、現在世代は資源を消費し、環境を破壊する

ことで、将来世代を収奪していると説く。だから、将来世代が資源を使えるよう、現在世代は生産や消費を抑制すべきだと言うのだ。ただ、これでは経済発展を否定し、先進国と途上国の不平等を固定化しかねない。そこで、貧困や飢餓などを入れて、途上国の生活向上を図ってバランスを取ろうとしたのだろう。

SDGs は共通課題

しかし、現在、このような対立は不明確になった。なぜなら、新自由主義の進行で、先進国でも貧困や飢餓が問題になりつつあるからだ。実際、日本の相対的貧困率は OECD 最低レベルで、生活保護を受けていた人が餓死するなど「飢餓をゼロに」にほど遠い。一人親家庭の貧困率も 48.3% で、加盟 36 カ国中 35 位。家族分野に対する対 GDP 社会支出も 1.6% と英仏の半分以下。一方、環境問題でも、一人あたりプラスチック廃棄量は世界第二位で「リサイクル資源」として他国に輸出までしてきた。だが、中国が廃プラの輸入を禁止したため、自国内で処理せねばならなくなった。SDGs で見る限り、日本は立ち遅れており、地方自治体だけで SDGs を達成するのは難しい。むしろ自らの特徴を活かして、重点的に実行する方向が現実的だろう。

取組の基本方針

群馬県の相対的貧困率は、全都道府県の中で中位以上であり、それほどひどくはないと言われている。しかし、山間部の「活用」として、ごみ集積場が盛んに作られてきた歴史があって、環境問題に対して積極的に貢献してきた、とは言いかねる。

取組の効果

ごみ問題は、生活行動に密着するので、住民の関心も比較的高く、改善すれば大きな前進になるはずだ。ちょうどプラスチックごみはマイクロ・プラスチックによる海洋汚染で、現在、話題になっている。県主導で、プラスチックごみの専用処理施設の建設を進めれば、問題解決に貢献できる。群馬県には海はないが、プラチックごみ問題解決に積極的に関わっていることが分かれば、環境先進県としてのイメージが定着するきっかけにもなるはずだ。

類題をやってみよう

令3・特別区

「持続可能な開発目標（SDGs）」では、持続可能な生産消費形態を確保するため、天然資源の持続可能な管理や効率的な利用をめざすことが必要であると示されている。特別区においてもその目標達成に向けた一層の取組が求められており、食品ロスや廃

7. 環境問題と SDGs

出題例と研究

棄物の削減を進めていくことが重要である。このような状況を踏まえ、ごみの縮減と資源リサイクルの推進について、特別区の職員としてどのように取り組むべきか（80分・1000〜1500字）
＊「食品ロス」「廃棄物」の視点から SDGs に触れる。「資源とごみ」の項も参照。

論点ブロック

環境問題とSDGs

定義	環境問題＝経済や生活などの人間活動が自然環境に取り返しのつかない損失を与える⇒汚染・破壊⇒資源の枯渇、廃棄物の処理、景観・環境の破壊⇒地球的に広がる
背景	資本主義経済のシステム＝急激に地球資源を廃棄物に変えていくシステム⇒環境問題とは、将来世代の資源や環境を現在世代が奪うことを意味する。生活が環境悪化の原因＋地峡全体に広がる⇒全員一致の対策⇒利害の対立
現状分析	温暖化⇒工業生産・農業生産双方から発生⇒先進国の CO_2 排出量削減は難しい＋途上国は経済発展で排出量増大⇒先進国と途上国の対立⇒持続可能な成長＝ 2050 年排出量ゼロを目指す
提案・解決	1．大量生産・大量消費の変化⇒持続可能な社会システム 2．経済と両立する効果的な対策⇒良心を主体とした対策では不十分 3．規制や問題からイノベーションが生まれる可能性 4．経済発展と両立する対策⇒ SDGs 持続的な成長

過去問データ

令4・三重県「わが国は、令和2年10月に『2050 年カーボンニュートラル』を宣言し、令和12年度に温室効果ガス 46％削減（2013 年度比）をめざすこと、さらに 50％の高みに向けた挑戦を表明する等、国内外のカーボンニュートラルへの動きは加速している。本県では、この動きをチャンスととらえ、カーボンニュートラルの実現に向けた取組を産業・経済の発展につなげていく視点から、令和8年度までの5年間において、優先的・先駆的に実施する取組の方向性を整理した『ゼロエミッションみえ』プロジェクトを進めている。本県でカーボンニュートラルの施策を推進するにあたり生じる課題を述べ、行政としてどのような点を考慮して対策を行えばよいか」

8. 子どもへの支援

●子どもを搾取する社会？

日本では、子どもや若い世代が軽んじられ、搾取される傾向が強まっている。これは、子ども世代が発信力に乏しく、自分たちがどんな風に扱われ、それがどれほど自分の利益を毀損しているか気がつかず、表現もしにくいからだろう。成長するにつれ、彼らもその不当性に気づくのだが、それを変えるより、自分たちが年長世代として若年世代を搾取する方に回ることが多い。

子どもは最初のうちは親の保護下にあり、成長するに従って学校や組織に所属して生きる。そういう過程を経るうちに、社会で有力なグループの設定するルールを内面化し、自分が年長世代になるに従って、むしろ、それを利用して搾取する側に回る、という仕組みになっているようなのである。

●旧「ジャニーズ事務所」の性被害についての記者会見

芸能界の性搾取

その象徴的な事件が、芸能プロダクション「ジャニーズ事務所」のレイプ事件であろう。2019年に死去した創業者ジャニー喜多川が40年以上にわたって事務所所属の少年タレントたちに性加害をし続けていた。これは、すでに「週刊文春」が記事にして、ジャニーズ事務所から「名誉毀損」で訴えられたが、1997年に最高裁で性加害が認定された。それなのに、処罰されることもなく、その後四半世紀にわたって同様の行為がくり返され、TV局も所属タレントを出演させ続けた。大騒ぎになったのは、英国BBCが"predator（捕食者）"というタイトルで番組にしてからである。

とくに、裁判所での判決がなされても報道が続かず、その後

知識と理解

も問題が放置されたままだったことは問題だった。メディアが子どもへの性虐待を是正するどころか、隠蔽行為に加担してきたとも考えられるからだ。海外から告発されてはじめて「ジャニーズ事務所」は謝罪し、被害を受けた元少年たちに損害賠償をする組織に改組された。

しかし、その過程でも「被害に遭ったと言う中にも虚偽の証言をしている人がいる」と事務所側が言明したため、ジャニーズ支持者から被害者に対する激しいバッシングが続き、自殺者まで出た。このような場合に、加害者に対する批判より、むしろ被害者に対する激しい攻撃が起こるのは、病根の深さの現れだろう。若年層への不正は見逃されても良い、と判断されている、と考えられるからだ。

● 貧困化と子どもの困難

このような冷淡さの背景には、30 年も引き続く経済停滞と国民の窮乏化も関係していよう。社会の不平等化が進むと中で、中産階級が没落し、底辺層はさらに困窮して、子どもたちの生育環境が大幅に劣化したと思われるからだ。貧困は日常生活の困難を引き起こし、DV・犯罪・非行などさまざまな問題を生じさせる。さらに、その結果として、子どもが大人になってからPTSD などの障害を発症する原因にもなる。成長して家族を持っても、「機能不全家族」となり、その子どももさまざまな困難を背負ってマイナスの影響を被る。

実際、親が生活苦などで失踪したり病気になったりして家庭が崩壊し、親戚の家を転々としたり養護施設に入所したり、という生活環境では、教育も困難になる。教育は将来世代への投資なのだが、親が生活を立てること自体に必死だと子どもの将来まで気が回らない。しかも、親もが若い年齢で子どもを産んだなどの事情で学歴が低く、教育に関心を持たないことも多い。

進学できない子ども

そのため、子どもは生活費の「稼ぎ手」として期待されて学業を全うできなかったり、あまり正当とは言えないアルバイトや仕事に追いやられたりする。女性の場合は風俗業への従事などが典型的であり、男性の場合も、その周辺の仕事に陥りやすい。これらは、技術やスキルがなくても一時的に大きなお金が得られるが、その反面、技術やスキルが蓄積できず、後年貧困化する可能性も高くなる。

生活態度も刹那的になりやすい。とくに、生育過程で家族に

恵まれず、愛情をかけられていないと、「愛情」を見せかける仕草に弱く、ホスト遊び、カルト宗教の勧誘、薬物への耽溺などにはまりやすい。実際、薬物中毒の自助グループに話を聞くと、薬物中毒者は成績不良者に多い、と言う。薬物は、特別の準備や知識なしで快楽を得られるから耽溺しやすいからだ。不安定な生育環境で問題を抱えることで、学校ともなじめず、落ちこぼれて成績がふるわず、社会生活に必要な知識や教養が得られないから薬物にも走るのである。

●歌舞伎町の街頭で客引きをしたとして一斉補導される少女たち

性教育へのバッシング

　このような過酷な状況と直面する青少年たちに、あらかじめ「性」やそれにまつわる「社会の仕組み」に関する十分な知識を教えて、搾取されないようにしたり、性的被害に遭わないよう自衛させたり、という試みも行われてきた。しかし、これに対しても、保守的な道徳を奉ずる反対派は「バッシング」をしかけ、教育内容を骨抜きにした。しかし、青少年を現実から遮断すると、むしろグレーな労働の供給者を増やしかねない。「家庭」や「道徳」を守ろうとして、むしろ倫理の退廃を招いているのである。

児童相談所の有効性

　危機的状況にある児童を保護する役割が児童相談所である。しかし、その機能も十分とは言えない。なぜなら、児童相談所の職員は、特別な専門技能があるわけではなく、地方公共団体の職員が順番で担当している場合が少なくないからだ。そういう職員は、特別な教育・訓練も受けていないので、常識的な対応をして、問題を悪化させることも少なくない。

　最近「虐待サバイバー」と呼ばれる人々がSNSなどで、過去に受けた虐待などを発表しているが、そこでもっとも話題にされるのが、児童相談所の対応である。児童虐待をする親の中には、経済的事情だけでなく、性格的に問題がある人も少なくないのに「親権があるから仕方がない」とか「子どもが我慢すれ

ば丸く収まる」とか「育ててもらったんだから感謝しなきゃ」などと言って問題化を避ける。その結果、問題はかえって悪化する。もちろん、中には「児童相談所に行ったおかげで救われた」という例もあるので、一概に言えないにせよ、生活保護の申請などで未だに窓口規制をする地方公共団体があることを考えれば、こういう対応は少なくない、と思われる。

●被害者としての青少年

宗教２世の構造

つまり、現代の青少年は、大人社会や一部の特権階層の被害者になっていると考えられる。それを典型的・衝撃的な形で表したのが、安倍晋三元総理大臣の暗殺事件であろう。2022 年 7 月 8 日奈良市の路上で、衆議院選挙の応援演説をしていた安倍元総理が手製の銃で狙撃されて殺されるという事件が発生した。犯人は元自衛隊員の男性で、母親が入信した宗教法人・旧統一教会を恨んでいたという。初めは、旧統一教会のリーダーを狙ったのだが、そのうちに、安倍とその祖父の岸信介が統一教会を日本に広めた中心人物だとと分かったので狙っていた、と言う。

事件当初は政治テロと思われたが、真相が明らかになるにつれて、事件は、実行犯の置かれた過酷な生育環境が原因として大きいことが分かった。つまり、母親が旧統一教会に 1 億円以上の献金を重ねたり、宗教活動に熱心になったりするあまり、子どもをネグレクトしたあげく破産した。その結果、家庭は崩壊し、兄も自殺した。安倍元首相は、その元凶となった団体と深い関係を持ち、ビデオで祝賀メッセージまで送ったので「絶対に殺さねばならない」と決心したと言う。

教義と現実の矛盾

皮肉なのは、この宗教団体は自民党保守派に影響力を持ち、「家族の大切さ」を標榜する一方で、所属メンバーには団体に対する高額献金を強要し、家庭を経済的に徹底的に搾取する団体だったことだ。その結果、その家庭に生まれた子どもは追い詰められて自殺したり精神疾患になったりする。殺人行為自体は是認できないが、極限まで個人や家庭を搾取して破滅にまで追い込む教団のあり方は、欺瞞的で社会道徳に反している。それなのに、その存在を放置するだけでなく、政治活動に積極的に利用してきた国家や政党の責任は大きい。

子どもに選択権はない

宗教に入った親は「自己責任」や「宗教の自由」として片付けられるとしても、親の信仰の犠牲となった子どもに、同じ「個人の責任」の理屈は通らない。その後、明らかになった事実に

よれば、旧統一教会をはじめとする「宗教2世」たちは、親から十分な保護を与えられないばかりでなく、自分が選んだのでもない教理に強制的に従わされたり、ゴムホースで殴られるなど過酷な体罰を受けたり、進学や就職を妨げられたり、結婚や恋愛の自由も奪われたりと、「宗教虐待」religious abuse と言われる扱いを受けていた。しかも、被害が明らかになっても、子どもを救済する手立てはほとんどなかった。最近になって、ようやく「旧統一教会被害者救済法」が成立したものの、その有効性については疑問の声が上がっている。

虐待自体への反応

　そもそも、明らかな虐待に対しても、対処は不十分だ。多くの「虐待サバイバー」が証言しているように、子どもが警察に被害を訴えても、警察は親の言い分の方を信用し、児童相談所も、家庭に戻して解決しようとする傾向が強い。たとえ、親から逃げ出しても、親権を使って引き戻され、自立して働こうにも未成年は親の許可が必要になる。結局、親のもとに引き戻されて被害が続く。実際、虐待での死亡事例でも、突然発生した例は少なく、たいていは児童相談所が数回介入して、家庭に戻したあげくに殺されている。これでは何のための児童相談所か分からない。

　日本社会は、子どもの人権が踏みにじられたり、社会に適応する能力やスキルが養われなかったり、精神的にも問題を抱えたり、大人たちの行為によって、子どもたちに深刻な被害が生じている事態に鈍感だ。日本の青少年は、かつてよく言われたように、社会に問題を引き起こす存在どころか、むしろ、社会の抱えている問題や矛盾のはけ口や犠牲者として一方的に利用されている。行政による救済を進めねばならないのである。

●日本は子ども支援をしない国?

公的経済支援の貧困

　このような状況の背景には、子どもを社会全体で育成して行こうという姿勢が見られないことがある。とくに、子育てに対する公的な経済支援が少ない。たとえば、子どもを持つ家庭に対する「児童手当」は、3歳から高校卒業まで月にたった1万円にすぎない。要件緩和も検討され、第3子以上を月3万円にする案もあるが、「第3子」とは三人目の子どもという意味ではなく、第1子が高校を卒業したら3番目の子どもは「第2子」扱いになる。3歳以上なら、それぞれ月1万円の給付になる。教育費が高いので、高校卒業後こそ経済的支援が重要なのだが、その時期に子ども手当がなくなる、という建て付けになっているのだ。

知識と理解

　たしかに「住民税非課税家庭」では「高等教育の修学支援制度」が令和5年からスタートし、高等教育が受けやすくなったとはいえ、それ以外の比較的年収の少ない家の子どもたちに対して、たいした支援の仕組みはない。このような状態では、高い学歴を得られないために、子どもは生涯収入の安定が望めず、「貧困の相続」という現象が起きる可能性が高くなってしまうだろう。

　日本に比べると、フランスの「児童手当」にあたる制度は手厚い。かつて、フランスの出生率はヨーロッパで比較的高い位置にあったが、1980年代急速に下がって、1995年には過去最低の1.65人にまで低下した。そこで、政府は人口置換水準（人口長期的に増えも減りもせずに一定となる出生の水準）である2.07人にまで改善させることを目標に、各種の福祉制度や出産・育児優遇の税制を整備した。具体的には、子どもを持つ家庭すべてが受給できる一般扶養手当は、2人以上の子ども（20歳未満）を持つすべての家庭は所得制限なしで家族手当を受けられるようになった。子どもが2人だと、毎月124.54ユーロ（2万円強）、3人目以降は、1人ごとに159.57ユーロ（2.6万円弱）。さらに子どもが11歳以上だと35.03ユーロ（5,700円強）、16歳以上になると62.27ユーロ（1万円強）の加算がある。しかも、加算は子ども2人の場合1人分だが、3人以上になると全員分加算される。仮に17歳，12歳，10歳と三人の子どもがいるなら、毎月約9万円がもらえる計算になり、日本で支給される2万円とは大きな開きがある。

シングルマザーの苦境　　日本の支援の仕方では、とくに、シングル・マザーの経済的苦境に対して、効果が薄いと思われる。日本では、女性は非正規労働に従事する率が高く、男女間の収入格差が大きいからだ。その結果、離婚など何らかの原因で母子家庭になると、すぐに貧困化する。その結果、ひとり親家庭の貧困率は48.3％となって、OECD36カ国の中でも35位というひどい状況にある。しかも、これは「ひとり親世帯」の国際比較なので、母子家庭に限れば、この順位はさらに低くなるかもしれない。
　　これでは、女性が結婚して子どもを持つのはリスクが多すぎ、積極的に「子どもをつくろう」という気にはならないはずだ。つまり、このような「子ども支援」政策はほぼ的をはずしており、人口減少をむしろ促進している状態なのである。

順位	国名	貧困率
1	デンマーク	9.7
2	フィンランド	16.3
4	英国	22.3
9	フランス	24.1
13	ドイツ	27.2
25	メキシコ	34.2
30	チリ	42.6
32	米国	45.7
34	韓国	47.7
35	日本	48.3
36	コスタリカ	49.6
OECD平均		31.8

家族政策の時代遅れ

　家族の形は大きく変わっている。令和4年の離婚は20万件弱、婚姻は52万件ほどなので、単純計算で、離婚数は婚姻数の40%近くになる。もちろん、離婚した者同士の再婚や、独居、一人親家庭、あるいは同性婚なども少なくない。そのような家族の変動に対応しつつ、子どもたちが安定して育つ環境を確保しなければならないのだが、日本の家族政策は未だに「両親と子ども二人」などという「昭和の核家族モデル」にしがみつき、「夫婦別姓」という制度すら認められない。時代遅れの家族観が、現実に適合しなくなっているのである。

　フランスでは、結婚の他にPACSという制度がある。これは性別に関係なく、成年に達した二人の個人の間で、安定した持続的共同生活を営むために交わされる契約で、日本で言う事実婚に近く、同棲の法的な手続きである。結婚なら離婚の際に裁判所の介入が必要だが、PACSは書面手続きのみで解約でき、双方揃ってでなくても、一方の手続きで解約を行える。流動性が高くなった社会に適合する制度なのである。

教育支援の弱さ

　さらに、子どもが、社会のメンバーとして健全に育つためには教育制度の整備が欠かせない。子どもは、適切な教育を受けてこそ、社会に貢献できるメンバーとなるからだ。しかし、日本の教育支出も、対GDP比で見ると、あまりにも少ない。教育機関への公的支出はOECDの中で下位で、ハンガリー、メキシコなどよりも低いのである。

●教育機関への公的支出額の対 GDP 比（%）（OECD Education at a Glance 2015）舞田敏彦作成より

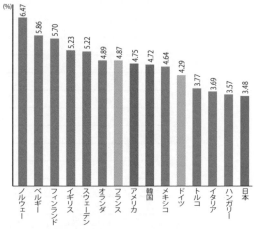

高等教育の貧困化

　この「教育の貧困化」はとくに高等教育の分野で加速している。たとえば、大学に進学するには「奨学金」を利用すればよいと言われるが、実態は、諸外国と異なって「利子付き教育ローン」である。現在の大学の授業料は高い。筆者が学生のときは、国公立大学の授業料は年額12,000円（現在の貨幣価値で42,578円）だったが、今は535,800円で、実質で13倍、額面で45倍弱にも増えている。その間に年収も実質13倍（額面で45倍）に増えていれば問題はないのだが、もちろん、そういう状況にはない。

●東京都区部の大学の授業料（年間）の推移
Yahoo! ニュースより

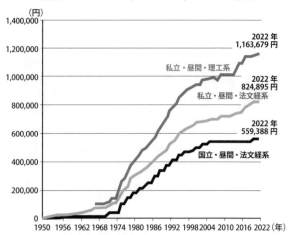

　むしろ21世紀に入ってから、日本人の平均年収は急激に減っている。その結果として、全学生の50% 近くが「奨学金」を借り、

大学卒業時に数百万円近くの借金を負っている人も少なくない。若い時に借金を負わせるところから以後の人生を始めさせる、という過酷な状況になっているのである。

「稼げる」教育？

　さらには、2023年9月には「国立大学法人法改正案」が文部科学省から提案され、衆議院を通過している。この法案は「稼げる大学」を目指して大学の組織を改編する狙いだが、学生の生活環境を犠牲にして、企業との連携を目指す動きが急である。たとえば、京都大学では学生・教職員の健康を守る上で必要な保健診療所の廃止を大学が2021年12月に発表し、学生の反対署名を押し切って強行された。「稼げるかどうか」という教育とは無縁な価値観を適用することで、学生の教育環境を悪化させているのだが、このような措置が文部科学省に届け出をするだけで可能になるのだ。

　　突然の法改正の狙い（は）…、約30年に及ぶ経済低迷で本業だけでは稼げなくなった日本企業が、本来は公共の財産であるべき土地を食い物にして生き永らえようとしている（集英社オンライン2023.11.25「大学教育崩壊につながる『国立大学法人法改正案』の問題点とは…民間企業が「稼げる大学」法案で大学を食い物にする矛盾」より）

政治・行政の責任は？

　このような現実を放置し、子どもを持つことや教育へのリスクを高め、少子化を悪化させてきたことについては、所謂「保守」的な政治傾向の責任も大きいかもしれない。彼らは「子ども手当はポルポトやスターリンが行った子育ての国家化に等しい」などと極端な主張をする一方で、扶養控除の廃止を主張するなど、国家や行政の関与を縮小させようとしてきた。その一方で、国立大学の法人化や国からの補助金の削減、授業料の値上げなどの「改革」を次々に行って、家庭の負担を増大させてきた。さらには、「外国人労働者」などを広範囲に認めて、日本人の賃金も抑制してきた。

　これほど「子どもを持つ」リスクが多いのでは、沢山の子どもを持つことは損だ、という強固な意識が国民に植え付けられたと言っても過言ではない。「子育て罰」が強化された結果として、少子化も極端に進んだのである。せめて、地方だけでも、意識を改めて、子どもへの支援を手厚くする試みが出て来るべきだろう。

令3・福岡県

児童虐待に関する相談件数は増加の一途をたどっており、全国の児童相談所が令和元年度中に児童虐待相談として対応した件数は、過去最多の193,780件を記録しました。また、子どもの命が失われる痛ましい事件も後を絶ちません。

児童虐待を防止するためには、行政・教育・医療機関等が連携し、社会全体で取り組む必要がありますが、児童虐待の発生予防、児童虐待発生時の対応および虐待を受けた子どもの自立支援の観点から、行政機関が推進すべき取組について、あなたの考えを具体的に述べなさい（時間・字数不明）

解説します

答案の構成

　　まず「児童虐待」の定義から始めたい。そうしないと、考える範囲が狭くなったり対策が思い込みや偏見に基づきやすくなる。定義して、問題点を見つけ、その仕組みを考察する。そうすれば妥当な解決策にもつながるだろう。

児童虐待の種類

　　「児童虐待」とは、子どもに対してなすべき保護を怠ったり危害を加えたりする行為だ。身体的虐待は、殴る・蹴るなど身体的外傷が生じたり、その恐れがある行為をする。性的虐待は、子どもに性的行為をしたりさせたりする。ネグレクトは、怠慢・放置など子どもの健康・安全への配慮を怠る。心理的虐待は、暴言・拒絶などを通じて心身に有害な行為をすることだ。

　　児童虐待行為は年々増加している。ただ、これは「児童虐待」が周知された効果も大きい。社会的問題は、「問題だ」と指摘されることで、注目を浴びる。「児童虐待」と名付けられたことで、今までも存在していた現象がスポットを浴び「これも虐待にあたるのではないか」と通報が増えたと考えられる。

家族への過剰な期待

　　それにしても、これほど虐待が多い背景には「家族愛への幻想」が存在するだろう。家族の結びつきを理想化しすぎて、暴力や抑圧が横行する現実を見過ごしてしまうのである。子どもを育てるには、親に相応の能力と余裕がなければならないが、さまざまな事情で、子どもを健やかに育てられる環境や能力に欠け、子どもの成長の障害になる家庭も少なくないのだ。

　　たとえば、幼い子どもが置き去りにされ、死亡した事件では、

母親が性的暴行を受けた経験を抱え、子どもの父親から養育費をもらえず、仕事も制限されるなど過酷な状況にあったと言われる。場合によっては、つらい状況にある親から引き離してでも、子どもの安全を守る必要がある。それができずに、家庭任せにしたため、最終的な被害が子どもに及んだのだ。

地域社会の問題点 　他方で、子どもを支配しようとする粗暴な親も少なくない。親と子の間には絶対的な力の差があることを利用して、子どもを自分の思い通りにしようとするのだ。だが、親が成熟した判断ができない人間なのに、個人空間に公的権力が介入するのは控えるべきだという道徳観や民事不介入の原則が影響して、なかなか有効な介入ができない。実際、児童虐待サバイバーが、最近SNSで体験談を発信しているが、横暴な親から被害を受け、児童相談所や警察に相談しても「親に従え！」と取り合ってもらえなかった、と言う。

　とくに地方では保守的な考えが強く「親の監督権」ばかりが強調され、子どもが被害に遭ってもなるべく家族内で処理させようとする傾向が強い、そのために、かえって問題は悪化する。よく「暴力を振るう親からは逃げればよい」とも言われるが、そもそも家出して自活しようにも、未成年は親が許可しなければアルバイトもできない。自活もできず、公的助力も期待できないのでは、窮状は救われないだろう。

子どもに矛盾を押しつける 　子どもが死亡するような重大な事件も、何の前触れもなく発生するわけではない。たいていは、その前段階で、児童相談所への相談があったり近所からの通報があったりする。しかし、そこで問題を指摘されても、親は子どもを連れ戻したり住所を変えたりして、他者からの介入を避けようとする。このような抵抗をされると、児童相談所をはじめとする行政は十分に追跡することなく、あきらめてしまうことが少なくない。

子どもの社会的意味 　子どもは親の専有物ではなく、社会を維持するための大切な要素である。そのような意義を理解せず、自分たちの考え方や感じ方、あるいは信念を押しつけるために、子どもを一方的に利用するような親に対しては、子どもの安全を重視して、強権をもっても介入するのをためらうべきではないし、そのために必要な人員も充当するべきであろう。その意味で言えば「宗教２世」も「虐待」の一種と考えられる。親の宗教的信念を貫くために、子どもの行動の自由を制限したり、むち打ちなど過酷な体罰を与えたり、活動に熱心なあまりに子育てを放棄したり、など、心身の成長を脅かす。こういう行為を「宗教の自由」とか「しつけ」と

か正当化してはいけないだろう。

答案例

用語を確認する

　「児童虐待」とは、子どもに対してなすべき保護を怠ったり危害を加えたりする行為である。身体的虐待・性的虐待・ネグレクト・心理的虐待等があるが、これらは年々増加している。

家族への過剰な期待

　これは「児童虐待」という概念が周知されたことと同時に、「家族愛への過剰な期待」の存在も影響を与えている。家族の結びつきを理想化しすぎて、そこに暴力や抑圧が横行する現実を見過ごすのだ。しかし、さまざまな事情から、心理的外傷を抱えたり、経済的に過酷な状況におかれたり、親が子どもを健やかに育てられる環境を用意する能力に欠けることも少なくない。こういう場合には、親から引き離してでも子どもの安全を守る必要が出てくる。

支配する親の問題

　他方で、子どもを支配しようとする親も見られる。親と子の間には絶対的な力の差があることを利用して、子どもを自分の思い通りにしようとするのだ。親としての成熟した判断ができない状態なのだが、家庭の私的な空間に公的権力が介入するのは控えるべきだという道徳観が影響して、有効な介入ができない。とくに地方では保守的な考えが強いので、家庭に過剰な役割を負わせがちだ。子どもが死亡するような事例は、その前段階で、児童相談所への相談や近所からの通報があるのだが、なるべく家庭内で問題も処理させようとして最悪の事態を招く。

親の監督権が強すぎる

　そもそも「親の監督権」は強く、子どもが被害から逃れるすべもない。家出して自活しようにも、未成年だと親が許可しなければアルバイトもできない。しかも、問題を指摘されても、支配欲の強い親は子どもを連れ戻したり住所を変えたりして、公的な介入を避けようとする。このような抵抗に対して、児童相談所も家庭の問題だとあきらめてしまうことが少なくない。

子どもの社会的意義

　だが、子どもは親の専有物ではなく、社会全体が発展し維持されていくための大切な要素である。そのような意義を理解せず、どんな理由であれ、自分たちの考え方や欲望、あるいは信念を押しつけるために子どもを利用するような大人の行為は「虐待」と認定して、遅滞なく対処しなければならない。行政・教育・医療機関は子どもの状態を適切にモニターし、異常が見られた場合はタイミングを外さず介入し、場合によっては親から積極的に引き離す、などの取り組みをすべきだ。子の養育を

親に任せきりにすべきではなく、社会全体で子どもを育てるように配慮すべきなのだ。

類題をやってみよう

令3・静岡県
下の表は、平成2年度から令和元年度までのわが国の児童虐待相談対応件数の推移である。この間の社会経済環境の変化を考察しながら、この表からどのようなことが読み取れるか述べなさい。また、そのことを踏まえ、静岡県が子育てしやすい地域になるために、県としてどのような取組が必要か、その具体的な施策案を含めて論じなさい（90分・字数不明）
＊表とグラフが載っているが、内容はほぼ答案例と同じ。

論点ブロック

子どもへの支援

定義	青少年は社会問題の原因ではなく、むしろ、社会の矛盾を隠蔽するために利用される存在になっている
背景	問題の原因を青少年に押しつける、発信力が弱い若者に、社会矛盾を押しつけ、年上の世代が利用する構造⇒真の問題が解決されず、かえって社会矛盾を深める⇒暴発する可能性
現状分析	貧困の増大＋子育てへの支援が薄い＋親の犠牲になる子ども⇒児童虐待や宗教2世など
提案・解決	偏った家庭観に基づく対策は破壊的な結果をもたらす⇒貧困の相続など、問題の根源に働きかけるべき

過去問データ
令3・東京都「別添の資料から、未来を担う人材を育成するために重要であると考える課題を述べ、それに対して都を含む行政は具体的にどのような取組を進めるべきか、都の現行の施策に言及したうえで述べよ」
令2・東京都「別添の資料から、未来を担う人材を育成するためにあなたが重要と考える課題を簡潔に述べよ。その課題に対して、都を含む行政は具体的にどのような鳥雲を進めるべきか」

9. 公務員像

●理想の公務員像とは？

公務員への不満

　役所や公務員の仕事ぶりには批判が多い。とくに「法律や条例に規定がないから」という理由で有効な手を打たなかったり、窓口から窓口にたらい回しにする非効率性は「お役所仕事」として評判が悪い。また、公務員はすぐ所属部署が変わるため、仕事を覚える頃にはまた次の仕事に移り、その分野の知識を深めることが少ない。結局、前任者の仕事をそのまま踏襲するだけで終わってしまう。

　仕事の内容にこだわると、逆に出世の道から外れてしまう。そのくせセクト意識だけは強く、ときには、社会倫理に反しても自分たちの集団利益だけは守り、不祥事や都合の悪いことは徹底的に隠すという行動様式が見られる……。

役人根性？

　このように専門知識を持たず、法律を楯にとるばかりで利用者を無視し、縄張り意識だけが強い、という「公務員」批判には、さまざまな証拠もあり、まったく的はずれとは言えない。これでは、役所が自分たちの利益ばかりにかまけ、住民サービスに欠けるといわれても仕方がないだろう。

役人批判＝専門知識なし、利用者無視、セクト意識

●官僚制とは何か

　しかしこのような問題は、公務員個人の人間性というより、役所というシステムに普遍的に見られる現象だろう。現代では、官庁、軍隊、病院など、すべての組織は巨大化する。どの組織も一定の目的を持つので、その目的を合理的・能率的に遂行するための運営の仕組みを発達させる。その仕組みが官僚制である。

マックス・ウェーバーの定義

　社会学者のマックス・ウェーバーによれば、合法的な官僚制支配の特徴は、おおよそ次のようになる。

1　明確に規定された法律により、画一的、形式的に支配する
2　役割指揮系統は、規則によって明確に細かく決められる
3　職務の忠実な実行と、組織への忠誠が要求される
4　連絡や命令は文書によって行われ、保存される

5　専門的能力を持った者が選抜され、一定の職務に専念する

官僚制の必要性

　これらはどれも、合理的・能率的に目的を遂行するために必要な手順である。たとえば「法による画一的、形式的支配」がないと、不公平・不平等に陥る。また「文書による連絡・命令」がないと、連絡は不正確になり「連絡があった」「ない」の争いで、互いに責任のなすりあいが発生する。このように、1〜5は集団が効率的に動くために不可欠の手順といってもいい。

その弊害

　ところが、このような官僚制支配が徹底すると、これらの特徴が硬直化し、逆に組織を非効率にしてしまう。たとえば1は形式主義を、2はことなかれ主義を、3はセクショナリズムや縦割り行政を、4は文書主義と先例主義などを生む。

先例主義

　とくに先例主義は、硬直的な処理を生み出す。いったん決定された事項はなかなか変更がきかない。公共事業などでは、計画段階から何十年以上も経って、社会的・経済的状況が変わっていることも少なくない。それにもかかわらず、いったん決まったからと、地域の反対がどんなに強くても強行される。このようなことから予算の膨大な無駄遣いも生まれる。

専門家と指揮系統

　さらに専門分化は、個人のごく限られた特定の能力だけを必要とするので、個人の創意や自己表現を抑圧する。一方、指揮系統の明確化は、上司への依存を強化し、主体性を持って仕事をコントロールすることを許さない。結局、組織の原理と個人の人間的な成長や判断とは、矛盾することが多いのである。

POINT 👉 官僚制の弊害＝形式主義、ことなかれ主義、セクショナリズム、文書主義と先例主義など

　このように硬直化した組織の中で、人間は機械の歯車のようになり、自由や主体性、個性などを失ってしまう。つまり個人が組織を維持するだけの存在になるのだ。マックス・ウェーバーはこのような官僚組織を「人間の奴隷状態を作り出す、生ける機械」と呼んでいる。

カフカ的状況？

　チェコのドイツ語作家F.カフカは小説『審判』の中で、当時のオーストリア・ハンガリー帝国の不条理な官僚制を描いた、といわれる。主人公ヨーゼフ・Kはある朝突然逮捕される。しかしいったい誰が、どのような罪で彼を告発したのか、誰も分からない。裁判所から来た役人も自分の職務をこなすだけで、いったいこれがどのような事件なのか、誰も知らない。

　Kはいろいろな公的場所に出かけ、自分の巻き込まれたのが

どういう事件なのか、情報を集めようとする。しかしどの人も、自分には権限がないと言って、力になってくれない。無実を訴えても受け付けられない。結局、小説は、ある晩Kがアパートから連れ出され、処刑されるところで終わる。この小説では、裁判官にせよ役人にせよ、登場人物はグロテスクに誇張され、マックス・ウェーバーのいう「生ける機械」として非人間的に振る舞う。

公務員志望者の動機

　しかし、もちろん公務員志望者が、このような非人間的なメンタリティを持っているわけではない。次のグラフを見てみよう。これは国家総合職志望者の動機であるが、地方自治体志望者もそれほど差があるとは思えない。

●国家公務員になろうとした主な理由
人事院（総合職試験等からの 新規採用職員に対するアンケート）より　令和5年度

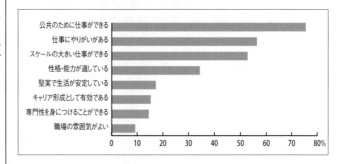

意欲的な志望動機

　動機としては、圧倒的に「公共のために仕事ができる」「仕事にやりがいがある」「スケールの大きい仕事ができる」が突出しており、生活の安定やキャリア形成、専門性の獲得という自己中心的な動機は少ない。むしろ意欲を持って、社会に積極的に働きかける人間像が浮かび上がってくる。

　実際、地方自治体の枠の中でも、自己の創意と工夫を生かして仕事をしている人々は少なくない。本書の「地域おこし」の項でも、地方自治体の限られた条件の中で、有意義な仕事を成し遂げた事例を紹介している。個人個人は善意にあふれ、何とか地方や都市の問題に取り組もうとしているのである。

官僚システムとの矛盾

　それなのに、前述のような批判が出てくるのは、官僚組織というシステムには、全体として個人の成長や発展を抑圧するような力が強く働くことを示す。つまりどんなに個人的には意欲を持っていても、長年官僚機構のもとで働くためには、マックス・ウェーバーがいうような非主体的な人間でなければ生きていけない面があるのだ。この個人的意欲と集団の圧力の矛盾が現実として働いていることを十分認識すべきである。

巨大システムの必然

　ただ、上述のように、官僚システムを非人間的な組織とばかり

考えるのは、いささか偏った見方だろう。なぜなら官僚システムの巨大化は、住民サービスの向上とも密接な関係があるからだ。

よく誤解されるが、日本の公務員数はけっして多くなく、むしろ欧米と比べて極めて少ない。それは、下図の「対GDP公務員の人件費国際比較」を見ても明らかだ。日本の公務員人件費の比率は、他の先進諸国に比べて、はるかに小さい。

公務員の増加？

●対GDP公務員の人件費国際比較
National Accounts of OECD Countries, General Government Accounts 2022

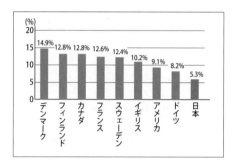

世界的に見ると公務員の数は増加傾向にある。その大部分は地方公務員で、自由放任から福祉国家になるにつれ、国民や住民に対する対人サービスが激増するためだ。しかも、その内容は個々人の事情に合わせねばならないので、個々人とじかに接する地方公務員が増えるのである。

法律の限界

一方で、法律の運用では解釈が重要になる。法律や法令で、実施する際の細則のすべてを決めるわけにはいかない。現実に起こりうるすべての事態をあらかじめ想定することはできないし、仮に想定して法律・法令にしたら、複雑すぎて意味がとれないからだ。

解釈の余地

従って、行政に当たる公務員は、その解釈・運用について、広範な裁量の余地を持つ。これが行きすぎれば、人の主観的判断に基づく恣意的支配を許すことになる。それを防ぐ詳細なマニュアルを作って行政規則として配布する。しかし、現場の職員たちはマニュアルをもとに執務するので、もともとの法律を無視するという結果にもなりかねない。このように法律による公平で詳細な統制と、現実の変化に即した柔軟性はディレンマの関係にあり、簡単な解決を許さない。

●公務員の理想像

理想像とは「こうあるべきだ」という考えだけでは決まらない。むしろ、それを阻む現実との葛藤と対立の中で深まる。上

に述べたように、組織の効率的な運営を保障するための制度が、実は組織硬直化の原因にもなる。それどころか、現在の非効率を改善するための動きが、別の弊害を生み出す危険さえあるので、簡単に考えるわけにはいかない。官僚システムを批判することは、その長所まで否定することになりかねないからだ。

公平性の難しさ

たとえば、1995 年の阪神・淡路大震災では被災者に毛布をどのように配給するかが問題になった。ちゃんと基準をつくらないと、緊急性の高い人々に行き渡らない。しかし、地震の影響で役所自体が混乱する中で、誰がそれを判断し、その責任をとるか？　口先で「柔軟な対応」を唱えるだけでは解決しない。

差別の危険

町内会などの対応では、「気にくわない対象」に差別的な待遇をすることもしばしば見られる。たとえば、外国籍労働者が被災したと届けても「通常の住民ではないから」といって、町内会が救援を拒否した事例もあるようだ。このようなことにならないよう、行政では、ことさら公平な対応が望まれる。だが、その基準にこだわるあまり迅速な対応ができないなら、それもまた問題だ。

危機管理の発想

たしかに、異常事態の中で、平常の業務に慣れた職員が適切な判断ができないのは当然かもしれない。しかし、地方自治体は、住民の生活に一番近い行政機関であり、現実の要請に直接に対応する場所である。それが中央政府と同じように硬直的では、住民ニーズに応えられない。現実の急激な変化に応じて、臨機応変な処置をとるための発想力と決断力を公務員自身が養成しておかなくてはならないのだ。最近「危機管理」がよくいわれるが、危機用のシステムを作るだけで、現実にうまく対応できるとは限らない。

地方分権との関係

そのためにも、中央から地方分への権限移譲が進められたはずだが、実際はなかなか進んでいない。それは、中央官僚の、地方公務員に対する不信感が残っているからだ。権限を移譲しても、地方公務員に有効な行政ができるかどうか、その能力を疑っているのである。

バラマキ政策

実際、地方自治体では、いわゆる「人気取り」のために、財政状態を無視してイベントに過剰に予算を割いたり、地方自治体の職員の給与を引き上げたり、という政策も未だに行われる。このような「バラマキ」政策は一時的には住民の受けがいいが、いずれ借金として住民負担が増えることになる。国が、地方自治体に対する介入をなかなかやめないのは、こういう地方自治体の全体観の欠如を是正する意図もあるのである。

地方自治体の人件費

現在、地方自治体の人件費は、地方税、地方交付税などの一般財源の 30％ 弱を占める。かつては五割、六割と言われたので、

だいぶ是正されている。昔は、年功序列などで係員の給与が課長より高い例なども存在したが、そういう例も今は見られない。むしろ、公的な仕事のはずなのに。むやみに外部委託されたり非正規化されたりする弊害の方が目立つかもしれない。

日本人の法意識

法律学者の川島武宜は、日本人は所有権に代表される近代法を理解していないと批判している。そもそも所有とは絶対的権利である。つまり、所有権者はものを自由に処分できる一方、他人がそのものを使用するときには、所有権者の許可を得ねばならない。ところが、日本人は本の貸し借りに見られるように、その意識が曖昧だ。いったん貸した本を「返してくれ」というのを、ついためらってしまう、あるいは催促する方が恨まれる。つまり所有権よりも、使用権が強いのだ。

これを公務員に当てはめるなら、公務員は税金を使って国民あるいは住民に奉仕する存在であるのに、そのお金を自由に使えることで自分のお金のように錯覚してしまう。「役得」はこのような公私混同の典型例である。公務員の倫理の引き締めがいわれながらも、いっこうに汚職や役得などがなくならないのは、このような法意識の遅れに原因がある、と川島はいうのである。

●説明責任の重要性

結局、公務員の問題とは、官僚制というシステムの中で、どのように個人の主体性を確保するか、どのように外部社会に対処していくか、の二点に絞られる。このためには、官僚システムを外部社会や市民・住民にオープンにしていくシステムが必要だ。

他からの批判と客観化

なぜなら自分たちの判断基準を、外部の批判の目にさらすことで、自分たちの職務を客観化できるからである。そのためには文書の開示だけでなく、法律的な用語を住民に分かるような日常言語に直して説明する能力が必要とされる。もちろん法律用語は厳密性を要し、なかなか日常語に直すのは難しい。

しかし、その説明を工夫するプロセスで、自らの行動や習慣を、普通の市民・住民の感覚から見直すことができる。つまり官僚システムの評価とは別の評価に触れることで、社会とのバランスを保つことができるのである。

外部と触れる発想

斬新な発想も、官僚システムに適応する限り出てきにくい。住民のニーズと直接触れることで、新しい発想も出てくる。組織のシステムを外部に向かって閉鎖する、自己保存の欲求しか働かなくなってしまう。システムの改革とともに、個人をオープンにしていく方法を考えねばならないのだ。

9. 公務員像

令3・新潟県
「公務への志について」国家公務員採用総合職試験の申込者数は減少傾向にあり、令和3年度は14,310人（対前年度85.5%）、過去最低となった。地方自治体においても減少の傾向が見られるが、その要因について、あなたの考えを述べるとともに、あなたが公務を志した理由について具体的に述べよ（70分・800字）

解説します

問題へのアプローチ　設問に書いてあるのは3つ。まず「国家公務員採用総合職試験の申込者数」が減少し、地方自治体の公務員も同様であること。次に、その要因を推定すること。最後に、自分が公務員を志望した理由である。

1　国家公務員採用総合職・地方公務員志望者の減少　現状
2　その要因は何か　解釈
3　あなたが公務員を志望した理由　志望動機

　減少の割合は前年度比14.5%と大きい。この勢いで毎年減るとしたら、五、六年で公務員志望者はいなくなりそうだ。人手不足で行政が維持できるかどうか、さえ疑われる。もちろん、要因は少子化ではない。少子化は前年度比15.5%減ほど多くはないからだ。今までよく言われたのは、「景気がよくなると公務員志望者が減る」傾向である。しかしながら、日本経済は「失われた30年」と言われ、年間の実質賃金も、他の先進諸国の賃金が伸びる中、横ばい状態を続けるなど、景気は良くない。これら以外の「公務員を忌避する傾向」が働いていると考えられる。

公務員への忌避感とは？　前述したように、公務員志望者の動機は「仕事にやりがいがある」「スケールの大きい仕事ができる」「公共のために仕事ができる」「専門知識が生かせる」など、自己実現や公共のためで、利己的な動機は少ない。公共への意識が高い人間が忌避するのだから、公務員という仕事では、その志望が果たせない、と考えた可能性が大きい。つまり、公務員では「自己実現」や「公共の利益」が実現できない、と考えたのではないか、と解釈できる。

　もちろん、公務員には、昔から批判が付き物だった。曰く「前例にこだわり、たらい回しにする」「住民の役に立たない」「税金で生活する」などである。これらは形式主義、セクショナリズムなど「官僚制の弊害」に属する内容だ。実際、これを利用して、

公務員に対する悪いイメージをかき立て、人件費を減らして財政
状態を改善させた自治体も現れた。

公務員の職務の性格

　本来、公務員の職務は法律に基づく組織行動であり、厳密性
と専門性が要求され、文書による伝達と命令、明確な位階性な
どが特徴になる。これらの要素がなければ、公平にはならない。
ところが、この原理は、公務員への非難にもなる。つまり自主的な判
断ができないため、変化の早い現実に対応できず、いちいち上司に伺
いを立て、先例と文書に従う。その結果、突発的な状況や新しい事態
に対応できない、と評されるのである。

誰が改善できるのか？

　しかし、仮にそうだとして、誰がその状況を改善できるか？　「政
治主導」がかつての答えだった。選挙によって選ばれ、世の中の動き
に敏感な政治家が行政をも掌握すれば、先例にこだわらず、状況に即
応できるだろう、と期待されたのだ。そこで、内閣人事局が一元的に
国家公務員の人事を掌握することで、行政を支配する体制が整備され
たのである。しかし、これは、さまざまな逆効果も生んだ。まず、
政治家の業績を過大に見せるため、統計データや記録の改ざん
が行われた。あるいは森友学園・加計学園問題など、政治家の
不祥事を隠蔽するために官僚が国会答弁をくり返した。さらに
疑惑に対して裁判が起こされると、国は相手側の要求をすべて
認める「認諾」手続きをとって、真相が明らかになるのを妨害した。

公務員像の失墜

　専門知識を活かし、「公共のため」に働くことをめざしたは
ずが、本来の法の趣旨を曲げてまで、特定の政治家の利益を守
るのでは、国家機構の「私物化」になりかねない。その意味で、
政治による行政の指導は、公務員、とくに国家公務員のイメージ
を毀損する逆効果も持った。国家のために、人々のために、公
平性を保ちつつ働きたい、という動機を持った若い世代が失望
して、志望者が大幅に減少したのも当然かもしれない。

　似たような経過をたどったのは、初等・中等教育の教師志望
者である。数年前から、教師の志望者は減少しつつあったが、
2023 年は全国で 3,000 人程度不足する、と言われている。これ
は、教師の仕事が雑務が多く過酷であることと、管理体制が強
められて、その自主性が狭められたことと関係している。教師の
志望者は本来子ども好きで、その知的成長に関わりたいと思う
人がほとんどだろう。ところが、教育委員会の管理が強化されて、
報告書提出などの雑務が増えるとともに、部活動など学業とは
無関係の業務にかり出され、授業の準備時間もなくなる。本末
転倒の状況では、志望者が激減するのも無理はない。

外部からのチェック

　では、どうするか？　原点に戻るしかないだろう。合法性・

出題例と研究

公平性を確保するためには、法律を厳格に適用せねばならない。しかし、それだけでは現実に即応しないので、硬直した先例主義と、脱法や恣意的運用の、どちらにも偏らないバランスを実現すべきだ。それには、住民によるチェックを十分に受けることが必要になる。なぜなら、組織の内部からは、自己の組織が客観化しにくいからである。「説明責任」が強調されるのはそのためだ。一般人に行政のプロセスを公開して、チェックを受ける。それによって、外部との接触を図り、組織の活性化を図る。現在の公務員に求められているのは、このような説明能力なのである。

答案例

要因の推定

　国家公務員の志望者が、前年から大きく減少したのは、公務員のイメージが下落したからだろう。本来、公務員志望者には、私企業志望者と違って「仕事にやりがいがある」「公共のために働ける」などの動機が強いと言われる。それが果たせないと考えた可能性がある。公務員には批判も絶えない。公務員の職務は法律に基づく組織行動で、厳密性と専門性が要求され、文書による伝達と命令、明確な位階制などが特徴だ。これらがなければ公平にならない。ところが、これは非難にもつながる。つまり現実に対応できず、上司に伺いを立て、先例と文書に従う。だから変化する状況に対応できない、というのである。

政治主導の結果

　そこで、現実の動きに敏感な政治家が行政を掌握すれば、先例にこだわらず、状況に即応できるだろう、と期待された。内閣が国家公務員人事を掌握して、管理する仕組みが整備されたのである。しかし、これは逆効果も引き起こした。まず、政治家の業績のため、統計データや記録の改ざんが行われた。あるいは、官僚が政治家の不祥事を隠蔽する行為をくり返した。さらには裁判でも、脱法的に真相が明らかにされるのを国が阻止するなど、行政の「私物化」が進んだ。純粋な動機を持った若い世代が失望したのも当然だろう。

志望動機の説明

　私が公務員として働きたいのは、あくまで「公共の福利のため」である。もちろん、そこには公平性がなければならず、法律を厳格に適用するのは当然だ。しかし、それだけでは現実に即応しない。公平性を担保しつつ現実に即応するなど、先例主義と恣意的運用のどちらにも偏らないバランスを実現したい。それには、政治家より、住民によるチェックを受けることが必

要になろう。組織内部からは自分たちを客観化しにくい。一般に行政プロセスを公開してチェックを受け、組織と自分の活性化を図る。現在の公務員に求められているのはそういう説明能力であり、新潟県職員として、その責任を果たしていきたい。

類題をやってみよう

令元・福岡県
地方公務員法第三十条には、地方公務員としての服務の基本基準として「すべて職員は、全体の奉仕者として公共の利益のために勤務し、且つ職務の遂行に当たっては、全力を挙げてこれに専念しなければならない」と規定されている。これを踏まえて (1) あなたが目指す公務員像 (2)(1) を達成するために福岡県職員として行いたいことを述べよ
＊「全体の奉仕者」の意味を十分に解釈して展開したい。

論点ブロック

公務員像

定義	公務員の理想像とは　1 専門知識を持つこと 　　　　　　　　　　 2 法規とともに人間を優先すること 　　　　　　　　　　 3 セクト意識に陥らないこと ⇔しかし公務員を取り巻く環境は、そうなっていない
背景	官僚制の弊害＝形式主義、ことなかれ主義、セクショナリズム、 文書主義と先例主義⇒個人は単に組織を維持するだけの存在になる 公務員志望者はやりがいを求めている⇒組織の原理と矛盾する 日本人の法意識＝役得、所有権の希薄さ
現状分析	住民サービスの向上⇒官僚組織の巨大化 法律の限界⇒解釈・運用について裁量の余地がある ディレンマ＝公平な運用⇔現実への柔軟な対応⇒政治主導？
提案・解決	公務員の責任＝官僚システム＋個人の主体性の確保 システムをオープンにする＋市民に対する説明責任 他からの批判に対して、職務を客観化できる必要がある 理想と現実のバランスが大切⇒住民との対話

過去問データ

令3・新潟市「市民に信頼される職員のために大切なことは何か」

10. 地方の経済と未来

●知識と理解 　市町村合併は地方交付税を節約したものの、地方経済の発展の方向は示せなかった。むしろ事態は悪化して、既存インフラの維持さえ危うくなっている。

●地方が発展するためには？

　地方経済の発展のためには何をすべきか？　今までさまざまな試みがあったが、残念ながら、うまく行っている例は少ない。「新産業都市」とか「テクノポリス構想」とか「インバウンド」など、さまざまな地域振興の標語が言われたが、どれもはかばかしい成果はあげていない。とくに国家主体のプロジェクトは「地域おこし」の項でも述べるように、そのほとんどが失敗続きであり、その間に地方経済の衰退も進んできた、と言ってよいだろう。

●多くの地方の町ではシャッター通りが広がっている

　そこで、最初に言われたのは「地方分権」の必要性であった。「国主導」の一律な計画では、地方経済の実情に合わないから失敗したのだ。国が持っていた権限を地方自治体（団体自治）に移して、もっときめ細かい施策をすべきだ」と言うのである。

国の事務の代行

　たしかに、日本の地方政府の財政規模はGDPの11.1%を占めており、中央政府の約2.6倍となっている（総務省「地方財政の分析」）。また、公務員約334万人の内で、82.6%が地方公務員で（人事院令和4年度年次報告書）、地方行政の範囲も諸外国と比べて狭くはない。ただ、かなりの部分が「法定受託事務」といわれる国の事務の代行で、裁量の余地は大きくなかった。つまり、自治体の裁量権が狭く、実際上、国の指揮監督下にあるという事態がずっと続いていたのである。

中央集権の欠陥

　しかし国は規模が大きいので、新しい事態への対応が遅れがちだ。実際、国の行政が乗り出すのは、問題が全国に広がった時で、どこかの地域に不具合が出たというだけでは手が出せない。だから、政策も全国に適用できるように、画一的な基準で

設定される。これでは急速に変わっていく現実に適合しにくい。関係法令を所轄する官庁の執行基準も違うので、調整が難しく、バラバラの施策、いわゆる「縦割り行政」になりやすいのだ。

1　遅れがちな対応
2　画一的な基準
3　省庁別のバラバラ行政

POINT 👉 中央集権のシステム＝地方衰退の原因

地方自治体間の格差

たしかに日本の地域間格差は深刻である。たとえば、一人あたり年間収入は東京都が約 630 万円なのに対して、沖縄県は423 万円にすぎない（2019 年全国家計構造調査）。雇用については、2023 年 11 月の東京の有効求人倍率は 1.17 で、沖縄県は 1.11 と大きな差はないが、収入の格差は相変わらず大きい。

他方で、大都市に人口が集中する傾向も変わらない。たとえば、東京の千代田・中央・港などの各区は人口が増え続け、とくに江東区は 53 万人弱だが（令和 3 年現在）最近 20 年で 10 万人も増えた。地方では少子化で学校の統廃合が相次ぐのに、大都市では小学校が新設される。このような地域の事情を無視して、全国一律の基準をに頼るのでは、格差は広がる一方だろう。だから、このような国の行政の欠陥をひっくり返せば、地方分権の利点になるのではないかと考えられたのである。

1　迅速な対応
2　個性的な施策
3　総合的な運用

地方分権一括法

そこで、まず 1999 年の「地方分権一括法」では、国の役割が限定され、住民に身近な事務は自治体に任されるようになった。たとえば、公立小学校の学級編成は、かつては全国一律に 40 人と決められていたが、都道府県の教育委員会が独自に決められるようになった。さらに、国の処理に不服があるときは、自治体は国地方係争処理委員会に審査を申し立てることもできる。その意味で、地方が決定権を広げることで国とは対等な関係に一歩近づいたと言えるかもしれない。

地方自治体も制度疲労

とはいえ、地方に権限を与えればすべてうまくいくわけではない。なぜなら、自治体は、長年の間、国の下請け機関として発展してきたため、問題解決能力が必ずしも高くないからだ。地方自治の理念は団体自治と住民自治なのに、中央の意向に添っ

て都市計画や地域振興をする方が補助金を受けられる可能性
が高い。国庫支出金（補助金）もつくからと、甘い計画を立て、
住民の要望には耳を傾けない。中央から独立して、地方自治体
がどんな独自のコンセプトを出せるかが問われていたのだが、国
だけではなく、地方自治体も「制度疲労」していたとも言えそう
である。

●合併で独立性が高まったか？

そこで、このまま自治体に権限が移譲されると、今までの地方
自治体の組織では不安があるので、市町村合併も促進されてき
た。実際、人口1万人以下、自主財源が20%以下という小規模
な市町村では、国が従来持っていた権限を渡しても、最低限生
活水準（ナショナル・ミニマム）を保つことが難しく、住民の福
利を十分図ることができない。そこで、1999年から2012年ま
でのこの「平成の大合併」では、市町村の規模を拡大して、拡
大する財政需要に応えようとした。この結果、基礎自治体であ
る市町村の数は3,231から1,821に激減した。

「三位一体」の改革

さらに、2001年の小泉内閣では「地方にできることは地方に、
民間にできることは民間に」というスローガンのもとに、①国
庫補助負担金の廃止・縮減、②税財源の移譲、③地方交付税の
一体的見直しという、いわゆる「三位一体の改革」が行われた。
それに基づいて、2004年度は国庫支出金が1兆3,000億円、地
方交付税が2兆9,000億円削減され、6,600億円の税源移譲が
行われた。

しかしながら、この処置では、税源移譲より補助金削減の金
額がはるかに多い。このため地方からの不信が高まり、2004年
に3兆円ほどの税源移譲を明記したが、それでも減少幅の方が
大きかった。つまり、「三位一体の改革」は、地方の行政効率・能
力の向上より、むしろ国の財政債務の整理の方が目的になって
いたとも考えられるのだ。

財政学者の新藤宗幸は、かつて「地方交付税特別会計の赤字
が極端に進んでおり、『カネ食い虫』である弱小市町村を整理し
たいというのが、政府の本音なのだ」（「論座」2002年2月）と
批判した。つまり、内実は「地方分権」というより、国の負担削
減のための財政改革という性格が強かったのである。これでは、
地方独自の経済振興策など、絵に描いた餅だろう。

●日本経済全体の衰退？

　ただ、このように地方経済振興が進まない根本問題は、日本全体の経済停滞にあるだろう。日本経済は1990年代始めのバブル崩壊以来、長期の停滞期にあり、最初は「失われた10年」と呼ばれたが、それが今や「失われた30年」という事態になっている。

●実質平均給与の推移
令和3年厚生労働省

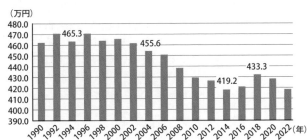

　上のグラフを見ても分かるとおり、平均給与はほぼ右肩下がりになっている。その間に世界の賃金は上がっているので、世界ではイタリアに次いで25位で先進国最低レベル。この状態を変えるべく、国レベルでは、日銀の「異次元の金融緩和」や「アベノミクス」なる経済政策が実行されたが、最初はたしかに株価が上昇したものの、非正規雇用は増え続け、個人所得も大幅に減少した。中国などの需要を受けた製造業や観光業、一部の情報産業は一時的に好況だったところもあったようだが、結局、経済全体が成長して、その恩恵が最下層にまで行き渡る、という「トリクルダウン」効果は実現しなかった。

労働分配率の低下

　このような状況下では、サービス産業・小売業など、国内需要に頼る産業はとくに苦しんだ。もともとサービス産業は、製造業に比べて人件費の割合が高く生産性が低い。それでも、90年代前半までは経済規制のおかげで、労働組合も製造業並の賃上げを要求でき、毎年上昇していた。

 日本経済の衰退＝個人所得が下がって需要不足になる

　ところが、90年代以降に進められた規制緩和で、労働組合の組織率が極端に低下して、このメカニズムが働かなくなり、製造業も非製造業も賃金が低下して、労働分配率（GDPの中で賃金に回る割合）も下がり続けた。そこに消費税を導入して、景

気が回復する毎に税率も上げられた。その結果、長期の経済停滞に陥った、と言われる。海外の経済学のテキストですら、日本の経済停滞は、政府の経済政策の失敗が原因だと言われるようになった。

人口の波の理論

　ただ、90年代から続くデフレは長期にわたったので、人口学的説明もなされている。たとえば、藻谷浩介は、国内需要が延びないのは、戦争直後に生まれたベビー・ブーム世代のライフ・サイクルが原因だと主張した。戦争直後に人口が増加して消費が高まり、高度成長期は、その世代の成長期で日用品需要が生まれ、80年代後半は、その子ども世代の成長期なので住宅需要が起こった。しかし21世紀になると、この世代が引退して、国内需要も低下したというのである。

●バイクの販売台数
「日本二輪事情」HPより

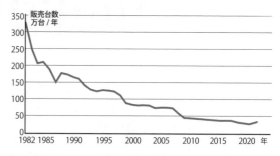

　実際、自動車・バイクなどの売り上げは1990年代から大幅に減っている。上の図に見られるように、バイクの販売数はコロナ禍で多少伸びたとは言え、1982年から2021年の間で1/7に減っている。自動車需要台数も、1990年の780万台が2021年には450万台を割り込んだ。

趨勢は変わらない？

　この分析が正しいなら、政策を変えても経済は復活しない。なぜなら、ベビー・ブームは過去に起こった結果なので、いまさら変えられないからだ。さらに、この理論の問題点はベビー・ブーマーの第三世代の人口がまったく増えなかったことだ。だから、その世代が成長期に入る2010年代後半にも好況にならなかった。なぜ、この世代の人口が増えなかったのか、その原因が問われなければならない。政策の失敗という議論は否定できないだろう。

●**地方都市の変容**

　激しい社会変化の中で、地方都市の空間も急激に変容を迫られる。なぜなら、都市の発達は交通手段と密接な関係があるからだ。たとえば、鉄道が敷設されると、駅を中心とした「駅前商店街」が発展し、従来、街道沿いに発達した商業地区は衰退した。

交通手段と生活空間

　しかし、1980年代以降、「国鉄解体」とともに、地方の鉄道路線が順次廃止され、車がメインの交通手段になると、この「駅前商店街」の利便性は急速に減少した。なぜなら、「駅前商店街」は駅から降りた人々が集まる空間なので、道が狭く駐車スペースもないからだ。これでは、車社会には向いていない。むしろ、郊外に広い敷地を確保し、駐車場完備のショッピング・モールをつくって、さまざまな店が出店する形態の方が、利便性が高くなる。

バイパスと時間

　さらに、中心市街地を通る道路は狭く、通過のための所要時間が長くなるので、市街地を迂回して移動できるバイパス道路が作られる。その結果、車での移動に合わせて、郊外のバイパス沿いに大規模店舗が建ち並んで集客する。そのあおりを受けて、中心商店街は客を奪われて「シャッター通り」と化すのである。

●バイパス概念図　　　　　　　●所要時間概念図

　上左図はバイパスの空間概念図だが、上右図は所要時間を基準にした時間概念図になっている。車による移動時間の長さを考えると、中心市街地はむしろ迂回路になる。つまり、車が交通のメインの手段となると、郊外にある大規模店舗がより便利になって、中心市街地には、よほどの魅力がなければ、人は集まって来なくなるのである。

POINT 　車社会の進展 ➡ 駅前商店街の必然的衰退

コンパクトシティの動機

　このため、地方都市の空間も今までのような駅前商店街を中心とした市街地とは別な発想が求められる。そこで、注目されたのがコンパクトシティ構想である。これは車による移動ではなく「歩ける範囲」に都市の生活圏を作ろうという政策である。

1　補助金を利用して郊外から中心市街地への移住を促進する
2　大型商業施設は、中心市街地に作らせるように誘導する
3　中心市街地は、公共交通手段で移動できるようにする
4　自動車の乗り入れ制限や自転車の活用をする

知識と理解

高密度化の利点

このようなコンセプトの下で、郊外に広がった市街地を縮小して行政コストを削減するとともに、中心市街地を訪れる人や居住する人を増やし、かつての賑わいを取り戻そうとしたのだ。

つまり、中心市街地であるインナー・タウンは高密度の商業・居住空間となり、それに隣接するミッド・タウンから、アウター・タウンへと次第に人口密度が下がる同心円状の状態にする。高密度の商業・居住空間は、エネルギーの集約・コントロールもしやすい。病院などの施設も集約できるので、エネルギーやコストを抑えつつ、高度なサービスを提供できるという発想だ。

実際の取組－青森市

たとえば、青森市では中心市街地が衰退し、2000年までの30年間に13,000人の人口が市外に流出した。この地域は積雪量も多いので、市街地が拡大すると道路の除雪費用も増大する。そこで、中心市街地を高密度化して、生活に必要な都市機能を集中させるとともに、周辺部を低密度化し、それぞれ都市機能を分担させる同心円状の構造への切り替えが計画された。具体的取組としては、次のようなものになった。

1　公共施設と商業施設が合体した「アウガ」の建設
2　住み替えのための補助金を出すなど、街なか居住の推進
3　パサージュ広場や緑を整備して、快適な歩行空間を確保する

富山市の事例

また、富山市でも、公共交通を充実させ、車がなくても公共交通と徒歩で移動できる都市への転換を図った。具体的には、第三セクターが路面電車（LRT）を運行させ、その沿線に複数の拠点を作り都市機能を集積させ、街なか居住を容易にしたのだ。

●富山型コンパクトなまちづくりの都市構造（富山市「富山市都市マスタープラン」より）

━━ 公共交通…（串）
　　ある一定以上の
　　サービス水準を確保
● 徒歩圏…（お団子）
　　居住、商業、業務、
　　文化等の諸機能を集積

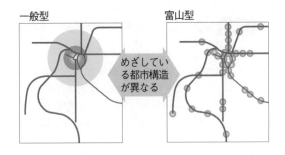

このように、徒歩圏（お団子）と公共交通（串）からなるクラスター型構造を作ったことで、次のような結果を得たという。

1　中心市街地の人口の増加　332人増（2005～2010年）
2　街なか居住の実績　296戸（2005～2009年）
3　LRT利用者の増加　平日約2倍、休日約5倍（2005～2006年）
4　中心市街地の休日歩行者通行量増加　約63%（2007～2008年）

　統計上も、集住化が進んだ地域は経済成長率も高いと言われる。実際、集住率（人口集中地域の人口の総人口に占める割合）が高いのは、滋賀県・宮城県・佐賀県などだが、これらの県のGDP伸び率は全国平均を上回っている。

批判も巻き起こった

　だが、コンパクトシティには批判も少なくない。まずエネルギー消費減少が言われるが、現状からの移行費用は入っていない。移行費用は削減予想額50年分にあたるという計算もあり、コストに見合った投資なのかは不明だ。そもそも駅前商店街が交通手段の転換で衰退しているなら、その自然な推移に行政が介入するのは、むしろ都市の自生的発展を阻害することにならないか？

　しかも投資には財政負担も増大する。実際、青森市では歩行者通行量もモール周辺でしか増加せず、せっかく作った「アウガ」も経営破綻して商業施設部分が撤退し、その空いたところに市役所の一部が移転して空間を埋めた。富山市も公共交通は黒字だが、市からの補助金を除けば、全体としては赤字なので、投資したことで「財政再生団体」に転落するという危険すら言われている。

コンパクト化は失敗か？

　このような結果から、コンパクトシティ構想は失敗だったという評価もされた。とくに青森市では「アウガ」破綻の責任を取って市長が替わり、市職員の給与も下げられたので、失敗の評価が定着した。だが、商業施設としては採算が取れなかったが、アウガに市の施設が入ったことで、駅周辺は多少人流が増えて、駅前商店街にはよい影響を与え、個人経営のカフェや商店も新規開店している、とも言われた。評価が定まるには、まだ時間がかかるかもしれない。

●都市部から地方に移住するための体験会に集まった人々

地方移住は進むか？

コロナ禍で「テレワーク」が普及するにつれ、大都市のオフィスに人が集まる、という就業形態にも変化が見られた。情報産業に関わる人など１ヵ月に数回会社に行けばよい、という働き方なので、LINE ヤフー株式会社では、社員の住所をどこに置いてもよい、という規則改定をした。飛行機での通勤を認める会社も出てきた。

このような事態が続くと、会社は東京にありつつ地方に移住するという選択肢が出てきて、捨て値同然だった地方の不動産物件にも動きが出てきたという。情報化の進展による働き方の改変によって、都市に集住するという近代以来の傾向が変わる可能性が開けてきたのである。ただ、一部では、せっかくの移住者が地元住民から排除されるというトラブルも頻発した。住民は旧来の秩序を乱されるくらいなら、移住者は要らないと思っているのかもしれない。

朽ちるインフラ

問題なのは、そんな中、生活インフラの維持に対する自治体の負担が増えていることだ。戦後、整備されてきた道路・橋・トンネルなどのインフラが一斉に寿命を迎えて、立て替えなどの処置が必要になっているためだ。

●愛知県豊田市の老朽化した橋は通行禁止のまま放置されている

たとえば、老朽化して「対策が必要」とされながら、未補修のままの橋は、全国で 32,000 以上ある。しかし、財政問題から対策は進まず、補修ができない場合も少なくなく、「撤去する」しか選択がない。実際、富山市などでは優先順位を付けて、重要度が低い橋を撤去する「苦渋の選択」をしている。しかし、このような生活インフラを撤去すると、住民の利便性を狭めて、さらに過疎化を進行させる可能性が高い。やむを得ない場合には、住民と自治体が話し合って、双方が納得できる優先順位を見つけていくべきだが、さまざまな局面で、地方の衰退が現れている、と言えよう。

10. 地方の経済と未来

●出題例と研究

令2・沖縄県
テレワークについて（120分・1000字）

解説します

テレワークとは？

「テレワーク」は、コロナ禍での流行語の1つとなった。「テレヴィジョン」tele+vision などのように、「テレ」は古代ギリシア語で「最終」「目的」などを表し、遠距離にあるものが、まるで目の前にあるかのように表せる環境、という意味になる。離れていても、会社や仕事場にいるように働ける状態なのである。実は、インターネットの発達によって、自宅にいても仕事ができる環境はすでに整えられていたのだが、過去のオフィス慣行に縛られて、なかなか「テレワーク」は進まなかった。それが2020年の「緊急事態宣言」でオフィスに行けなくなったため、爆発的に広がったのである。

テレワークにはすぐ慣れる

当初は、会社のPCを自宅に持ってきて作業したり、自宅のPCから会社のサーバにアクセスしたり、会議をZoomなどの会議アプリなどで実施したり、慌てて研修を行ったり、混乱が広がったが、実際にやってみると、すぐ慣れた。むしろ問題だったのは、「緊急事態」で学校も休校になったため、子どもが家にいて、その世話をしなければならず、なかなか仕事に集中できない悩みであった。やってみれば、意外に簡単で便利だったので、緊急事態期間が終わった後も、オフィスに行くのは週三日で後は自宅で仕事、という形態が働き方の選択肢になった。

オフィスの意味も変わる

こういう働き方が広がると、オフィスの意味合いも変わってくる。数年前にある建築家と話したのだが、もうオフィスに従業員が複数集まって作業する意味はないので、オフィスのスタイルも変わってくると言っていた。今まで、オフィスは従業員の集合作業スペースという意味合いが強かったのだが、ネットワークでつながると、どこにいても仕事場にいるのと同じだ。オフィスは、むしろ顧客との特別の打ち合わせスペースの意味合いが強くなる。大きな空間は不要で居心地のよい小空間で済み、極端なことを言えば会社専用のカフェのような場でよいということになるのである。

都会に住む必要がない

しかも、これが広がると、従業員が生産拠点の都市近郊に集住しなければならない、という形態も変わる。インターネットの初期から言われ続けていたのだが、どこにいようとインターネット回線さえあれば、会社にいる環境が確保されるなら、通勤の

ため会社の近くに住む意味がなくなる。そうすれば、都市と地方という区別も大きな意味を持たなくなり、地方にいながらにして、都市の会社のメンバーとして働くことが可能になる。実際、筆者の知人はさる IT コンサルタント会社に勤めていたが、週に一、二回ほど出社すればよいので、10 年以上前から伊豆半島に住んでいる。海が近く自然に溢れた環境で、東京や欧米と結ぶ仕事をしていたのである。このような働き方が特別なものではなくなり、有力な選択肢となるきっかけが感染症の拡大だったのである。

地方移住の可能性

とすれば、若い世代の地方移住も、一挙に垣根が低くなる。今まで「I ターン」とか「U ターン」が言われていたが、思うようには進まなかった。ネックは「仕事の確保」であった。地方は第一次産業中心で、就業の選択肢が少なく賃金も安いという状況で、若い世代が積極的に地方にやってくることは期待できない。

しかし、都会と同じような仕事や賃金が、地方に居住しながら確保できるというなら、わざわざ住居費が高く、自然も少ない都会にしがみつく必要はない。住居費が安く、自然にも恵まれた地方を選び、生活レベルを上げながら、家族も養える。そう考えれば、今回の「テレワーク」の普及は、地方にとってよいチャンスとなるはずである。とくに、沖縄県などでは、主な産業が、第一次産業と観光に限られていたが、その構造が変化して、あらたな産業が芽吹く機会となもるはずだ。通信技術の仕事への積極的な導入が、地方経済を活性化するきっかけになるかもしれないのである。

答案例

「テレワーク」とは何か？

「テレワーク」とは、遠距離で離れていても、まるで仕事場にいるように、仕事ができる環境で働くことである。インターネットの発達によって、自宅にいても、職場と同様に仕事できる環境はすでに整えられていたが、過去の慣行もあって、なかなか「テレワーク」は進まなかった。それが 2020 年のコロナ禍における「緊急事態宣言」で、オフィスに行けなくなったため、急速に広がったのである。

地方経済への影響は？

「テレワーク」の普及は、地方経済にとって大きなチャンスとなるはずである。なぜなら、若い世代の地方への移住の垣根が、一挙に低くなるからである。今まで I ターンとか U ターンとか子育て世代の地方居住が進められたが、なかなかう思うようには進まなかったのは「仕事の確保」がネックになったからであった。第一次産業中心で、就業の場が少なく、賃金も安いという状況では、子育てな

どで資金が必要な若い世代が、積極的に地方に集まってくることは期待できない。しかし、地方に居住していても、都会と同じような仕事や賃金が確保できるなら、住居費が高く、自然も少ない都会にしがみつく必要は少ない。住居費が安く自然に恵まれた地方を選び、同じ生活費でも、生活レベルを上げて家族を養える。

オフィスの変身

　オフィスも、従業員が複数集まって作業する意味はなくなるので、スタイルが変わってくるはずだ。今までなら、オフィスは従業員の集合作業スペースという意味合いが強かったのだが、従業員が集まらないなら、むしろ顧客との打ち合わせスペースの意味合いが強くなる。結果として、大空間は不要で居心地のよい小空間で済む。極端なことを言えば、オフィスは専用カフェのような場所に変わるのである。

　とすれば、沖縄県の強みは、さらに活かされるはずだ。今までは、主な産業としては、第一次産業と観光しかなく、日本や世界の経済の影響をもろに受けて、景気も不安定になりがちであった。だが、オフィスの機能がカフェ的になるとすれば、沖縄県の地の利は大きくなり、本社機能を移す企業も出て来るはずだ。実際、最近は日本と大陸のハブとしても注目され、土地の値段が乱高下するなど、バブル状態も起こっているという。

今後の展開

　したがって、行政も、このチャンスを利用して「沖縄経済は第一次産業や観光産業だけではない」と内外にアピールできるはずだ。自然環境のよさと、大陸へのアクセスのよさも相まって、産業やビジネスの拠点としての意味は大きくなっている。かつてのように、観光が主要な経済ファクターとなるのではなく、日本列島と大陸をつなぎ、さらにはその先の世界と結ぶ拠点としての役割が増してくるはずである。

類題をやってみよう

令3・青森県
あなたが考える「暮らしやすい青森県」とはどのようなものか。その実現に向けた課題を挙げ、今後どのような取組を行っていくべきか、述べなさい（90分・1200字）
＊「暮らしやすい」の意味はさまざまだが、経済の発展と考えれば、この項の主題とつながる。

論点ブロック

地方の経済と未来

定義	「地方分権」で国が持っていた権限を地方に移譲した⇒「市町村合併」で地方自治体の数を半減させた⇒財政力を高め、行政サービスを充実させる意図⇒地方経済の活性化につながったか？
背景	地方自治体では国の事務代行が多かった⇒中央が細かいところまで権限を持ち続け、地方の実情に合わせた独自の改革ができにくい＋問題解決能力を失う⇒国からの補助金を目当てに、施策を決めるようになる 市町村合併によって財政力を高め、国家行政の「受け皿」となる⇒国の本音は財政緊縮⇒地方の衰退の背景は、むしろ日本経済の全般的衰退が背景にある⇒人件費が減らされる＋消費は伸びない⇒収入が減り、ものが売れなくなる⇒企業にとっても損失のはず
現状分析	制度だけ変えても、地方の苦境は変わらない⇒都道府県から市町村への権限移譲は進んだ＋地方交付税などが減らされ、財政が極端に厳しい⇒必要な生活インフラの維持すらできなくなった状態
提案・解決	地方経済衰退の解決には「地方分権」だけでは不十分⇒地方への財源移譲をさらに進める＋自主的な解決能力を高める＋通信技術の進展とともに、都市から地方への移住が進む可能性⇒移住のハードルが低くなる施策の必要性

過去問データ

令4・青森県「厚生労働省と警察庁が発表した『令和3年中における自殺の状況』によると、令和3年の青森県における自殺者数は前年から35人増え293人（男性217人、女性76人）で、人口10万人当たりの自殺者数（自殺死亡率）は23.7人と全国で最も多く、また、前年の自殺死亡率からの増加幅は2.9ポイントと全国最大であった。このような状況を改善するため、県としてどのような取組が必要か」

11. 感染症とリスク社会

●知識と理解　コロナ禍は社会経済活動を大きく制限することで一応収束に向かった。だがリスク評価は困難で、バランスをどう取るか、多方面からの検討が必要になる。

●コロナ危機のインパクト

　2020〜22年のCOVID-19通称・新型コロナウイルスの感染拡大は社会に大きなインパクトを与えた。この感染症は2019年冬に中国で発生し、世界全体に広がって、感染者数は約6.9億人、死亡者約690万人という大惨事になった。とくにアメリカの被害は大きく、感染者約1億800万人、死亡者117万人にのぼった。一方、日本では感染者約3,380万人、死亡者7.5万人（以上の数字は2023年9月3日現在）と、感染者数は世界第7位、死者数は20位前後だった。大阪府ではとくに死亡率が高く、一時は看護師の数が足りなくなって、自衛隊に援助要請するなどの事態になった。

●新型コロナワクチンの大規模接種会場には多くの高齢者が集まった

　新型コロナは、インフルエンザや風邪と同様にウイルスによる感染症だが、感染力が強く、しばしば重篤な状態に陥る。そもそもインフルエンザも、1918年の「スペイン風邪」では、全世界で5,000万人以上が亡くなり、第一次世界大戦での死亡者数を上回った。「風邪」だからと軽視できないのである。

　他方で、新型コロナではワクチンも急速に開発された。日本では2023年12月までに69%以上の人が三回目まで接種済みとなり、そのためもあってか、一日の新規感染者数は百数人程度と減少したが、2022年2月2日には、東京で2万人超と最高記録をまた更新し、ドイツの新規感染者数も同日で23.8万人を超えた。これを見ると、行政上の扱いは政府が強い関与をする2類から、医療機関の自律的な対応に任せる5類に変わったとは

知識と理解

言え、まだ完全収束したとは言いかねるのである。

　とくに、当初は確立された治療法がなく、他の病気の薬から転用されて現場で効果があると言われたものを使うしかなかった。筆者の知人も、新型コロナで重症になってICUに入ったが「肺の機能が落ちているので呼吸器を付ける」「アビガンを試す」「自己免疫が暴走したからステロイドで抑える」などと対応が毎日変わり、何度も生命の危機に陥った。結局、命は取り留めたものの、退院後も自宅で酸素吸入が必要になる一方、全身の極度の倦怠感など、後遺症（Long Covid）の症状がひどく、障害者認定を受けるまでになった。このような患者がまだ数万人規模で残されていると言われる。

確立された対策がない

　しかも、ワクチン登場以前は、「手洗いの励行」のほかは、人との「接触機会を減らす」「移動を減らす」など「人流抑制」策しか取れなかった。その結果、社会・経済活動が停止・減少して、大きな混乱が起きた。日本でも2020年4月に当時の安倍首相が「緊急事態宣言」を出して就業・学業などが1ヵ月にわたってストップした。その後も、外出自粛要請などが断続的に続き、結局、2020〜21年の経済活動は大幅に低下して、2007年のリーマン・ショック以上の経済的な打撃になった。

政府の対策の無力

　しかも、この未曾有の災害に対して、政府の施策はことごとく的を外していたように見えた。まず、2020年2月に横浜港に寄港したクルーズ船から感染者が見つかると「水際対策」と称して乗客を隔離したが、数週間して解放された乗客から、さらに感染が広まった。中国からの渡航制限も遅く、他方で、ヨーロッパからの渡航は制限しなかった。全国民にマスクを配ったり「緊急事態宣言」を発出したり、野党から促されて慌てて特別定額給付金を配ったり、と対応は混乱した。

●新型コロナの国内感染者数累計（厚生労働省2023年5月まで）

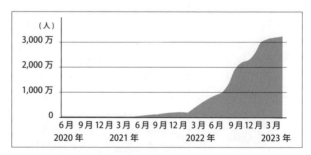

　もっとも、こうした失敗は日本に限らない。とくにアメリカでは当時のトランプ大統領が「コロナ恐るるに足りず」と本格的対

166

策を怠ったために感染拡大し、大統領選挙で敗れる結果にもつながった。日本でも、安倍首相が対策に行き詰まり、「体調不良」を理由に辞任しただけでなく、その後任の菅首相も、コロナ禍でオリンピックを強行して感染数が急上昇した結果、党総裁選に立候補できずに辞任に追い込まれた。

　もちろん、新型コロナ対処が比較的うまく行われたと評価される国も少なくない。たとえば、台湾はIT担当政務委員オードリー・タンの指揮下で多様な対策を打ち出し、早期に新規感染者ゼロに持ち込んだ。また、ニュージーランド首相アーダーンはTVにたびたび出演し、「500万国民の結束」を呼びかけ、厳しい行動制限を実行した。もちろん、これらの諸国もその後に感染者が出ている。ただ、日本政府の方針は「緊急事態宣言」を出して国民の行動変容を促す一方で、ワクチンの輸入を急ぐという方法に終始して、対策として有効だったかどうか、評価が分かれるところだろう。

●原発事故の処理

　実は、政府の「不手際」は、東日本大震災の危機でも見られていた。2011年3月11日、三陸沖を震源地にマグニチュード9の地震が襲い、その後の津波で死者・行方不明者22,303人という大災害になった。ただ政府の対処として問題だったのは、むしろ地震直接の被害より、続いて起こった福島原子力発電所のメルト・ダウンへの方であろう。

　原子炉自体は地震で自動的に停止したのだが、同時に電源も津波で失われたため、ポンプが止まって冷却用の水が不足し、水に覆われているべき炉心が露出して核燃料が溶融し、格納容器も破損して多量の放射能が放出された。コントロールが効かなくなれば、爆発して東日本全域が放射能で汚染され、数千万人が避難せざるを得なくなる可能性もあったという。同様な電源喪失は、2024年1月の能登半島地震の時の志賀原発にも部分的に起こったと言われる。

放射能への恐怖

　幸運なことに、福島原発の場合は爆発には至らなかったが、それでも周囲20kmは避難区域となって立ち入りは禁止され、放射性物質は風雨で国土の5％に拡散し、多くの地域が汚染された。事故の深刻さは1987年のチェルノブイリ事故と同じ「レベル7」で、原子力安全保安院の説明だと、環境に放出された放射性物質は、ヨウ素131がチェルノブイリ事故の1/11、セシウム137が同1/6程度に留まるとされた。汚染された表土を剥いで、

放射能濃度を減らす作業が続けられたが、その汚染土を入れたビニール袋は捨て場がなく、今でも屋外に放置されている。

● 行政の対応への批判

福島原発の対応では、当時の民主党政府は、野党だった自民党から厳しく批判された。だが、コロナ禍や能登半島地震への対応を見れば、自民党政府であれば、危機にうまく対応できたとも思えない。むしろ、民主党政府では、首相が翌日に現地に入って人々の声を聞き、危機に直接対処する姿勢を見せた分だけ、何をやろうとしているか国民に理解できたとも言えそうだ。

そもそも福島原発が津波で全電源喪失に陥る危険は、国会で震災前から指摘されていたのに、当時の安倍晋三首相は「そのような危機は起こりえない」と主張して、対策を取ることを拒んだ。危機が起きたのは、その数年後のことである。

●原発事故による放射能汚染土の処理もまだ不透明である

自然災害の現代的把握

現代は「リスク社会」と言われる。リスクとは「地震」「テロ」「感染症」「洪水」「噴火」など、社会に望ましくない結果をもたらす現象だ。しかし、技術の進歩によって、自然災害にも多少対策できるようになる一方で、社会内部からの問題も多数発生したことで、自然災害も人間側の要因・責任が強調されるようになった。

実際、福島原発事故も原因は巨大地震だったのに、むしろ政府の事故対応に非難が集中した。評論家の佐々淳行は「昔から弱い政権の時には自然災害もよく起きる」と主張をして、当時の政権の「無能力」をアピールした。しかし、このような主張が成り立つところに、「自然災害」も不可抗力ではなく、人為的にコントロールすべきものだと信じられている現状が現れている。

POINT 自然が原因の災害でも、人間が責任を追及される

鉄の四角形

　これは「危機」が「鉄の四角形」の構造によって社会に広まり、影響を与えるからだ。つまり、一般市民の声をメディアがすくい上げ、専門家がコメントして権威づけする。それを、政治・行政が対処すべき問題として取り上げる。その動きが別の一般市民に政府・行政などの責任を気づかせ、不満を持つ。それをまたメディアが取り上げ…という循環になる。現代のような情報社会では、この傾向は極限までスピード・アップする。

リスクを内包した社会

　この批判と追及の構造は、さまざまなリスク要因を内部に抱え込む現代社会をつねに不安定化する契機になる。

●原発「処理水」の海洋投棄で中国から輸入禁止された結果、大量に売れ残ったホタテ貝

　原子力発電も、かつては発電量の 20% を占め（現在は 4.8%）、重要なエネルギー源とされた。だから、事故の可能性を知りつつも存続させたのだが、実際に事故が起こると、それまで隠されていた問題が一挙に露わになった。原発も解体後の廃棄物の捨て場に困るし、そこから出る「処理水」すらも環境汚染と見なされるなど問題を引き起こすことが明らかになったのである。

トレード・オフの関係

　これは所謂トレード・オフ状況と言えよう。あるリスクの確率を下げようとすると新たなリスクを生む。事故を避けようと原発を解体すれば、廃棄物処理に困る。逆に、原発を維持すると事故の危険と共存せねばならず、どちらも選択しにくい。

POINT 👉 一つのリスクの確率を下げる対策が別なリスクを生む

● リスク予防の姿勢

一般に、リスク予防には次の三つの立場がある。

1　リスクが不確実なら対策をとらなくていいとは言えない
2　リスクが不確実でも、予防する措置をとるべきである
3　リスクがないと立証されるまでは禁止されるべきでだ

（ニコラス・ウィーナー『マルチ・リスクにおける予防措置』から）

1はもちろん正しい。「リスクが不確実なら対策をとらなくていい」と逆を考えれば、原発や新型コロナも対策しなくてよいことになるからだ。だからといって、2が正しいとも言い切れない。この立場では、危険が予測されるものはすべて規制されるが、ほとんどの人間活動は危険をはらむので、この対処は厳しすぎる。たとえば、外出禁止をすればコロナ感染も収まるが、経済活動が停止して収入の道が絶たれれば、自殺者も増える。

立証責任は必要か？

3も非現実的だ。具体的には「危険がないと示されるまでは、原発は稼働してはならない」「新型コロナが完全終息するまで外出禁止にすべきだ」となるが、危険がないという立証はできない。流行が収まったように見えても「どこかにウイルスが潜んでいるはずだ」と言いさえすれば、危険は感じられる。

専門家のバイアス

専門家の間でも、リスクの見積もりは一致しない。専門家は自分の専門分野のリスクを低く見積もる傾向があるからだ。これは、専門家が自分の分野について深い知識を持ち、知識を持つと状況をコントロールできるという自信を抱くことが関係している。

●一般市民と専門家の評価
の違い
（危険性を5段階で評価、
1は非常に危険
5は非常に安全）

	遺伝子組み換え	原子力発電
一般市民	2.51	2.17
原子力専門家	3.19	4.04
バイオ専門家	3.74	2.58
電力会社社員	3.13	4.34

たとえば、原子力専門家・電力会社社員は、原子力発電を安全と評価するのに、遺伝子組み換えについては、一般市民と同じく不安視する。他方で、バイオ専門家は遺伝子組み換えをかなり安全とするのに、原子力発電は危険視する。実際、新型コロナ感染症の評価でも専門家の間で対立があり、ある専門家が「安全だ」と評価しても、別の専門家が「まだ危険だ」と言う。その対立を、マスコミやSNSが前者を「御用学者」と批判し、後者を「売名」

と名づけて、さらに煽る。

理解と対策の限界

　このような状況では、不安が着実に積み上がる。コロナ時にも「風邪と同じ！」と言い張る人がいる一方、コレラやペスト並みに怖がり、治療に当たる医療者の家族にも差別的な言辞を投げかける。しかし「正しく怖がる」と言う一方で、経済停滞を恐れて、政府は「GO TO トラベル」などの経済振興策を実施し、オリンピックまで行うのでは、大衆が混乱するのは当然だろう。

安全と安心のはざま

　たしかに、完璧な「安心」を追求しようとすると、コストは大きくなる。リスクがゼロに近づくほど、リスクをさらに軽減するためのコストは飛躍的に増大するからだ。実際、原子力問題においても、国土の5％とも言われる放射能汚染地域をすべて除染して、国民の完璧な「安心」を実現しようとしたら、その費用がどのくらいになるか、見当もつかない。だから、次のような主張も出て来る。

　　行政や専門家はある問題についてのゼロリスク追求が…問題を引き起こしたり、リスクと便益の社会的配分を不公平なものにしてしまうことが予想される…場合には、そのことを明言すべきであろう。…行政や専門家には人々のゼロリスク要求が強い問題について、場合によってはその実現が不可能であることを伝えるネガティヴな情報提供を行う義務がある（中谷内一也「ゼロリスク要求についての領域分類」）。

　とはいえ、危険性を過小評価して対処したため、結果として危機を拡大させ、それを沈静化させるためのコストは更に大きくなる。判断が難しいゆえんである。

●「集団愚考」の危険

　自然災害は人為では防げないとしても、少なくとも、社会組織が自ら危機を発生させたり拡大したりしないことが大切だろう。だが、これも問題がある。なぜなら「よい組織」ほど、後になって落ちついて考えてみれば、明らかに誤った決定を下すことが少なくないからだ。これを集団愚考 (Group Thinking) と言う。

1　集団のまとまりがよい
2　外部からの情報を取り入れない
3　リーダーが支配的で、議論をコントロールする傾向がある

情報社会の状況

このような集団は決定的な判断の誤りを犯しやすい。なぜな

ら、まとまりがよいと、外部から見た異論が受け入れられにくく、自分たちの考えと合う意見だけが選択され、場を支配するからだ。このように、同じような考えを持つ人々だけのコミュニティが形成されると、異質な考えは排除され、自分たちに都合のよい意見だけが採用される。

結果責任の考え方

とくに、行政組織の組織形態は上意下達なので、一般社会よりもまとまりがよく、リーダーシップが発揮されやすい。それだけに「都合のよい情報」しか入らず、対処を間違える可能性がある。集団愚行を起こしやすい状況の中で、どれだけリスクを冷静に判断できるか？　その根拠をどこに求めるか？　対策のコストはどれくらいまで許容できるか？　リスク管理は、民主主義と行政組織双方の機能が問われている問題と言えよう。

不完全な情報の中で、情報公開しつつ、客観的に最大限合理的だと思われる判断をしなければならない。その意味で、行政も政治と同様に、反対意見を不確実な根拠で退けつつ、一定の方向に進まねばならない。結果が悪いと責任を取る必要も出てくる。政治と同様、行政も結果責任を負わされるのである。

 行政も「政治的」な結果責任が伴う

 行政の責任については、ガンの薬イレッサの教訓が大きい。これはガン細胞だけを攻撃する当時新しいタイプの肺ガンの薬で、厚生労働省は患者団体から要請され、早めに認可した。ところが、それを使った患者150名以上が副作用の肺炎で亡くなり、今度は「認可を取り消せ！」と騒ぎになった。しかし、この薬は今でも使われている。治療経験の蓄積から、副作用を防ぎつつ使用する方法が周知され、評価が一変したからである。もし「薬害」と非難された時点で、すぐ認可を取り消していれば、このような好評価は出てこなかったと思われる。

行政が決定を下すと、後から状況が変わってもなかなか元には戻せない。実際、薬剤サリドマイドは多数の障害児を生む原因になったので使用禁止とされたが、その後、多発性骨髄腫に顕著な効果があると分かった。だが、使用禁止が撤回されるまで時間がかかった。行政の対処は、そもそもスピーディにはいかないが、危機管理では「行政は迅速には対処できないが、十分検討・配慮している」というメッセージを送ることが大切になるのである。

11. 感染症とリスク社会

●出題例と研究

令4・和歌山県
コロナ禍で生じた課題を一つ挙げ，その解決のために県が取り組むべき施策について，あなたの考えを述べなさい（90分・1200字）

解説します

緊急事態と経済対策

「緊急事態宣言」は、2020年4月7日に、政府から最初に発出された。人と人との接触を7割ないし8割削減するという行動変容が起これば、2週間ほどで感染をピークアウトさせられる、というアイディアに基づいていた。解除されたのは5月25日。その後も、社会生活・経済活動の制限は続き、2021年は正月明けから3月下旬、4月の連休から6月末まで、7月中旬から9月下旬までと再三発出され、蔓延防止等重点措置も加えると、9月末までの「ふつうの日」は1ヶ月にも満たない。

その間、経済的には108兆円にのぼる対策を行った。実際、個人には一人一律10万円の給付を行うとともに、中小企業には200万円を上限とする「持続化給付金」などの給付が行われた。東京都では、事業を休んだ場合は、2回にわたって50万円の「感染拡大防止金」の給付も行った。さらに、売り上げが50%以上下がった場合には月20万円の給付も行われた。ヨーロッパ在住の友人と話すと、このような現金給付の規模は世界でもトップクラスの支援だという。とはいえ、事業を休止させると経済的な損害は少なくない。知人が経営する会社でも5月の売り上げは前年度の半分以下に落ち込み、持続化給付金の対象となった。もし制度が利用できなかったら、倒産を余儀なくされただろう。

出題例の狙い

この解説では、その緊急事態宣言が解除されて、経済が相当程度の打撃を受けた状況を想定し、どのように経済活動を再開するか、というアイディアにフォーカスしている。これは、緊急事態宣言の発出当初からの問題であり、どのように緊急事態宣言から日常に戻るか、という道筋の問題である。

まず政府が行ったのは、行動変容で人の移動が極端に減って、そのあおりを受けて業績が悪化した観光業・飲食業の支援であった。たとえば、「GO TO トラベル」で旅行代金の最大50%を、「GO TO イート」で食事代の25%を補助するなど、人の移動や消費を促進することで、経済を急回復させようとしたのである。

出題例と研究

政府の政策の効果

　その効果は、かなりあったと言えよう。実際、2020年9月、10月の連休における人出はほぼ例年並みか、それ以上のところもあったと言う。いったん需要が冷え込むとなかなか回復しない。だから、公共投資と同じように、何らかの即効的な政策で、需要を作り出さなければならない。したがって、和歌山県の出題例でも、まず公共的な需要喚起をすべきだと主張すべきであろう。

　もちろん財政的には厳しいかもしれないが、一時的に金を使ったとしても、それが呼び水となって経済が回復すれば、将来的に税収の増加となる、というのはマクロ経済学の基本である。その意味では、地方公共団体としても、何らかの消費喚起を行うべきだし、「GO TO トラベル」などの施策は必ずしも間違っていなかったと考えられる。和歌山県も、国に上積みした施策をすれば、観光業への打撃を緩和できるし、実際、「GO TO トラベル」後も「わかやまリフレッシュプラン」を実施した。

感染対策との両立

　とはいえ、ただ需要喚起すれば、「三密」など人が集まる状況が生まれて、再び感染が拡大しかねない。そこで、県独自の感染防止の基準を決め、飲食店・旅館などで、その基準を厳格に守るところには、設備を揃えるための一定の「協力金」などを給付して、コロナ感染拡大を防ぐ工夫をすべきだろう。もちろん、緊急事態で経営的に弱った事業所には、公的な緊急融資などの制度も用意すべきだろう。

極端なデフレ状態

　別な見方をすると、今回のコロナ禍は、20年以上続いた需要不足・供給過多が、感染症の流行によって倍加された形で出現した状態とも考えられる。マクロ的に見れば、日本の経済政策は、人件費を下げ、企業の税率を下げ、そのぶん、消費税を上げるなどの施策で、個人の犠牲の下に企業の利益を確保してきた面がある。データによれば、国民の平均所得は、ここ20年間で顕著に下がってきた。企業は好況と言われながら、生活実感としては豊かさを実感できない。消費が冷え込むのも当然であろう。その結果、経済が持ち直したはずなのに物は売れず、物価も上がらず、デフレを脱却できなかったのだ。

　そんな中、新型コロナの流行が起こったのだから、経済が立ちゆかなくなるのは当然である。その意味で、今は財政の均衡などは気にしている場合ではなく、個人に金が回るようにすべきであろう。その意味で、一回限りではあったが政府が一人当たり10万円を給付したことは正しい政策と言える。言わば、この現金給付は、経済的な非常時において、実質的なベーシック・インカムの役割を果たしたのである。

この出題例への解答も、この方向をさらに進めるべきであろう。つまり、県民に対して、積極的に現金給付などを行うことで、消費を喚起すべきなのである。そうすれば、経済活動は上向く。一部には「現金給付をしても貯蓄に回るだけ」という主張もあるが、緊急時にはやむを得ない事態だ。数年前からエンゲル係数も上がっていることを鑑みれば、人々の「貧困化」は少しずつ進みつつある、というのが客観的見方だろう。とくに、日本の一人親家庭での相対的貧困率は、OECD 諸国の中の最低で 50% を超えている。このような状態では消費の増大など望むべくもない。一時的にでも、ベーシック・インカムの状態にすべきなのである。

答案例

緊急事態の説明

　最初の「緊急事態宣言」は 2020 年 4 月初めに、人と人との接触を 7 ～ 8 割削減すれば、2 週間ほどで感染がピークアウトする、という予測で行われ、社会生活・経済活動が大幅に制限された。2021 年は 1 月から 3 月、4 月の連休から 6 月、7 月中旬から 9 月までと発出され、「まん延防止等重点措置」も加えると、9 月末までの「ふつうの日」は 1 カ月にも満たなかった。

　ただ、その間、経済的な対策も手厚かった。たとえば、中小企業には 200 万円を上限とする「持続化給付金」、東京都では「感染拡大防止金」も給付した。その後も、売り上げが前年度比 50% 以下の企業には「月次支援金」など、生産者側に対する規模は、世界でもトップクラスだったかもしれない。

問題の狙い

　だが、「緊急事態宣言」は、解除後の方が問題だ。経済が打撃を受けているので、いち早く日常の経済活動に戻さねばならない。そのためには、需要の回復を図るべきだろう。政府が行ったのは、業績が悪化した観光業や飲食業の支援であった。たとえば、「GO TO トラベル」で旅行代金、「GO TO イート」で食事代の一部を補助するなど、移動や消費を促進して経済を回復させようとしたのである。

政府の政策の評価

　その効果は、あったと言えそうだ。実際、2020 年秋の連休における人出は例年並み以上であったと言う。ただ、経済が疲弊したときは、公共投資と同様に、即効的に需要を創り出さねばならない。政府は、野党の批判に応えて、個人に一律 10 万円の「特別定額給付金」を給付したが、その後は条件付き給付

出題例と研究

にしている。これでは、十分な需要喚起はできないだろう。

　和歌山県は財政的にそれほど豊かではないとはいえ、まず需要喚起をすべきだろう。非常時には「財政の均衡」などを気にすべきではない。一時的に金を使っても、それが呼び水となって経済が回復すれば、将来的に税収の増加となる。和歌山県も、政府の施策に上積みして、県内の消費を活性化すべきだろう。

感染対策との両立

　とはいえ、新型コロナが完全終息していない状況では、再び感染が拡大しかねない。そこで、県独自の感染防止の基準を決め、その基準を守るところには資金を援助する。経営的に弱った事業所には低利子の緊急融資も必要だ。

極端なデフレ状態

　そもそも今回のコロナ禍は、慢性的な需要不足・供給過多が、感染症によって倍加された状況だ。日本では、20年に渡り、企業の税率を下げ、消費税を上げるなど、個人の犠牲の下に税収と企業利益を確保してきた。平均所得が下がる状況では経済の低迷も当然だ。その意味で、定額給付金10万円の給付の意味は大きい。和歌山県もこの方向を推し進め、県民にできるだけの経済支援する方向を探るべきである。一律給付は「貯蓄に回るだけ」という批判もあるが、「貧困化」は進んでいる。厳しい状態を上向かせるには、少しでも個人の収入を補填して消費を上向かせるべきなのである。

類題をやってみよう

令3・山梨県
新型コロナウイルス感染症の感染拡大は、人々の働き方や生活様式を大きく変えました。今後、ウィズコロナ、ポストコロナ時代の行政需要に対応するために、山梨県としてどのように取り組むべきか、山梨県が抱える行政課題を一つ以上挙げながら、あなたの考えを述べなさい
＊経済対策と医療のバランスを考えるのは答案例と共通。

令2・青森県
新しい生活様式の下での経済活動について、どうすればよいか（60分，800字）
＊「新しい生活様式の下での…」という記述があるので、「手洗いの励行」「マスクの着用」などの衛生学的な対応も取り入れる必要がある。経済活動については答案例と共通。

論点ブロック

感染症とリスク社会

定義	リスク＝何らかの理由で、社会に望ましくない結果がもたらされる現象、自然災害＋人為的事故 感染症や自然災害でさえも、人間の責任が追及される構造
背景	情報が不確実な中で決定を迫られる＋リスクを抱えながら現代社会が維持されている＋何かを解決することが別の問題を生む（トレード・オフ）＋メディア・専門家などが一体となって、社会問題を構築する
現状分析	新型コロナウイルス感染危機の発生⇒リスクが顕在化⇒メディアの取り上げ方によって問題が拡大⇒強い対処への要求が強まる⇒経済活動低下を心配してためらう政府⇒政府への批判の高まり⇒逐次的に対応する⇒危機をさらに拡大させる⇒政治・行政への信頼感の減退
提案・解決	ハード面での対応はすでに充実している⇒行政の対応についての情報発信能力を高める⇒行政が機能している、という説明につながる⇒信頼感の醸成⇒より効果的な対処が取れる

 過去問データ

令3・千葉県「新型コロナウイルスの感染拡大は、さまざまな分野に影響を及ぼしている。そうした状況下において、自治体行政は、どのような新しい課題を抱えることになったと考えるか。その課題について具体例を挙げながら説明するとともに、これから自治体が取り組むべき対応策について論じなさい」

令3・岐阜県「新型インフルエンザ等対策特別措置法に基づく3回目の緊急事態宣言は、沖縄県を除く9都道府県で6月20日に解除されるが、回を重ねるごとに事態は悪化している。このような状況を踏まえ、本県が重点的に取り組むべきことは何か、あなたの考えを論じなさい」

令3・愛媛県「新型コロナの存在を前提とした『新たな日常』の実現に向けた取組について」

令2・栃木県「緊急事態宣言解除後の社会経済活動の本格化に向けた取組について」

12. エネルギー資源とごみ

●知識と理解

ごみ問題は文明と技術の問題である。精神論や心がけだけでは、資源保全もごみ減少も実現できない。それぞれのごみで性質・対策が違うから、具体的に考えねばならない。

●資源とは何だろう？

資源の定義

　　資源とは、人間の活動、たとえば生活や産業などに役立てられるモノをいう。だから、人間が活動する領域で利用できる材料は全て資源だと言える。たとえば、水や鉱物、森林、水産物などの「天然資源」もあれば、観光の対象となる場所も「観光資源」となり、労働力・技術力を持つ人などは「人的資源」と呼ばれる。資源とは「天然資源」だけではなく、人的資源・経済資源もあるので、何が資源となり得るか、は時代や社会の条件によって違ってくる。たとえば、石油は、現在では「天然資源」の代表格と思われているが、それが資源としてとらえられるようになったのは 20 世紀になってからで、意外にその歴史は新しい。使い方によっては、役に立たないとされた「ごみ」も資源となる可能性があるのである。

POINT 👉 資源＝人間の諸活動に利用できるもの＋時代で変化する

資源は有限である

　　石油が資源とされたのは、それまで使われていた石炭よりも取り扱いやすかったからだが、その石炭も資源と見なされたのは、薪炭＝樹木などの従来の燃料が少なくなってきたからだ。つまり、資源は一般的には有限であり、長期間使えばなくなってしまうと考えられる。

●かつての養蚕器具や当時の家具など「ごみ」とみなされていたものを、東京からの若い移住者がモダンに再生利用して販売する店

薪炭が燃料として使われた頃の日本の森林はかなり伐採され

て、はげ山になっているところが多かったという。実際、江戸時代の浮世絵では、山道のはずなのに樹木はまばらで、地肌が見えている山もある風景がよく描かれる。このような事情は、他の資源でも同じで、今でこそ日本は「資源のない国」と言われるが、かつては佐渡や石見など世界有数の金山や銀山が存在し、「黄金の国」とまで呼ばれていた。それがなくなったのは、掘り尽くされたからである。

エネルギーの重要性

　もちろん、食物も人間が生きていくための「資源」と考えられる。たとえば、米麦などの穀物は、人間が生きていくためのカロリー摂取に利用できる資源だが、それを食べられるところまで育てるには水・土地・肥料が必要になる。だが、肥料には石油由来のものが多く、農業機械を動かすにも石油が必要だ。もし、石油がなく人力で作業するとしたら、現在の人口を養う食料は生産できない。結局、石油が使えなければ食料危機が起こる。石油がない状態で、現在の国土で養える上限は 3,000 万人くらい、つまり江戸時代と同じくらいの人口にすぎない。実は、石油などのエネルギー資源が現代日本の農業を支えているのである。

資源の埋蔵量

　エネルギー資源には、化石エネルギー（石油、石炭、天然ガス）と非化石エネルギーがあり、後者は原子力エネルギーと再生可能エネルギー（太陽光・水力・地熱など）である。化石エネルギーと原子力エネルギーがよく使われているが、その埋蔵量は限られており、近いうちになくなる、とされている。

●世界のエネルギー資源の埋蔵量
（日本原子力文化財団）

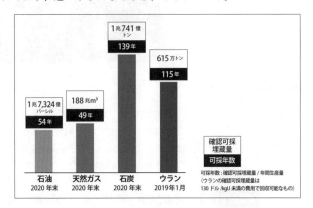

　石油　2020年末　1兆7,324億バーレル　54年
　天然ガス　2020年末　188兆m³　49年
　石炭　2020年末　1兆741億トン　139年
　ウラン　2019年1月　615万トン　115年

確認可採埋蔵量
可採年数

可採年数：確認可採埋蔵量 / 年間生産量
（ウランの確認可採埋蔵量は
130 ドル／kgU 未満の費用で回収可能なもの）

エネルギーは国際化

　使ってもなくならないようにするには、太陽光・水力・地熱など、再生可能エネルギーへの転換をすればいいのだが、再生可能エネルギーは、一般に一度に大きなエネルギーが生み出せないので、なかなか転換が進まない。石炭・石油も、国際的な流

知識と理解

通に頼らなければならない。だから、何らかの理由で流通が妨げられると、生活・産業の全体に大きな影響を及ぼす。たとえば、2022年のロシア軍によるウクライナ侵攻では、ロシアの石油および天然ガスが使えなくなったために、世界的に資源価格が急上昇した。石油はすべての領域に関わっているので、さまざまなものの価格が上がり、木材価格も3、4倍に跳ね上がるウッドショックが起こるなど、大混乱に陥った。つまり、資源問題とは国際問題でもあるのだ。

資源とごみはセット

そもそも人間の活動は、資源を利用して消費や生産を行い、その副産物として、汚染やごみという形で、もう利用できない物質を生み出す、というプロセスとしてとらえることができる。たとえば、水を使って生活汚水を出す、あるいは石油を燃やして熱を利用し、大気汚染や温暖化を引き起こす、さらには、鉱物資源を掘り尽くした後に残土から汚染物質がしみ出す、森林資源を破壊した跡が砂漠化する、などが挙げられる。つまり資源問題はごみ問題とセットにして考えるべきなのである。

●プラスチックごみに絡
まって死んだウミガメ

●ごみ問題とは何か？

ごみ問題の定義

ごみ問題は、いわば固形廃棄物による環境汚染である。かつては自然に任せていた処理を人間の手でコントロールしなければならなくなり、処理・処分地の確保が難しくなって、下記のようなさまざまな問題となって現れた。

 ごみ問題＝処理・処分の困難 ＋資源・エネルギー問題

1 経済発展とともに種類が増え、大量に排出される
2 資源・エネルギーの無駄遣いとなる
3 自然の処理能力を超え、環境汚染が生じる

4　処理するうえで有毒物質が出て、健康被害が生じる

近代以前のごみ

　ごみ問題は、人間が集団生活を始めたときからあった。考古学で言う「貝塚」などは、いわば古代のごみ捨て場である。しかし、人口が集中すると、ごみの量は急激に増える。だから都市では、ごみの処理は緊急の問題になる。

汚かった都市

　近代以前のヨーロッパでは道がごみ捨て場になり、悪臭を放った。ペストも、ごみに集まったネズミから感染が広まったといわれている。パリの街路を歩くときは、道路にたまった腐敗物に足を取られないようにせねばならなかったが、国王がお忍びで歩いて滑って頭を打ち、死亡したという事件もあった。何度もごみ捨て禁止令が出たが無駄に終わり、19世紀になって不衛生だと主張されたことで、はじめてごみ箱が市によって設置されるという有様だった。

日本の近代以前

　日本でごみが問題化されるようになったのは、江戸時代からだ。とくに江戸は人口が百万人を超えて、世界一の規模であったため、日本橋近辺では、幕府の指定したごみ業者が定期的に回収して、深川や永代島などの埋め立て地に運んでいた。

近代化と高度成長

　明治になると、さらにごみの量が増えたが、多くは庭に穴を掘って埋めたり焼いたりなど自家処理が中心だった。ごみ問題が、本格的に近代行政の問題として出てきたのは、高度成長期の急激な経済発展とともに、ごみの量が飛躍的に増えてからである。生活も使い捨て中心になってごみの質も変わり、産業廃棄物や工業製品も飛躍的に増えた。

経済発展はごみを作る

　現在の経済は大量生産・大量消費によって成り立っており、地球の資源を急速にごみに変えることで繁栄するシステムになっている。だから経済が発展するとごみが増え、逆に不況になると減少する。

POINT　ごみ問題の深刻さ➡経済のシステムと関係する

　日本経済は縮小しつつあるので、現在はごみの量は比較的落ち着いていると言われる。しかし経済が回復すれば、同じ問題が蒸し返される。だからごみ問題とは、単に処理をどうするか、だけではなく、どうしたら循環型社会を確立できるかという問題なのだ。

●ごみの分別

　ごみの種類は、家庭からの廃棄物と産業廃棄物に分かれる。

前者は衣食住と関連するため、生活の構造に影響される。途上国では、家庭からのごみはほとんど野菜・衣料などの有機物で、それも徹底利用されるため量は少ない。

生活習慣とごみ

それに対して、先進国では効率が重視され、家庭の作業が機械化・外部化されるとともに、浪費型の生活習慣になる。たとえば、衣料は流行とともに捨てられるし、食料も半製品化が進んで缶詰、包装などが多くなる。それを反映して、プラスチック・金属などのごみが増える。産業廃棄物は、使われなかった原料、時代遅れになった機械、使い捨ての医療廃棄物、工事現場の廃材などだ。好況で設備投資・更新も盛んになると、これらのごみは増大する。

●ごみ処理の方式
九都県市廃棄物問題検討委員会 HP より

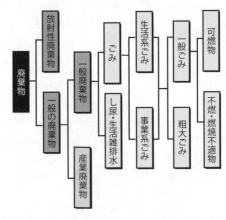

プラスチックごみ

生活ごみの中では、プラスチックごみが全体量の 10% を超す。かつては、焼くと高熱を発するので焼却炉を傷めると言われたが、現在では問題ない。それどころか、生ごみだけではよく燃えないので、わざとプラスチックごみを混ぜる場合もある。むしろ、最近問題化されるのは、廃棄された漁業用網などのプラスチックごみである。海洋生物が絡まって死亡するなどの被害が増えている。

飲料容器と粗大ごみ

一方、飲料容器はアルミ、スチール缶あわせて約 400 億缶と、日本の使用量は突出している。これらは路上や海岸に「ポイ捨て」されているものもある。処理が困難な粗大ごみも急激に増えている。廃棄自動車は年間 350 万台弱。スクラップ価格は低迷し、廃タイヤのリサイクルも進まない。処分には多額の費用がかかるので、地方では放置自動車が増えている。

医療廃棄物・核廃棄物

医療廃棄物も問題だ。使用済みの注射器には、病原菌やウイルスが付着して感染の可能性もある。病院では、処理業者との契約を結

んで医療廃棄物を処理しなければならない。さらには、原発などの放射性廃棄物は、ガラス状の固体にして地下の最終処分場に置くのだが、その場所はまだ決まっていない。

●どう処理されるのか？

収集と運搬

　ごみの収集と運搬は、近代以前は都会の貧困層によって担われ、ヨーロッパの大都市では、ごみ収集人たちの組合が結成され、夜中から朝に街路を歩いて金目のものを集め、衣料は古着や紙の材料、有機物や汚泥は農業の肥料として活用された。しかし、近代以降、衛生上の理由から行政が収集を担うようになった。ただ、収集のコストが財政を圧迫した。実際、19世紀パリではいったんは市当局がごみ収集を担当したものの、コストが市の予算の半分を超えたため、数年後に廃止。実際、一般廃棄物の場合、収集・運搬コストは全処理コストの70%を超える。とくにごみの分別収集が行われると、このプロセスはますます煩雑になる。

最終処分

　ごみの処理は、焼却・リサイクルなどの中間処理を経て、埋め立てなど最終処理に至る。海洋投棄も行われているが、福島原発の放射能汚染された水、など投棄物は限定されている。特に産業廃棄物は量が多いだけに、処理場の場所の確保が大変だ。

処理場の区分

　現在の処理場は埋め立てる廃棄物の性質に応じて、遮断型・安定型・管理型などがある。遮断型はコンクリート製の仕切で外部の水環境と完全に遮断されている。有害廃棄物はこのタイプでのみ処分できる。管理型は、外部の水が入り込まない構造にして、埋め立て地から発生した水は集めて処理をする。安定型は廃棄物の物性が安定している建設廃材・ガラスくず・プラスチックに限定されている。

場所不足のトラブル

　だが、最終処分場はどこの自治体でも逼迫している。ごみはどこかに捨てねばならないが、その場所が不足しているのでトラブルが絶えない。とくに問題なのが、ごみを出した側とそれを処分する側とのギャップである。一般にごみを出す側は大都市およびその周辺であり、それを受け入れるのは、土地が豊富に存在する地方という構図ができあがっている。

POINT ☞ 処理する場所の不足➡都市と地方の利害対立

ごみは局地的

　環境問題は全世界に広がるのに対して、ごみ問題の影響は局地的だ。都会から出たごみは地方に運ばれるが、環境に対する影響は処理場の周辺にとどまり、都会には関係してこない。従っ

非難の応酬

て被害者の状況は、ごみを出した加害者には分かりにくい。ごみを出した加害者の側が被害を受けないので、自分に見えないところで処理される限りは、無視できる。ごみ処理は自分の近所にさえなければいいという態度になりやすいのだ。

　都市側にしてみれば、どこかでごみは処理されねばならないのだから、処理場を経済性の高い都市部に置くわけにはいかなず、人口密度の低い地方に置くべきであり、それを拒否する地方は利己的だと非難する。それに対して、地方側では、経済的に潤うので処理場を受け入れる動きが出てくる一方、自分たちの出したごみを自前で処理しない都市側こそおかしいという反発もある。ごみ問題は住民の利害がぶつかりやすい問題といえるだろう。

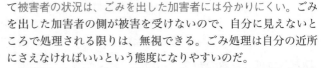

都市 ⇔ 地方　　互いに非難

　これが極端な形で表れるのが「核のごみ」高レベル放射性廃棄物の最終処分場である。原発などから出た放射性廃棄物は固体化して、固い地盤の地下 300m に置かねばならないが、人口減少に悩む過疎地がその候補として名乗りを上げる。目当ては「調査費」の 20 億円である。2020 年には、北海道の寿都町（すっつちょう）と神恵内村（かもえないむら）が立候補した。後者は泊原発が近く反対論は少ないが、近くに火山があって適地とは言えない。前者は、町民の激しい反対運動が起こって町を二分している。

 ●具体的な取組は？

原理と方法

　ごみを減らすには、産業・生活の方向を変えるとともに、資源の活用・再利用に取り組まねばならない。次の四つの方法が考えられる。

●リデュース (reduce)- 消費を減らす

消費とエネルギーの抑制

　資源・エネルギーの消費を減らし、節約する。たとえば自動車に乗らないで鉄道を利用すると、石油消費を抑制すると同時に、廃棄自動車の量が減る。買った物を最後まで使い切る、不要なものは買わないなど、家庭での工夫もできる。ただ消費を減らすことは、同時に商品が売れず、経済が停滞することも意味する。だからリデュースと同時に、代替産業を創出しなければならない。

●リサイクル (recycle)- 新しい商品に作り替える

リサイクルは作り替え

　使い古したものを、燃料や新しい製品に作り替える。たとえばプラスチックから石油を作る、ガラス瓶を細かくして道路の舗

装に使う。古紙から新聞紙・トイレットペーパーを作るなどである。

●リユース (reuse)- そのまま再利用する

そのまま使う

　ごみを補修・修理して使用する。自動車や電気製品など廃品でも使えるものは多い。部品を再利用し、新品を作ることもできる。電気製品の部品を新品に組み込むこともできる。ただし、リユース製品は人件費がかかって意外に高くなる。

●リニューアル (renewal)- 同じ資源を何度でも使う

なくならない資源を使う

　太陽光、地熱、風力などいつまでもなくならない資源を使う。たとえば、太陽光発電、地熱発電、風力発電などである。また、一度使った熱を利用して暖房・冷房を行うこともいう。豪雪地帯で冬の積雪を利用して冷房をする、というアイディアもある。ただし、これで現在必要なエネルギーをまかなえるかどうかは疑問だ。そもそも、こういうものだけではまかなえないから化石燃料という過去に蓄積されたエネルギーを利用しているのである。

プラスチックごみのリサイクル?

　だが、以上を実行するには多くの困難がある。リサイクルは進んでいるようだが、さまざまな問題があり、額面通りの処理になっているかどうか必ずしも信用はできない。実際、プラスチックごみは、日本では年間824万tほどあるが、その87%が「有効利用」されていると言われる。一見、うまくリサイクルされているようだが、その内訳を見ると「サーマルリサイクル」が62%である。

陸上から海洋に流出した
プラスチックごみ発生量

①位	中国	353 万 t/年
②位	インドネシア	129 万 t/年
③位	フィリピン	75 万 t/年
④位	ベトナム	73 万 t/年
⑤位	スリランカ	64 万 t/年
⑳位	アメリカ	11 万 t/年
㉚位	日本	6 万 t/年

（2010 年推計）　※推計量の最大値を記載
2018 年 環境省「海洋プラスチック問題について」

日本のプラスチックごみ　824 万 t

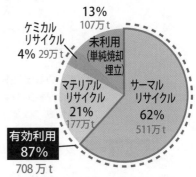

（2021 年）　プラスチック循環利用協会

　「サーマル・リサイクル」とは、焼却して熱を利用する方法である。たとえば、ごみを焼却して水を熱し、それを地域の暖房に使うというやり方だ。モノをもう一度使うのではないから、本当は「リサイクル」ではない。欧米では「サーマルリカバリー」

と呼ばれているのだが、和製英語にして「リサイクル」という印象操作をしているだけなのだ。

さらに「輸出」は途上国などにプラスチックごみを輸出して「再利用」してもらう（中国は2017年末に輸入規制した）。たとえば、プラスチックごみから燃料をつくることなどである。資源利用としてはよさそうだが、前頁の表を見れば、海洋に流出したプラスチックごみの量が多いのもこれら途上国である。「再利用」という名目で輸出したが、実際に再利用されず、そのまま廃棄されているのではないか、と疑念を抱かせる。再処理過程も、ドキュメンタリー映画『プラスチック・チャイナ』などで描かれたように、違法な児童労働で担われる場合も少なくないかもしれない。

リサイクルは可能か？

そもそも、リサイクルはさまざまな問題があって、なかなかうまく行かない。たとえば、古紙の利用は昔から行われていて、段ボールや雑誌は80〜90%が再生紙、また紙箱を作る板紙の80%、新聞紙の50%も古紙でできている。専門業者がいて回収システムも完備していた。ところが、1990年以降、パルプ材が安く輸入される一方、環境意識も高まって自治体も紙を回収し始めたために値段が下がり、業者の倒産が相次いだ。たしかに回収率は上がったが、古紙利用率は60%程度にとどまり10%程度上がっただけである。

技術と費用のかねあい

これには技術上の問題が大きい。再生紙の原料に占める古紙の割合を上げると破れやすくなる。今までと同様の使い方をするには、新しい技術が必要になる。その分の費用を考えれば、パルプ材を使った方が安上がりだ。紙の原料は先進国の製紙会社が植林している森林であり、紙をリサイクルしても熱帯雨林の保存にはならない。伐採・植林を繰り返せばいいのだから、紙は、いわば数少ない再生可能資源であり、安定的に消費した方が、ある程度森林の手入れにもなる。リサイクルだけが環境をよくする活動ではないのだ。

POINT リサイクルの成功＝有効な技術 ＋費用とのバランス

逆に、スチール缶などに使う鉄は、リサイクルに有利なので、システムが整備されている。分別収集を徹底して、それを資源化施設でプレスし、鉄鋼メーカーが溶かして利用し、鉄の薄板などにする。このように、スチール缶などはシステムがうまくいっているが、プラスチックなどはコストに見合わない。ごみをリサイクルして資源に変えるのは簡単ではないのである。

> 令2・神戸市
> 「食品ロス削減推進法」が令和元年10月に施行された。各自治体は
> 食品ロス削減について知識の普及や啓発活動を行うこととされている。
> そこで、生産、販売や消費の段階においてまだ食べられる食品が廃棄
> されないようにするためには、どのような取組が必要か、具体的な対
> 策を提案しなさい。（60分・1000〜1500字）

解説します

法律の目的と趣旨

　「食品ロス削減推進法」は2015年の国連総会決議「持続可能
な開発のための2030アジェンダ」に対応する。注目すべきは「持
続可能」という表現が入っていることだ。日本は、食料を大量に
輸入に依存しているのに「まだ食べることができる食品が大量に
廃棄」されるのは、世界に存在する栄養不足の人々をさらに収
奪することになり、「持続不可能」と思われているのだ。

　そのためには、①国民各層がそれぞれの立場において主体的にこの
課題に取り組み、社会全体として対応していくよう、食べ物を無駄に
しない意識の醸成とその定着を図っていくこと、②まだ食べることが
できる食品については、廃棄することなく、できるだけ食品として活
用するようにしていくこと、などが法律には書かれている。

問題点

　たしかに、この目的と趣旨には誰も異存はないだろう。食品ロ
スが減れば、間接的に栄養不足の途上国の人々を助けることに
なる、という論理も理解できる。ただ、問題なのは、そのために、
どのような具体的方法がとれるか、ということだろう。それに対
して、法律では「意識の醸成とその定着を図る」ことが強調され、
具体的な方策も例として出ているが、その方法は「食品ロス削
減月間」を定めたり、啓発運動を促進したり、食品ロス削減に
功績があった者の顕彰をしたり、とやや茫漠としている。

他国との比較

　「環境問題」系では、欧米の国々の対処が進んでいると言われ
る。たとえば、フランスでは、一定以上の規模のスーパーマーケッ
トでは「賞味期限」を過ぎた食品の廃棄を禁止し、慈善団体へ
の寄付や飼料への転用などを義務づけ、違反した場合は罰則も
ある。ただ、寄付された食品の品質管理への懸念は残り、制裁
も不十分と言われている。そこで、アメリカでは食品の寄付によ
る被害に関しては、故意や過失がなければ、法的責任を問わな
いとする法律を制定しているという。ただ、品質管理を免責とす

出題例と研究

るのは他の法律との兼ね合いが難しい。

意識醸成の効果？

そこで、この法律では意識の醸成と啓発のための「国民運動」と位置づけて、政府は、食品ロスの削減の推進に関する基本方針を閣議決定し、都道府県・市町村が、基本方針を踏まえて食品ロス削減推進計画を策定する形になっている。言葉は悪いが、具体的な方策は都道府県・市町村に「丸投げ」しているのである。設問が「提案しなさい」という命令口調になっているのは、受験者にさらに「下請け」に出している、という見方もできる。

そもそも「意識の醸成と啓発」は、直接的効果が得られにくく、成果を出すには時間がかかる。そうしている内に問題の前提条件が変わってくる。実際、日本では急速な円安と物価高が進む中、将来、食料を十分輸入できない状況が想定されている。それを見越して、農林水産省では、日本全体で必要なカロリーを確保するために、イモ増産の計画を発表した。食品ロスどころか、食品不足が予想されているのである。そうなれば、日本人が栄養不足の人々から食料を収奪することもなくなるので、地球全体としてはよいことなのだが…。

具体的施策は？

具体的対処は、消費者と生産者、あるいは流通業者のそれぞれで異なるだろう。まず、消費者には家庭内のことなので「配慮してもらう」しかない。そのためには宣伝や啓発も必要だ。たとえば、「フードバンク活動」に従事するNPOを共同して、どんな食品が余剰なのか、寄付や無料提供などの情報サイトをつくるのも有効だろう。それを利用して「子ども食堂」などの消費につなげられるかもしれない。

次に、生産者は見込みで生産し、それが外れると大量の売れ残りが発生する。現在では、廃棄して価格を維持するのだが、もし、それを「寄付せよ」と強制すると、さらに価格は低下し、寄付のための移動など余計なコストもかかる。これでは、ルールを制定しても、守られない。水産物などの場合は、商品になる魚は一部に過ぎないので、それ以外の魚は流通過程に乗らない。そういう魚の食べ方を啓蒙できれば、港で廃棄されていた大量の未利用魚を食品に転化できる。

最後に、流通面を考えると「賞味期限切れ」食品も食べられないわけではない。そこで、安い価格で販売して、問題が起こっても「免責」にするルールを作れれば、需要につなげられよう。ただ、日本のような高温多湿の気候では食品管理は欧米より難しくなる。

いずれにしろ「具体的な方策」には、さまざまな方面との協働と細

かい検討が必要になる。答案では、施策の例を出せば良い。その実現可能性を細かく検討しなくても、多少の裏付けがあれば、アイディアとしては成立するのである。

答案例

法律の目的と趣旨

　「食品ロス削減推進法」は国連総会決議「持続可能な開発のための2030アジェンダ」と対応した内容になっている。とくに日本では、食料を大量に輸入に依存しているのに「まだ食べられる食品が大量に廃棄」される。これは、世界に多数存在する栄養不足の人々をさらに収奪することになりかねず、「持続不可能」だ。「持続可能」にするために、国民が主体的にこの課題に取り組み、食べ物を無駄にしない意識を醸成し、まだ食べられる食品は、できるだけ活用すべきとされている。

問題点

　ただ、法律では「意識」の醸成と定着が強調されるが、具体的な例はやや心許ない。「食品ロス削減月間」を定めたり、啓発運動を促進したり、食品ロス削減に功績があった者の顕彰をしたり、と対策は間接的だ。実際、法律では意識の醸成と啓発のための「国民運動」と位置づけ、政府は、食品ロス削減推進に関する基本方針を閣議決定し、都道府県・市町村が、基本方針を踏まえて食品ロス削減推進計画を策定するとなっている。言わば、具体的な方策は都道府県・市町村に「丸投げ」しているのである。

意識醸成の効果？

　ただ「意識の醸成と啓発」だけでは、直接的効果が得られにくいし、成果を出すにも時間がかかる。そうしている内に問題の前提条件が変わることすらある。実際、日本では急速な円安と物価高が進む中、将来、食料を十分輸入できない状況も想定される。農林水産省でも、食品不足という将来を見越して、日本全体で必要なカロリーを確保するために、イモ増産の計画をしているらしい。もちろん、そうなれば、日本人が栄養不足の人々から食料を収奪する事態もなくなるので、地球全体としては問題が解決するだろう。

具体的施策は？

　「食品ロス削減」の具体的対処は、消費者と生産者、あるいは流通業者で異なるだろう。まず、消費者については家庭内のことなので「配慮してもらう」しかない。そのためには宣伝や情報提供も必要になる。「フードバンク活動」に従事するNPOと共同して、どんな食品が今余剰なのか、寄付や無料提供など

の情報サイトをつくったり、余った食品を「子ども食堂」など食品を提供する場と連携して活用したりすることも考えられる。

一方、生産者は見込みで生産し、それがはずれると大量の売れ残りが発生する。現在では、廃棄して価格を維持するのだが、もし、それを「寄付せよ」と強制すると、さらに価格は下がりかねない。これでは、ルールを制定しても、なかなか守られないことになろう。ただ、水産物などの場合は、商品になる魚は一部に過ぎず、それ以外の未利用魚は流通過程に乗らないという事情がある。そういう魚の食べ方を知らしめれば、生産段階で廃棄されていた大量の資源を食品に転化できる。流通段階では、それを加工したり「賞味期限切れ」食品を安い価格にしたりできれば、需要につなげられる。

たとえば、フランスでは、一定以上の規模のスーパーマーケットでは「賞味期限」を過ぎた食品の廃棄を禁止し、慈善団体への寄付や飼料への転用などを義務づけ、違反した場合は罰則もあるらしい。他方、アメリカでは食品の寄付による被害に関しては、故意や過失がなければ、法的責任を問わないとする法律を制定しているという。いずれにしろ、さまざまな方面と協働して、生産者や流通業者がやりやすくなる「具体的な方策」を考える必要があろう。

類題をやってみよう

令元・広島市

広島市におけるごみ排出量は、平成13年度以降減少傾向にあったが、平成23年度からおおむね横ばいの状況にあることから、本市はリサイクルの推進や食品ロスの削減等に取り組んでいる。こうした状況の背景を考察した上で、本市としてごみの減量化を推進するためにどのような取組を行うことが有効か、あなたの意見を述べよ

（60分・1000字程度）

＊「ごみ排出量」が減少したのは、市民のゴミに対する意識がしだいに高まったことで、多少状態が改善されてきた具体的成果だとも考えられる。しかし、平成23年度から、それが「横ばい」になったのは、それが次のフェーズに入ったことを表す。たんに市民の意識を高めるだけでなく、多方面と協力しつつ、具体的な工夫をすることで、「ごみ排出量」をさらに減らさなければな

らなくなったのである。その意味で、答案例で示した、消費者・
生産者・流通それぞれの場合に合わせたさまざまなアイディア
を出す方向は、この問題を書く際にも参考になるはずである。

エネルギー資源とごみ

定義	ごみ問題＝処理・処分の困難と資源・エネルギー問題の合体 1 種類が増え、大量に排出される 2 資源・エネルギーの無駄遣い 3 自然の処理能力を超え、環境汚染を生じる 4 処理するうえで有毒物質が出る⇒環境ホルモンが注目されている
背景	大量生産・大量消費の経済⇒ごみの量が飛躍的に増えた 人員と時間を節約⇒資源、エネルギーを大量消費する社会構造
現状分析	家庭からの廃棄物⇒生活習慣の問題 産業廃棄物⇒経済が好況⇒設備投資、更新も盛ん⇒増大する 廃棄物の種類によって、処理の仕方が異なる⇒それぞれの例について具体的知識を蓄積・単にリサイクルを唱えるだけでは無意味
提案・解決	循環型社会の確立⇒材料別に有効な対策を立てる リサイクルの成功＝有効な技術＋費用とのバランス

過去問データ

平 29・特別区「近年、放置されたまま老朽化が進行する空き家
が全国的に増加し、都市部においても空き家の更なる増加が懸
念されている。増加する空き家は、景観の悪化、地域の治安や
防災機能の低下など、周辺地域にさまざまな問題を引き起こして
いる。一方で、空き家を地域課題の解決や地域コミュニティの活
性化に活用していこうという取組も始まっている。このような状
況を踏まえ、地域の安全や活力に影響を及ぼす空き家問題につ
いて、どのように取り組むべきか、あなたの考えを論じなさい」
平成 25 年・大阪市「いわゆるごみ屋敷の解決のために、住民の
立場・行政の立場からどう対処すべきか。それぞれの立場から
記述せよ」

13. 国際化と移民社会

●知識と理解　国際化には利益と問題の両面がある。労働力不足を補うため入ってきた外国人労働者が社会に包含されるからだからだ。すでに移民社会なのに、対策が遅れている。

●現場からの告発

外国人労働者の位牌

　東京タワーのすぐ近く、十数階建てのビルの浄土真宗寺院「日新窟」は在日ベトナム人の位牌が集まる寺である。先代の住職が 50 年にわたってベトナムとの交流をしてきた縁で、在日ベトナム人の葬儀などを引き受けてきたという。

　中に入ると、お堂の横の小さな部屋に白木の位牌が置いてある。その数は 100 近くもある。ロッカーには骨壺もしまってある。2017 年に千葉県で日本人同級生の親に殺害された小学三年生ニャット・リンちゃんの写真も掲げられている。この寺で、彼女の葬儀を行った、という。

●寺院「日新窟」で祈るベトナム人尼僧

　「亡くなった人の大部分は、20 代から 30 代の若い人々が多いんです。慣れない環境で頑張って勉強したり働いたりして体調を崩して突然死することが多いのです」とベトナム人尼僧が説明する。水子の位牌も多い。技能実習生は、妊娠・出産すると就業先から帰国を迫られることも多く、しかたなく妊娠中絶することが多いからだという。

　コロナ禍でやや人数は減ったとはいえ、ベトナムから来る人は多い。それに、ベトナム人は真面目でよく働くと評判がよい。野菜産地などでは、収穫時期に大量の人手が必要になるが、賃金が低いので、募集してもなかなか労働者は集まらない。そこで「技能実習制度」を利用して、外国人労働者を確保しているのである。人手が足りないので、現場では「実習生の奪い合い」という現象まで起きていたという。

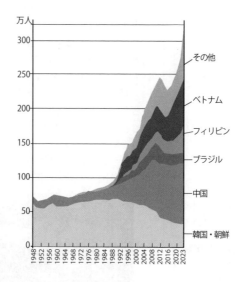

●在留外国人（登録外国人）
数の推移
法務局「在留外国人統計」
より

（グラフ内ラベル）
万人
300
250
200
150
100
50
0

その他
ベトナム
フィリピン
ブラジル
中国
韓国・朝鮮

1948 1952 1956 1960 1964 1968 1972 1976 1980 1984 1988 1992 1996 2000 2004 2008 2012 2016 2020 2023

制度と現実の乖離

　本来、「技能実習・研修」とは、日本の進んだ産業技術を途上国に移転するために、３年（現在は５年）を限度に日本の産業現場で働ける制度だった。単純労働させても技術は習得できない。それなのに、その制度の趣旨を曲げて、低賃金で経営側にとって都合のよい労働力として扱う。実際、就業先ではパスポートを取り上げられ、自由行動が許されなかったり、賃金が極端に安かったり、働き先も簡単には変えられなかったり、雇い主から暴行・ハラスメントを受けたり、など労働環境も劣悪である。そのため、2022年には9,006人もの人が失踪している。

　これでは制度を悪用して低賃金労働者を搾取していると非難されても仕方ない。国際機関からは、「技能実習制度」は「人権侵害が疑われる」と批判され、マスコミからは「現代の奴隷制度」とまで揶揄される。2010〜17年の８年間では174人、2018〜19年は98人が死亡している。政府も制度の問題点を認めて制度を廃止しようとしているが、状況が好転するかは不明である。

グローバル化と国際化

　グローバル化では、国家の境界を越えて、地球規模で複数のヒト・カネ・モノが移動する。ただ、モノ・カネと違って、ヒトには「生老病死」という特有の条件がある。生きていれば病気になるし、時には死亡もする。だから、ヒトを雇おうとするなら、きちんとケアできる体制を整えなければならないはずだ。それをしないままに、労働力だけ補充すればいいという施策では「働

13. 国際化と移民社会

193

きに来てもよいけど、歓迎されると思うなよ」というメッセージを出すのと同じことだ。国際的な非難を受けるのは当然だろう。

　しかも、日本は少子化とともに労働人口がさらに減っていく。円安の中で外国人労働者に劣悪な扱いをすると、日本で働きたい人の数が減りかねない。実際、ベトナム人縫製労働者は、韓国の月収が26万円と日本よりも10万円多いので、韓国で働くことを望むという。2019年海外駐在員の「働きたい国ランキング」でも、日本は33カ国中32位で、「定着の容易さ」「ワークライフバランス」「収入」では最下位だった。もちろん、これは一般労働者ではないが、日本の労働状況が良くないと周知されれば、将来、外国人労働力は得られなくなる。

●代々木公園で行われるインドネシアフェスティバル。インドネシアから日本に働きに来た人々が大勢集まり、屋台の料理やイベントを楽しむ

●国際化という問題

　これは、日本が、「国際化」にうまく対応できていない事態の表れだろう。国際化とは、ある国の社会と外国人・外国社会が出会うことから生じる、さまざまな問題である。「グローバル化」が、地球が一体化する利点を強調するのに対して、「国際化」とは、その状況が今まで続いてきた主権国家の枠組みと衝突する点に注目した表現だ。たとえば、多数の外国人労働者が流入すれば、「外国人に仕事を取られる」とか「外国人を搾取する」という摩擦が起きるし、海外旅行で日本人が外国に多数出国すれば「犯罪に巻き込まれる」という問題も起こる。当然、地方自治体や政府も対処を迫られることになる。

国際貢献との違い

　「国際化」という言葉はポジティヴな意味で使われやすいが、それは国際貢献のイメージがあるからだろう。国際貢献は、外国・外国人に日本の立場から役立つことをする政策的な交流である。たとえば、国際会議を開いたり留学生を受け入れたり途上国に援助を行ったり、日本人と外国人の交流を深め、他文化への理解を深める。しかし、国際化は、グローバル化によって、自国の

社会が否応なく変質する問題に対処することなのだ。

POINT グローバル化＝国境を越えた文化・経済の浸透・交流
国際化＝それに伴って起こる日本社会での問題

外国人とは？

　もちろん、外国人が日本社会に住むだけなら、国際化は、目新しいことではない。なぜなら、そもそも日本列島は中国・朝鮮半島との交流が深く、旧植民地であった韓国・朝鮮の人々も多数定住しているからだ。これらの Old Comers は、一定の経済的地位を築き、すでに日本社会の不可欠な一部になっている。

　しかし、1980 年代以降、これら三国以外の途上国の労働者が多数流入するようになった。一時期多かった南米の日系人は減ったが、東南アジアを中心に「技能研修生」が多くなった。さらに、中近東などの不安定な政治情勢から逃れて、難民として来た人々もいる。これらを New Comers という。前々頁のグラフを見れば、韓国・朝鮮などの Old Comers は 1996 年頃から減少傾向にあるのに対して、ブラジル人が 2008 年頃まで増えて、その後はアジアからの登録者が増えている。

外国人＝ Old Comers ＋ New Comers

　これら New Comers と Old Comers は「外国人」と一括りにされるが、抱えている問題は必ずしも同一ではない。

Old Comers の状況

　たとえば、韓国・朝鮮の人々は、戦後日本を占領した米軍が、一方で戦勝国民とし、他方で日本人と同じ扱いをしたために微妙な立場に置かれた。つまり、日本政府は日本人と同じく納税義務を課す一方で、外国人なので選挙権・被選挙権を認めないという矛盾した処置をとった。福祉についても国籍条項を盾にさまざまな差別が行われた。

行政上の差別の撤廃

　このような差別が撤廃されはじめたのは 1970 年代からである。たとえば、川崎市では、在日韓国・朝鮮人の団体が市に申し入れ、日本国籍を持たないと市営住宅に入居できない等の規定を撤廃させた。さらに国民健康保険への加入権など、日本国籍を持つ人と同様な行政的扱いを受けるようになった。

定住から発言へ

　実際、これらの人々は韓国・朝鮮籍を保持しつつも、日本社会に数世代にわたって定住し、日本語しか話せない人々も少なくない。当然、彼らは政治的・経済的・社会的な主体として発言力を増したいと願うようになる。

13. 国際化と移民社会

知識と理解

New Comers の状況

それに対して、New Comers は出稼ぎ志向が強かった。日本で働けば金が稼げ、故郷に戻って豊かな暮らしができる。かつては、日本で数年働けば、ブラジルでスーパーマーケットを持てるといわれた。それでも、彼らも在日年数が多くなるにつれて、さまざまな問題に直面するようになった。

教育での問題

たとえば、日本語能力が不足するため、行政情報やサービスが十分受けられない。子どもが日本語による授業についていけず、小学校で約 16%、中学校では約 40% が不登校になる。もちろん学校側が外国人子弟を差別するわけではないが、教育機会は平等だからと済ませられない。教育が受けられないと世代が変わっても経済的に上昇できず、最下層として固定させられ、さらなる不平等を生み出す。これでは社会は不安定化しかねない。

フランスの失敗？

フランスでは、banlieue（バンリュー）と言われる郊外に、アフリカ系移民の子孫が住んでいる。もともと低所得者に良質の住居を提供する意図だったがスラム化したため、住民に対する就業差別も行われ、失業率も犯罪率も高い。2005 年 10 月には、北アフリカ出身の若者が警察に追われて変電所に逃げ込んで感電死し、これをきっかけにフランス全土で暴動が起こり、車や住居が放火された。フランスは、1960 年代の高度成長時に 100 万人規模で移民を受け入れたが、暴動には、その二世・三世たちが多数加わったと言われる。社会学者によれば、これはフランス社会の不寛容の結果だとされる。2018 年に起こった暴動（後の「黄色ベスト運動」）も矛盾が深まったことが原因の一つと言われる。

●日本社会の対応

日本の対応は、フランス以上に拙劣かもしれない。労働力不足を心配して、積極的に移民を受け入れようとする一方「移民政策をとるつもりはない」と言い続けるなど矛盾した対応が続く。

●名古屋入管施設で亡くなったウィシュマさんの遺族の記者会見

それに伴って、入国管理も抑圧的な対応が続き、国際社会から強く非難されている。とくに 2021 年に発覚したスリランカ人女性ウィシュマさんの死亡事件は入管施設での虐待も疑われた。すでに約 172 万人の外国人が働き、2019 年の統計で世界第四位。事実上、移民大国なのに政策が追いついていない。

このような失態は何度も繰り返されている。たとえば、かつて外務省は、インドネシアとフィリピンから数百人規模の看護・介護労働者を受け入れた。ところが、厚生労働省との連携が不十分で、国内の看護・介護団体と調整できず、数年以内に日本語による試験をパスしなければ帰国させられる制度になった。しかも、日本語習得のための学校は中国・韓国など漢字圏の学生に対するノウハウしか知らず、学習現場は混乱を極めた。その実情が伝わって、翌年から志願者は激減したという。

途上国の発展

これでは、優秀な外国人労働者は入ってこない。途上国経済も伸びているので、日本に行きたいと志望する労働者も減りつつある。実際、90 年代あれほど多かった南米からの移住者が減ったのは、日本で働く魅力がなくなったせいだろう。日本社会に定住してもらうには、安い労働力を使い捨てするのではなく、人間として尊重しなければならない。

差別主義の蔓延

それなのに、外国人が多くなるにつれ、排外主義的な言動が目立つようになった。とくに「新自由主義」政策のもとで格差が進行し、政策の恩恵を受けなかった階層が、その不満を外国人にぶつける。移民を増やして生産人口を増やし、消費を活性化させるとともに税収を増やさなければ、将来、困窮するばかりなのだが、そのメカニズムを理解せず、自分の不安を「外国人」に転嫁するのだ。

●行政での取組

もちろん、現場が積極的に関与・対処すれば、このような問題は軽減できる。たとえば、群馬県の太田市では、1990 年以来、家族を伴った日系ブラジル人が急増した。これは、この地区の中小企業を中心とする企業団体が以下のような指針で、ブラジル人の直接雇用に乗り出したからである。

1　人間愛を基盤とし、被雇用者の人格を尊重すること
2　日伯親善に役立つこと
3　単なる人手不足解消法と考えず、将来を展望して、雇用の継続ができるように努力すること

2では「ブラジル移民史を回顧し、その歴史上におけるわが国の恩恵を考慮し、ブラジル経済の発展の為寄与する」と述べている。かつてブラジルが日本人移民を受け入れてくれたことを感謝し、貢献するという思想のもとに、「町の一員」として働きやすい環境を確保するため、以下のように、具体的に福利厚生に取り組んだのだ。

1　日本語学習機会の提供
2　小中学校での日本語学級の設置
3　生活相談の対応
4　パンフレットなどの広報活動
5　外国人への市営・町営住宅の提供

具体的な内容

1は、市が年2回の講座を開き、そのボランティア講師の有志が太田日本語研究会を組織し、市の講座がない期間をカバーした。2は、小中学校で外国人子女のために日本語指導教室を開設し、ポルトガル語のできる教員助手も配置した。3は、バイリンガル職員が担当して、住宅の申し込み・在留資格の変更手続き・税金の還付など相談を受け付けるようになった。

●外国人の政治参加

もちろん、外国人が住みやすくなるには、このような努力だけでは不十分だ。外国人たちの意向を行政現場に活かすためには、意向を汲み上げる具体的システムが必要だ。その象徴が「選挙権・被選挙権」であろう。たしかに、国政選挙では「国民の代表」を選ぶという建前なので、国籍条項ははずせない。欧米でも、国政選挙に外国人を参加させている例はほとんどない。

選挙権は？

しかし、地方選挙は「住民の選挙」として生活と直接に関わるので、税金を払っているなら、外国人でも権利があっていいはずだ。実際、地方選挙への外国人参加を認める国は少なくない。ところが日本政府は、公権力を行使する職業に外国人は適当でないのは「当然の法理」だとして、外国人には選挙権・被選挙権を認めていない。政府がこのような見解をとっているので、地方選挙での外国人による投票は、今だに実施されていない。

地方自治体の努力

ただ、地方自治体によっては、選挙権に代わる形で行政への外国人の参加を保障する動きも見られる。たとえば、武蔵野市では2021年、条例の住民投票権を三年以上居住している外国人に与える、という条例案が審議されたが、最終的に否決された。ニューヨーク市でも、市内に30日以上滞在し、永住権や労働許

可証を持っている外国人には、市長選挙などでの投票権を与える法案が可決された。これは、コロナ禍で富裕層などが市を見捨ててさっさと離れた一方で、外国人を中心とするエッセンシャル・ワーカーたちが市民の生活を実質的に支えたことに対する感謝の認識があるからだ、と説明された。

●武蔵野市住民投票への外国人参加に反対する極右グループ

　川崎市では、すでに 1996 年という早い時期から「川崎市外国人市民代表者会議」を発足させ、外国人の声を市政に反映させている。これは 14 期にも及び、市政に外国人の声を反映させる仕組みになっており、公募で選んだ 26 名の代表者が、市に対してさまざまな要求や要望を提出する。法的な裏付けはないが、市長や市議会は、その議論を尊重する仕組みになっている。

New Comers の関心

　代表者には、さまざまな国籍の人が参加しており、外国人の期待が大きいことがうかがわれる。New Comers も「自分の苦労を繰り返させたくない」とか「自分が苦労しなかった分、人のお役に立ちたい」など高い意識を持つ人が多いという。一方、参加する側も、各自の組織がある程度できていなければ、発言しにくい。十分に意見を汲み上げるために、各エスニック・グループの組織化も進みつつある。「外国人」という一般的な括りだけでは、進展は難しいのだ。

 外国人の政治参加＝施策の主体として参加

●多文化共生社会へ

　ニューヨーク市の例を見ても分かるように、外国人は、むしろ地域コミュニティを存続させるための不可欠な一部になっている。それなのに、外国人の政治参加を拡大しようとすると「時期尚早」と主張する主張が吹き上がる。しかし、日本はすでに世

界第四位の移民大国になのに外国人の政治参加を認めないなら、いったいいつになったら「時期がきた」と言えるのだろうか？現実の進行に対して、後ろ向きの態度ばかりとっていては、矛盾が大きくなるだけだろう。

外国人というレッテル

よく「外国人は何を考えているのか分からない」「外国人は日本人と違う」とか言われるが、振り返って「では、日本人同士なら話がすぐ通じるのか？」と考えると、日本人でもまったく話の通じない人や理解に苦しむ人も少なくない。そもそも歴史を振り返れば、明治以前には「日本国」も存在しなかった。「国」と言えば「摂津国」「信濃国」などの藩の領域であり、江戸城開城の折には薩摩国の西郷隆盛と江戸幕府の勝海舟の間で言葉が通じず、通訳が必要だったという。「日本人同士なら分かり合える」というのは、国民国家成立後に出てきた思い込みにすぎない。

相手に対する理解不足を、過剰に文化や国の違いのせいにするのはおかしい。「老人だから」「障害者だから」と差別するのと同じように、トラブルがあるときに「外国人だから」という属性のせいにする。しかし、そんな一般化はできない。よく言われる「外国人による犯罪」も、実際のデータで見ると、日本人と大差ないどころか、むしろ少ない。人間の違いを国や文化で説明するのではなく、具体的な隣人として、互いに評価しあいながら共生を探る段階にきているのである。

●円ドル為替レートの推移（月次）

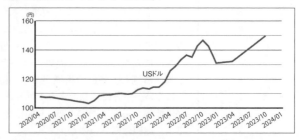

豊かさは終わったのか？

最近、円安が極端に進んだこともあって、日本に外国人が働きに来るより、むしろ、日本人が金を稼ごうと、外国に移住する状況も進行している。実際、オーストラリアなどでは、ワーキング・ホリデイなどで働くと、月に50万円以上になるので人気だという。今までは、日本が豊かだからと外国人が働きに来るのが普通だったが、現在は、むしろ、貧しくなった日本から意欲のある日本人が進んで外国に出て行く時代になったのかもしれない。「日本に不満があるなら出て行け！」という排外主義的な言い回しが、皮肉な形で実現されつつあのかもしれない。

13. 国際化と移民社会

●出題例と研究

令2・鹿児島県
鹿児島県では、「かごしま外国人材受入活躍推進戦略」を令和2年3月に策定したところであるが、鹿児島県における外国人労働者の受入れや支援を巡る現状と課題を挙げ、行政としてその課題にどう対応すべきかについて、あなたの考えを述べなさい（90分・1000字）

解説します

「かごしま外国人材受入活躍推進戦略」は、インターネットから検索できる。少子高齢化による鹿児島県の労働力不足を背景として、外国人労働者の受入れが必要とされ、そのための行政の配慮、企業からの要望などがまとめられている。現状ではベトナムからの「技能実習生」が多いが、とくに2019年から介護・建設・宿泊業など14の特定技能における外国人労働者受入れが認められ、将来的にはミャンマー・フィリピンなどの人々を労働力として期待する内容である。ただ、このような場合には、よく、外国人を「地域社会の一員として」分け隔てなく受け入れるのがよいとされるが、この考えには問題も少なくない。なぜなら、これは、外国人に過大な負担を求める行動とも重なるからある。

「定住化」の勘違い

実際、外国人ではないが、地方創生事業における「移住者の定住化」でも、せっかく地域に来てくれた人々に対して「地域社会の一員だから」と過剰な負担を要求する傾向が見られる。たとえば、過疎地では高齢化が進行して消防団のなり手がないので、定住化に応じた若者に押しつける。あるいは、定住する人々に「家を用意する」時でも、何年も人が住んでおらず、管理が悪い家を提供する。これでは、まず家の修理から始めねばならず、定住への意欲もさめる。すでに地域にある資源の活用というねらいは分かるが、すぐ使えないなら「資源」とは言えまい。「地域社会の一員」だからと、存在する矛盾を全て新しい定住者がかぶる仕組みでは、若者の定住が進展しないのも当然だろう。

外国人も状況は同じ

同様に、外国人にも「地域社会への同化」を性急に求めすぎると、同じことが起こりかねない。ただでさえ、言語・習慣が違って、地域の「日本」的慣習にはすぐになじめないのだから、過度な「同化」を要求すると、摩擦が増すばかりだろう。

しかも、地域に長年居住して、共同体の義務を果たしてきた「よき住民」ほど、外の世界を知らず、生活習慣が違う人々とのつきあいが分からない。対立が生じたときに「ここは日本だから、

日本の習慣に合わせよ」という態度で迫ると、かえって対立を
激化させてしまう。

自由な移動の結果

　そもそも「協力してよりよい社会を築く」という目標は、同じ
地域の住民同士の間でさえ、簡単な作業ではない。むしろ共同
体の絆が深い分、いったん人間関係が壊れると、地域メンバー
同士の対立が深刻化し、こじれると「村八分」にもなる。相互
の距離感を縮めすぎることには注意すべきなのである。もし外
国人に「地域社会の一員」になってもらおうと望むなら、彼ら
のメリットを考え、細心の注意をしなければならない。たとえば、
外国語でも行政サービスが支障なく受けられるようにする、外
国人のコミュニティを積極的に支援する、「日本語教育支援」を
無償でするなど、地域社会に馴染んでもらうために、相応の特
別なコストがかかることを予期しなければならない。

フランスの失敗

　こういうケアを怠ると、悲惨な結果になりかねない。たとえ
ば、フランスでは、1960 年代の高度成長期に労働力が足りなく
なり、北アフリカから大量の移民を受け入れた。その際、郊外
（バンリュー）に「低所得者用の優良住宅」を建設し、移民をそ
こに集めた。その地で、移民は二世代、三世代と過ごしたのだが、
主に下層の未熟練労働を担ったため、低成長や経済停滞が始ま
ると高い失業率に悩まされた。治安も悪化し「バンリューの出
身である」というだけで就業差別にあう。すぐれた資質・能力
を持っている人々は出身地を隠して職を探し、そういう能力を
持たない人々は地域の中に閉じ込められ、閉塞感に悩まされる。

　実際、2005 年のフランス郊外を中心とした暴動では、住居・
車などが焼かれた。社会の中で居場所がない、と感じた移民の
二世・三世などの若い世代が中心となったと言われている。日
本でも、労働力が必要なときに外国人労働者を受け入れ、経済
が変化したときのケアを怠れば、同じことが起こりかねない。

答案例

現象の分析

　鹿児島県は労働力不足に悩まされており、2035 年には労働
人口は現在の 3/4 ほどになると言う。外国人労働者を受け入れ
ないと経済的な停滞は免れないだろう。しかし、彼らを日本人
と分け隔てなく、地域社会の一員として認めるというだけでは、
十分ではないだろう。なぜなら、そもそも言語や生活習慣が
異なる人々が、すぐさま地域社会の一員として活動できるわけ

ではないからだ。共同体に性急に同化しようとすると、むしろ、新しく来た人々に過重な負担を要求することになりかねない。

定住化への応用　これは「地方創生」における移住者の定住化と同じ状況かもしれない。たとえば、過疎地は高齢化で消防団のなり手がいない。だから移住者に押しつける。あるいは、定住のための家も、実際には、何年も人が住んでいない廃屋同然のものを提供する。すでに地域が持っている資源を活用するのはいいとしても、使用に手間が掛かるのでは「資源」とは言えない。地域にもともとあった矛盾を、すべて新定住者にかぶせる構造では、定住しようという者などいなくなるだろう。

国際化のコスト　外国人も同様で、ただでさえ、言語・習慣が違い、地域慣習にはなじめにくい状況にある。そういう人々に、地域に居住して共同体の義務を果たしてきた住民が「ここは日本だから、日本のやり方に合わせよ」という態度で迫れば、両者の摩擦はかえって増すだろう。そもそも「協力してよりよい社会を築く」ことは、同じ地域の住民同士でさえ簡単ではない。絆が深い分、いったん人間関係が壊れると、都市部よりも相互の対立が深刻化し「村八分」などの状態にもなりやすい。「外国人」が「地域の一員」になるには時間がかかることを見据え、性急に距離感を縮めすぎないようにするのが大事である。

むしろ、地域社会の方が細心の注意をして、外国人のメリットになるように「特別扱い」しなければならない場合も出てくる。たとえば、外国語で行政サービスが支障なく受けられるとか、外国人コミュニティを積極的に支援するとか、相応のコストがかかることを覚悟しなければならない。

フランスの例示　こういうケアを怠ると、結果は悲惨になりかねない。たとえば、フランスでは、1960年代の高度成長期に労働力が足りなくなり、北アフリカからの移民を受け入れたが、その後の世代へのケアが十分ではなかった。「移民地域の出身である」というだけで、露骨な就業差別にあい、失業率も高い。地域の中に閉じ込められ、社会での上昇を望めないので、閉塞感に悩まされる。その結果、2005年には、移民の二世・三世などの若い世代が中心となって暴動が起き、住居・車などが焼かれた。日本でもケアを怠れば、ほぼ同じことが起こりかねない。

もちろん、外国人を受け入れないという選択はあり得ない。人口減少は続くのだから、労働力を補わなければ、経済が縮小するだけだ。したがって、外国人受入れには、地域の側も相応

出題例と研究

の負担をする覚悟でやらないとうまくいかない。それはしばしば、元の住民からは「不平等」「過剰な待遇」と見える。そういう不満を抑え、コスト以上の利益が得られることを納得してもらうことが、行政の使命として重要になるだろう。

類題をやってみよう

令3・名古屋市

名古屋市の令和3年10月1日現在の住民基本台帳上の外国人人口は79,758人で、多くの外国人が暮らしています。そこで、外国人もより住みやすいまちにするためにどのような施策を行うべきか、述べたうえで、その実現にむけた現状の課題と方策について、あなたの考えを具体的に述べなさい

(60分・字数不明)

＊過度な同化を求めない態度は都市でも同様であろう。

論点ブロック

国際化と移民社会

定義	経済・情報が国や地域の境界を越えて流通する状態。同時に、日本社会が、外国の人々・文化などと接触して変化を被る。社会問題が起こるマイナス面もあるが、移民の流入はもはや避けられない
背景	日本社会のグローバル化とともに、 1 外国人労働者が急激に流入する 2 外国人・外国文化との交流が増える
現状分析	移民社会への施策が遅れている⇒各外国人の受け入れを巡って人権侵害が増えている＋入国管理の厳格化⇒国際的な非難の高まり⇒無策が続く⇒日本での労働の魅力がなくなる＋外国人からの発見で日本を活性化する可能性も
提案・解決	外国人を短期的な労働力と考えない⇒長期的利益を志向した施策

過去問データ

令2・茨城県「社会経済がグローバル化してきた中、茨城県が発展していくために必要な施策について、考えを述べなさい」

14. 貧困と社会の分断

●知識と理解　日本では格差が極端に開き「階級社会」と言われるほどになっている。貧富の差が大きく、地位・財産など階層移動できない社会で絶望する人々を救う必要がある。

「階級」とは何か？

　日本社会では、地位・財産などで、一世代の間では取り戻せないほどの大きな差が社会の中に生まれ、互いに利害が対立する状況になったと言われる。これは「格差社会」と表現されてきたが、それでは深刻さを表せなくなったのか、最近では、ついに「階級社会」と呼ばれるようになった。これは、同じ日本社会にながら、自分たちを互いに利害を共有する共同体と思えなくなった、という気持ちの表れであろう。

　実際、ネット上では「上級市民」というスラングも流行した。元高級官僚の高齢ドライバーが母子二人をはねて死亡させたが、しばらく逮捕されなかっという事件があった。これは加害者が特別な「階級」に属している証拠ではないか、と疑われた。逆に、2021年末に起こった大阪の心療内科クリニック放火殺人事件では、加害者が生活に困窮し、市で生活保護を申請して却下されていたことも判明した。こういう現実を見ると、「貧しい人々」と「豊かな人々」という、同じ国民なのに違うグループに分断された、という感じられるのも無理もないかもしれない。

●都会の橋に横たわるホームレス

●生活保護についての矛盾した認識

　同時に、問題に直面したくないのか「生活保護受給者は働かないのにお金がもらえてずるい」という生活保護へのバッシングも盛んになった。典型的なのは、自民党の片山さつき議員が「タレントで高額所得者なのに、親が生活保護を不正に受給している」と実名で非難した事件だ。諸外国に比べて、生活保護の捕捉率は著しく低いのに、「生活保護を不正に受給する人間が多い」と

いう印象を広げることで、生活保護申請を抑制しようとした

　実は、この現象は、日本では繰り返し見られている。たとえば、1950 年代には、結核患者が生活保護費の増額を求めた「朝日訴訟」が起こり、生活保護費の引き上げが行われたが、やがて「暴力団員の生活保護受給」が言われて、厚生労働省が受給抑制をはじめた。ところが、1987 年に子どもを抱えた母親が「生活保護を受けられずに餓死」する事件が起きると、今度は福祉事務所が非難され、生活保護が不十分だという批判が吹き上がった。生活保護受給への社会的感情は行ったり来たりを繰り返しているのだ。

●生活保護費の増額を求めて訴訟を起こした朝日さん

本質の隠蔽

　しかし、バッシングすれば貧困が消えるわけではない。そもそも不正受給は 0.26% にすぎず、チェックの手間を考えれば許容すべき範囲だろう。「不正」の大半は子どものアルバイトを申告しなかったことだ。生活保護費は最低水準しかカバーしないから、生活が苦しくアルバイト分を申告しなくても悪質とは言えない。大金を所有しているのに受給するというケースは、ごくまれなのである。むしろ問題なのは、低収入で生活保護を受けるべきなのに、実際に生活保護を受ける人の割合＝捕捉率が 20% を切っていることだ。ドイツの 85%、イギリスの 87% と比べると極端に低い。真の問題は、受給すべきでない人が受給しているのではなく、保護を受けるべき人が保護されていないことにこそある。

　そもそも、日本の GDP のうち生活保護に使われる部分は 0.8% で先進国では突出して低い。OECD 加盟国の平均は GDP 比 2.4% で、イギリス 4.1%、ドイツ 2.0%、フランス 2.0%、格差が大きいアメリカですら 3.7% である。この事情には日本人の貧困者に対する社会心理も影響している。調査によれば、国民の 38% が自立して生活できない人を政府が助ける必要はないと考え、アメリカよりも 10% も高い。困窮者に対して、国が最低生活を維持すべきだ、という社会的合意がそもそも得られていないのだ。

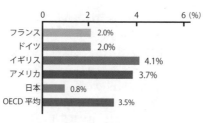

● 2012 年 OECD 加盟国の生活保護の対 GDP 比

- フランス 2.0%
- ドイツ 2.0%
- イギリス 4.1%
- アメリカ 3.7%
- 日本 0.8%
- OECD 平均 3.5%

無差別平等と補足性

　バッシングには理解不足の面も多い。たとえば、しばしば「外国人への支給」が問題視されるが、生活保護には「無差別平等の原理」があり、当人が困窮していれば、どんな生活背景でも国家は扶助しなければならない。国際規約でも、国籍を理由に社会福祉から除外できないことになっている。もし扱いを別にすると、むしろ「行政の平等性」に背くのである。

　他方、生活保護では、その人がどれだけ生活に困窮しているか、さまざまにチェックせねばならない。これを「補足性の原理」と言う。就労可能か、親族が援助できないか、処分可能な財産はないか、など検証には膨大な手間がかかる。この過程で生活保護申請を親族に知られたくなくて諦める、という例も少なくない。ケースワーカーは一人で 80 〜 100 件のケースを抱えるので完璧なチェックは難しく、ある程度漏れがあるのは許容範囲だ。細かいミスを咎めて、制度全体を否定するのはおかしい。

裁量によって変わる

　しかも、ケースは一つ一つ違い、特定の基準を当てはめれば、自動的に解決できるほど単純ではない。チェックを厳しくすると、車が交通手段としては不可欠な地域でも強制的に処分させる、という不合理も生ずる。複雑に絡み合った事情を勘案して「保護すべきか」どうかを決定する。裁量の範囲が大きいので「一律の判断」は存在しないのだ。

 POINT 　実情を知らないメディア・人々の理不尽な批判が多い

●背景—経済不況と高齢化とコロナ禍

　このように、生活保護受給者が増大する背景には、経済構造の変化と高齢化の影響が大きい。まず、IT 化・グローバル化などで産業構造が変わり、市場と安い労働力を求めて製造業は海外に進出し、国内の産業は空洞化した。他方、さまざまな分野が規制緩和され、リーマンショック・ヨーロッパ財政危機・中国との関係悪化・コロナ危機など不安定な経済状態が続く。

14 貧困と社会の分断

だから企業は警戒して、業績が上がっても正規労働者を増やそうとせず、非正規雇用者が全体の 40% を占める。失業率は欧米諸国と比べて低いように見えるが、非正規雇用は景気が悪くなると解雇される「景気の調整弁」となる。一方、高齢者は全人口に占める割合が 2023 年で 29.1% と過去最高になり、労働市場でも職を見つけにくいので、生活保護受給世帯も増えて、2022 年には 164 万 5 千人余りになった。

変わらないトレンド

この傾向は変わらないだろう。企業も、たとえ中国から撤退してもカンボジアやミャンマーなど新たな生産地域を探し、日本には戻ってこないからだ。働き口が狭まって、年金をかける余裕のなかった人々は、生活に困って保護を受ける。この状態で、生活保護費増加に歯止めをかけようとすると、窓口で「水際規制」するしかない。申請を出されると受け付けざるを得ないので「とりあえず事情を聞きましょう」と事前相談に持ち込み、いろいろ難癖をつけて申請を取り下げさせる。群馬県桐生市では、受給した者にも一日千円しか渡さず、満額を支給しないという違法な運用が行われた。

● 入りやすく出やすい制度に

だが、コロナ危機を境に、この傾向に変化が見られるようになった。経済的困窮者が急増したので、厚生労働省は 2020 年末に「生活保護は国民の権利」というメッセージを出した。そもそも、生活保護の増大は地方財政を圧迫しない。なぜなら、生活保護の財源の大半は国庫負担あるいは地方交付税だからだ。支給を抑制しても、桐生市などのように、メディアに取り上げられて社会的に非難を浴びる。そこで、要件さえ満たせば生活保護を支給するところも増えたのである。困窮が避けられないなら、むしろ入りやすくして、危機が終わったら経済社会に復帰できるような制度とすべきだろう。実際、埼玉県では、コロナ危機以前から NPO と協働して「入りやすく出やすい」生活保護をめざしている。ポイントは、教育支援・就労支援・住宅支援の三つである。

教育支援

まず、教育支援では「貧困の連鎖」を防ぐ支援が中心になる。生活保護受給者は、中学卒・高校中退などの低学歴が多く、未熟練労働に従事する場合が多い。しかし、そういう労働は海外に移転して需要が少ない。学歴が低く特筆すべきスキルがない人は、就労場所を見つけることすら難しくなっている。

一方で、生活保護世帯は家庭が不安定なために、独立した勉強

場所もなく、子どもの成績が低くなりやすい。親が職を転々とすると勉強にも集中できない。親自身の学歴も低いので家庭内で指導できない。そのため、学校の勉強についていけなくなり、不登校などにも陥りやすい。結果として、子どもの学歴も低くなって「貧困の連鎖」や「貧困の相続」が行われる。

このような事態を止めるには、早い段階で、行政やボランティアが手をさしのべ、勉強嫌いや不登校に陥った子どもたちに勉強させる場を作り、進学の機会を与えるべきだ。埼玉県は、高齢者の養護施設などを利用して学習教室を開き、学業不振の困窮家庭の子どもに学習機会を与えている。その結果、生活保護家庭の生徒は 86% しか高校進学しなかったのが、96% 以上が進学と一般家庭と遜色がないレベルにまで上がったという。

連鎖を止めるには？

●両親年収別の高校卒業後の進路 平成 28 年内閣府

進路・進学の割合

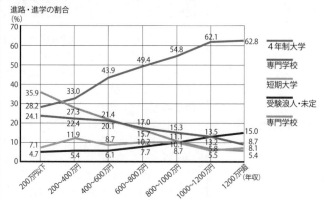

就労支援のポイント

就労支援もきめ細かくなった。下のグラフにあるように、最近の受給率の伸びが大きいのは、「その他の世帯」である。2002 年度と比較すると、8.3% から 15.3% に増えただけでなく、世帯数でも 72,403 から 2022 年 5 月には 256,531 と約 3.5 倍に増えている。

●生活保護利用者の世帯類型の割合（厚生労働省「被保護者調査」より）

この「その他の世帯」には産業構造の変化の中で就労できるスキルが急激に変化したことで就労できなくなった場合が少なく

知識と理解

ない。新たなスキルを得るには訓練が必要だが、訓練期間はお金を得られない。その狭間で困窮状態に陥って生活保護を受ける。そこで、埼玉県では社会福祉士を増員した。生活保護受給者は、何度も解雇されたり就職に失敗したりして自信を失っている。だから、支援しても面接に来なかったり失踪したりする。そうならないように、相談員が生活に入り込んで支援するのである。

住まいの支援

住居支援も重要だ。住まいは、人間の安全を守り、生存と生活を支える基盤だ。しかし、小規模事業所で働く労働者は、雇用保険・医療保険などの社会保険への加入も少なく、収入も低くて貯金もない。こういう人々が病気・失業などで、あっというまに住居を失う。

●ハウジング・プアの典型的発生

| 病気 | → | 解雇・退職 | → | 失業・収入の喪失 | → | 住居の喪失 |

そこで、県は「無料低額宿泊所」を提供する一方で、彼らがアパートを借りて転居するための支援を行った。住居を持って人間としての尊厳を取り戻し、もう一度「普通の暮らし」を回復する試みなのである（埼玉県アスポート編集委員会編『生活保護200万人時代の処方箋』より）。

子どもの貧困の重要性

以上のような支援は「子どもの貧困」にはとくに必要であろう。日本では、離婚・死別などで一人親になった場合、貧困に陥りやすい。一人親家庭では、貧困率は50.8%と半数を超えており、全体の貧困率13.9%を大きく上回る。しかも問題なのは、働くことが「貧困」の解決になっていないことである。日本では、一人親家庭の就業率は諸外国に比べて高い。母子世帯では86.3%、父子世帯では88.1%とほとんどが働いている。ところが、年間就労収入は著しく低い。母子世帯では200万円、父子世帯では398万円で、子どものいる世帯の平均収入707.8万円と大きな差がある。

●子どもの貧困イメージ図
複合的困難・累積する不利
『貧困と保育』（秋田喜代美、小西祐馬、菅原ますみ）より

経済的困窮 / 不十分な衣食住 / 健康・発達への影響 / 親の長時間労働・ストレス / 虐待・ネグレクト / 文化的資源の不足 / 低学力 / さまざまな体験の不足 / 低い自己肯定感 / 孤立排除

とくに、母子家庭の場合は、60%近くが200万円以下の収入しかない。これは働き手の48.4%が非正規だからだ。日本の正社員と非正規社員の間には「身分制」と言われるほどの賃金の差があり、同じような仕事をしても、非正規社員と正社員では給料は3倍も違う。このような状況では、子どもも多大な困難を抱え込む。経済的困窮から、前ページの図のようなさまざまな複合的困難が出てくるからだ。

行政とNPOの協働

だが、この状況に行政が十分対処するのは難しい。なぜなら、行政は「公平な処遇」を原則とするので、「貧困」のように一つ一つのケースで事情が違い、それを勘案して処遇を決めるのが、比較的苦手であるからだ。

その意味では、NPOの方が当事者に近く、状況をきめ細かく把握して適切な対策ができる。たとえば、東京のNPO「しんぐるまざあず・ふぉーらむ」は、母子家庭の支援を長年やってきているが、横浜市などの地方自治体とも協働している。生活支援・就業支援などという項目は同じだが、支援団体のスタッフが、過去に問題の当事者でもあったなど、支援を必要とする人々のニーズを把握しているので、自治体も支援団体と協力して行う方が、効率的な支援ができるからである。

●一人親を支援する「しんぐるまざあず・ふぉーらむ」のクリスマス会
写真は「しんぐるまざあず・ふぉーらむ」提供

社会の安定化投資

経済的困窮者を社会に包摂しないと、そのツケは大阪クリニック放火事件に見られるように「犯罪の増加」で全体に回る。そのコストは生活保護コストよりはるかに大きい。経済的困窮者は一定程度生まれるのだから、サポートして再度経済社会に復帰させれば、また納税者として貢献できる。ある計算によれば、一生生活保護を受け続けた場合と経済的自立ができた場合の差は1億円にのぼるという。その意味で、福祉は「施し」ではない。むしろ、社会が安定するための投資としての意味を持つのである。

●出題例と研究

平29・埼玉県

子どもの貧困率は 13.9% とされており、これは、およそ 7 人に 1 人が経済的に困難な状況にあるという高い水準である。埼玉県では、新たな試みとして、ボランティアや大学、民間企業等と協力した生活保護世帯の子どもへの学習支援をスタートさせ、今では全国に広がっている。そこで、次の 2 点について論じなさい。

1 子どもの貧困が生じる背景としてどのようなことが考えられるか。
2 子どもの貧困の解決に向け行政が取り組むべきことは何か

（75 分・900 ～ 1000 字）

解説します

テーマについての理解

　　「子どもの貧困」は前から大きな話題になっている。先進国にあるまじき貧困率の高さもさることながら、政府による援助など再分配があっても、かえって貧困率が高まる傾向が見られる。これは、むしろ日本の福祉政策の「貧困」を示すものだろう。

一人親家庭の問題

　　とくに問題なのは、母子・父子などの一人親家庭である。死別・離婚などで一人親になった場合、極端な貧困に陥る場合が多い。実際、母子家庭では収入は年間 200 万円を下回る場合が全体の 50% 以上を占める。これは、子どもがいる家庭の平均の約 700 万円を大きく下回る。子どもが小さい内はぎりぎり生活していけるが、少し大きくなって学校に行くようになると、学費などの負担が増えて、とても生活していけない。

　　「知識と理解」編のところでも述べたが、進学できずに学歴が低くなると、子どもの世代も未熟練労働に従事せざるを得ず、賃金が低くなって、所謂「貧困の相続」が起こって、貧しさが固定化する。これは社会格差を引き起こし、人々を分断するだけでなく、援助費用の増大など、将来にわたる社会の負担も増える。その意味で「貧困の連鎖」を防ぐのは、現代の重要な課題なのである。

経済的な背景

　　貧困が広がった背景として考えられるのは、21 世紀に入って、経済では IT 化・グローバル化が急激に進行し、主たる産業がかつての「ものづくり」から情報分野に代わったことである。その結果、生産現場は労賃の安い海外へと移動して、工場など、安定した働き場所が少なくなった。

　　他方で、新自由主義が隆盛して、規制の自由化などが行われ

たのはよいが、その結果、労働の自由化も行われ、非正規労働
が40%を占めるようになった。このタイプの労働者は、景気の
変動の「安全弁」として用いられ、景気が下向くと真っ先に切
り捨てられる。収入も少なく、健康保険・失業保険などをかけ
る余裕もない。だから、何かの理由で働けなくなると、すぐに生
活に困窮するのである。

女性労働の不都合さ　　とくに、日本の労働市場では、女性が子どもを持つリスクが
極端に大きい仕組みになっている。出産・子育てなどでしばらく
働けなくなると、非正規労働者は簡単に解雇されてしまう。一
番他からの援助を必要としているときに、経済的な基盤がなく
なるのだから、生活に困窮するのは必然的な結果である。しか
も、日本では一度離職すると再度就労しても収入は大幅に低く
なる。女性は、出産・子育てなどで一度離職することも少なくない。
収入がダウンして、経済危機が訪れ、なかには、その危機を乗
り越えられず、貧困に陥る場合も当然出てくるのである。

子どもへの影響　　生活が不安定なので、子どもは集中して勉強ができないし、
親も低学歴である場合は、子どもの勉強を見てやることができ
ない。無業の母親の場合は、精神的な問題を抱え、その多くは
鬱状態になって、子どもの世話をしながら日々を送っていくこと
すら不可能になる。このような状況の中で、子どもも授業につ
いていけずに学力が低下し、進学などで困難を抱えて、母親と同
様の状態になる。つまり、親が貧困に陥りやすい状況では、子
どももそこから脱出することが難しくなる。これらのことを書け
ば、出題例の1の解答はすぐでき上がるだろう。

行政対応の基本方向　　生活保護に対する行政の対応については「知識と理解」編で、
埼玉県の「入りやすく出やすい生活保護」のための対応を詳し
く紹介した。そこでは、教育支援・就労支援・住居支援を三本
の柱としたが、「子どもの貧困」の場合も、ほぼ同じ方向になる。
　　まず、児童扶養手当・生活保護などで当面の生活を安定させ
た後、少し時間をかけて教育支援・就労支援などで自立へと誘
導していくのである。そうして初めて、子どもの勉学環境が整う。
「子どもの貧困」の多くは親の経済的困窮なので、まず親の状態
を改善しないと、子どもの状態はよくならないからである。

対応の具体的状況　　まず、住居支援であるが、児童福祉法に基づいて、18歳未満
の子どもがいる母子家庭には、全国に入所施設が221カ所設け
られている。保育士・調理員などが常駐し、手厚い支援が得ら
れるようになってきた。DVなどで緊急に支援を求めている場合
は、こういう施設を利用して、とりあえず居場所を確保すること

になる。民間では、シングルマザー専用のシェアハウスなども運営されている。

一方、就業については、都道府県・政令指定都市・中核市が実施主体を担うこども家庭庁の事業である「母子家庭等就業・自立支援センター」などで、相談員が「子どもがいても働ける仕事はあるか？」「職務経歴書はどう書くか？」など、細かく相談に乗るだけでなく、求人情報を紹介したり、履歴書を書くためのPCやプリンタを貸し出したり、さらには面接用のスーツの無料レンタルまでやっている。経済的な基盤がないと、何事も始まらないのである。

努力が実を結ぶ状況に戻す　こういう人々に対して「自己責任である」「努力せよ！」という言葉がしばしば投げかけられる。しかし、たとえ親に責任があったとしても、子どもには「自己責任」を求められない。親の「失敗」の責任を子どもにかぶせるのはおかしい。努力にしても、いったん苦境に陥った人は、そもそも努力できる範囲自体が狭くなる傾向がある。上述のように、面接用のスーツを持っていないという経済事情などからも、困難の大きさは想像できるはずだ。

とくに就労の場合は、過去に何度も面接に落ちるなどして、就労のための活動自体にトラウマを抱える人も少なくない。だから、そもそも履歴書をどう書くか、が分からなかったり、せっかく面接まで漕ぎつけても、自分が否定されたり侮蔑されたりするのでは？という恐怖で行けずに失踪したり、ということも起こりかねない。相談員もそこを丁寧にサポートしないと、努力が実を結ぶ状況にはならないのだ。

貧困を連鎖させない　一方で「子どもの貧困」の場合では、「貧困の連鎖」を生まないように「教育支援」に力を入れなければならない。いったん学校の授業についていけなくなると、そこからのリカバリーは相当困難になる。

実際、算数・数学ができない人は、数学の演習の言葉遣い「〜せよ」という命令口調を見るだけで、やる気をなくそうである。だから『語りかける中学数学』（高橋一雄）などの数学やり直し書籍では、わざわざ「〜してください」と丁寧口調で書いてある。このような工夫だけでも20万部も売れるというのだから、一度授業に躓いた子どもが教育へもう一度アクセスする作業がいかに大変か、いかに需要が大きいか、が分かるはずだ。

専門NPOとの提携　残念ながら、行政が、このような状況を正確に把握することはなかなか困難である。なぜなら、行政組織は画一的な対応に慣れているからである。困窮者支援はケースワークであり、それ

ぞれの事情に合わせて支援の規模を決めなければならない。このような作業は、そもそも行政が苦手な分野だと言えよう。

そこで、最近の貧困対策では、行政とNPOが手を組んで協働することが増えている。NPOには、相談者が集まるなどして、最新の情報が蓄積し、行政よりずっと問題対応能力がある場合が多い。

直接相談の難しさ

当事者も、いきなり行政の窓口に行くと「交際している異性はいるのか?」「妊娠していないか?」などとプライバシーに関わる質問をされることもあり、アクセスしにくい。「知識と理解」編で述べたように、行政のこのような対応は、非人道的にも思えるが「補足性」の原理でもあるで、しかたない面もある。だが、当事者の立場になれば、このような応対をされると、行政に相談する気がなくなるのは当然だろう。そこでNPOなどでまず相談して、自分の陥っている状況を整理して、どの行政支援に対応するか、目星を付けてから、行政の窓口に行くという方向になっているのである。行政側としても、事前に整理された情報に基づいて支援を決める方が効率的でもある。

したがって、「子どもの貧困」問題では、行政が直接支援に動くより、むしろNPOとの協働・提携も考慮して、そこから情報を得て対応を考えていく、という作業が重要になる。前述した「しんぐるまざあず・ふぉーらむ」なども自治体と提携して活動をしているし、埼玉県の取組もNPOと密接に連携しているという。自治体は予算的な基礎付けを確保し、現場の作業はNPO、ボランティアなどの助けを借りる、という役割分担も必要なのかもしれない。

答案例

貧困自体の広がり

1

「子どもの貧困」の背景には、まず貧困自体の広がりがある。IT化・グローバル化が急激に進行し、かつてのような「ものづくり」の産業構造ではなくなり、生産現場も労賃の安い海外へと移動して、安定した働き場所が少なくなった。他方で、新自由主義が台頭し、労働の規制緩和などが進んだ結果、非正規労働者が40%を占めるようになった。彼らは景気が下向くと真っ先に切り捨てられ、健康保険・失業保険などの余裕もない。だから、何らかの理由で働けなくなると、すぐに生活に困窮するのだ。

子どもを作るリスク

とくに、日本では、女性が子どもを持つリスクが高い。出産・

子育てなどの期間は、非正規労働者は簡単に解雇される。一度離職すると就労しても収入は大幅に低くなるので、女性は、経済的危機を被りやすく、なかには、貧困に陥る場合も出てくるのである。ときには、鬱状態になるなど、精神的な問題を抱える。

子どもの被るリスク

生活が不安定だと、子どもは集中して勉強できないし、親も低学歴だと、勉強を見てやることもできない。結果として、子どもは学校についていけず学力が低下し、母親と同様の状態になる。つまり、親が貧困に陥ると、子どももそこから脱出することが難しくなるのである。

2

生活保護では、住居支援・就労支援・教育支援が三本の柱と言われる。まず生活を安定させ、就労支援等して自立へと誘導する。「子どもの貧困」の原因は親の貧困なので、対策は同じである。

まず親の支援から

住居支援では、全国に母子家庭等のための入所施設が設けられている。ここでは保育士・調理員などが常駐して支援する。DVなど緊急の場合は、こういう施設を利用して居場所を確保することができる。一方、就労支援では、困窮者は過去に何度も面接に落ちるなどして、トラウマを抱える人も少なくない。だから、面接まで漕ぎつけながら会場に現れないこともある。困窮すると、面接用スーツがない等、ハードルが高くなる。そこまで考慮しながら相談にのる必要がある。

教育支援のポイント

事情は、子どもの教育支援でも同じだ。いったん授業についていけなくなると、リカバリーが難しく「貧困の連鎖」に陥りやすい。実際、数学ができない人は、問題演習の「〜せよ」という命令口調さえ嫌がる。私も、塾でできない子を指導したことがあるが、そういう子ほど注意して接しなければならない。

外との連係を図る

残念ながら、行政は複雑な状況に対応しにくい。なぜなら、公平性が原則なので、それぞれの事情に合わせるケースワークは苦手だからだ。それを補うにはNPOとの協働も図るべきだ。NPO団体には最新の情報が蓄積する。まず、そこで問題点を明確化してから、しかるべき行政支援につなげる方が効率的だ。自治体が予算的な基礎付けを確保し、現場の対応はNPOなどの助けを借りる役割分担も必要だろう。

類題をやってみよう

令3・宮城県

厚生労働省が令和2年に発表した日本の「子どもの貧困率」(17歳以下)は13.5%となっている。子どもの貧困がもたらす影響について考察するとともに、そのような状況にある子どもに対し、どのような支援が有効と考えられるか、あなたの考えを述べなさい。

(120分・1600字)

＊内容はほぼ答案例と同じ。貧困率も13%台と変わっていないことから見ても、この間の対策の効果が薄かったことが分かる。

論点ブロック

貧困と社会の分断

定義	生活保護＝健康で文化的な最低限度の生活ができない人に、政府が資金・生活の援助をする
背景	IT化＋グローバル化→スキルの変化→産業の空洞化→非正規労働の増大→雇用の不安定化→生活の困窮・貧困の拡大
現状分析	「生保」バッシング→貧困は解決しない→子どもの貧困の激化→貧困の「相続」→個別の事情を考慮して対応を決める
提案・解決	住居支援・自立支援・教育支援→親の支援が子どもの支援になる→貧困の「相続」をさせない取組→行政とNPOの連係

過去問データ

令3・国家一般職「厚生労働省『国民生活基礎調査』によるわが国の「子どもの貧困率」は、2018年時点で13.5%と、子どもの約7人に1人が貧困線を下回っている。このような状況に関して、以下の資料（省略）を参考にしながら、(1)わが国の子どもの貧困問題が社会にどのような影響を及ぼすのか、(2)わが国が子どもの貧困問題に取り組むうえでどのようなことが課題となるか」

令3・神奈川県「格差社会について、あなたが感じる最も強い格差とその対処について述べよ」

令3・長野県「『誰一人取り残さない社会』を実現するうえで重要と考える課題を挙げ、解決のためにどのように取り組むべきか」

15. 地域おこし

●知識と理解　　　地域おこしは、人口減少に悩む地方をどうやって活性化するか、という試みだ。今までの「先端産業」の誘致に代わって文化・芸術を核にした試みが始まっている。

●地域おこしとまちづくり

地域おこしは、かつての「まちづくり」と同じく、人口減少に悩む地方を活性化する試みである。昔は「地域振興」「地域経済発展」とも言われ、最近は「地方創生」も唱えられた。ただ経済や文化などさまざま試みられたが、時代が変化しても、似たような言葉が用いられているのは、予想されたほど成功していない証拠でもある。そもそも、うまくいっていれば、何度も同じような政策を掲げる必要はないはずだ。

経済計画の不振

とくに経済的な「地域おこし」は失敗続きであった。たとえば 1962 年の「全国総合開発計画」では、東京一極集中を是正すべく全国に工業拠点を分散させようとした。「新産業都市計画」をたて、港湾・鉄道・道路などを整備して大規模な重化学コンビナートを建設しようとした。しかし計画が始まって数年すると、東京・名古屋・大阪の大都市圏に 550 万人もの人口が流入する一方、他県の人口はほとんどが減少した。つまり「地域振興」の効果は、見られなかったのである。

● 文化的「地域おこし」の草分けの中新田バッハホール。建設当初は田んぼの中だったが、今では周囲に住宅が建ち並ぶ。写真提供：右及び下とも、加美町役場より

さらに、1980 年「テクノポリス構想」では、アメリカのシリコン・バレーを手本に情報産業の拠点を全国に 26 カ所も作る構想だった。だが、アメリカにも数カ所しかない情報産業の拠点を多数作るという無謀な計画だったからか、失敗例が山積し「テクノ、田園に沈む」という新聞記事まで書かれるほどであった。

「先端産業」への期待

これらに共通するのは、当時「最新」であると見込まれた先端産業を地方に重点的に配置すれば、地方経済も活性化するは

ずだ、という思い込みである。政府の音頭取りで予算がつぎ込まれたが、地方にはノウハウも知識もない。どんな計画を立ててよいか分からないから、中央のコンサルタント会社に計画作成を丸投げする。コンサルタント側もウケがよさそうな言葉をちりばめて、短期間でプランニングする。結局、どこもかしこも似たりよったり、差別化が図れずに失敗する。

雇用を生むか？

　しかも「先端産業」でも大きな雇用を生むとは限らない。たとえば、バイオ産業が期待され、地方企業が「インターフェロン」など世界の生産の大部分を生産することもあったが、その雇用人数は数十人規模で、自動車産業のような数万人の雇用増大は望めない。このように「地方振興策」は「地方の自立」をうたいながら、画一的な計画の押しつけになることが多い。産業に対する助成という面だけが突出すると、環境との調和や住民との連携もおろそかになる。失敗したのは当然の成り行きかもしれない。

先端産業＋地方振興➡画一的・環境・住民との不調和

「経済援助」との類似性

　「経済援助論」でも、先進国の援助は、必ずしも途上国の「経済発展」に役立たないと言われる。いくら資金・資本・技術などの援助をしても、それが地域の産業活性化や生活向上につながらないからだ。実際、アフリカでは巨額の「経済援助」が行われたが、一部の特権階級の懐を潤す効果しかなかったという。

　最新型の機械を導入して生産向上を図っても、運転のための電力が不足すると生産はストップする。あるいはメンテナンス・修理ができない。そうすると、それを直して生産を続けるより、あらたな「援助」を得た方が簡単なので、せっかく作った工場は閉鎖されて廃墟になる。その社会の状態に適合した「持続可能な技術」を提供しないと、経済・社会の向上や発展に結びつかないのだ。

　このように、技術の有用性は地域の状態によって決まるので、先進地域の「最先端」技術を持ってきても、その地域に適合するとは言えない。それよりローテクを導入した方が、その社会にとっては、よい場合さえある。たとえば、アフリカでガス給湯の設備を揃えても使えない。むしろ、かつて日本の農村で作られた「竈（かまど）」の技術を教えて、お湯がいつでも確保できる状態にした方が、現地の衛生状態を向上させられる。

オーダーメイドの活性化

　もちろん「地方活性化」が、アフリカへの援助と同じだとまでは言わないが、類似点は存在する。中央や都市で「先端的」と

されたものを、そのまま地方に移入したからといって、それが経済振興に直接つながるとは限らない。むしろ、地域の実情に合ったオーダーメイドの「地域振興」が必要なのである。

●新しい潮流―文化による地域おこし

このような国・産業主導の「地域振興」策の失敗に見切りを付けて、民間や地方公共団体が主導して独自の「地域おこし」がなされている。とくに、文化芸術や第一次産業など、今まで中央からは軽視されていた分野を切り口とした手法が目立つ。

音楽ホールと現代芸術祭

たとえば、218 ページ写真の宮城県加美町の中新田バッハホールは 1980 年代に当時の中新田町町長が音楽ファンであったことから建設された。当初は田んぼの真ん中にあったが、今では周囲に住居も建ち並ぶ。パイプオルガンや自前の楽団も擁するなど、地域の音楽文化レベルを上げ、仙台からも聴衆が訪れる。

あるいは豪雪地帯の越後妻有（つまり）（新潟県十日町市、津南町）では、野外を中心とした「現代美術」の展示「越後妻有大地の芸術祭」を三年に一回行っている。ボルタンスキーや草間彌生など国内外の有名アーティストも参加する大規模な展覧会である。「現代美術」なので、具象的な作品を閉ざされた美術館で展示する形式ではなく、むしろ、環境を使って作品を成立させる。たとえば、ボルタンスキーは、過疎化で児童がいなくなって廃校になった小学校の校舎を会場にして、体育館や教室に廃品を集めて「記憶」をテーマとした見事なインスタレーションを行った。いわば、村の統合のシンボルであった「小学校のお葬式」である。

●「越後妻有大地の芸術祭」で野外に展示された草間彌生のオブジェ

あるいは、人が住まなくなった民家を改装し、宿泊施設にして、特別の寝台と寝るための寝間着を用意し、宿泊した人に、前夜に見た「夢」をノートに書いてもらう。さらには、川岸のごみ捨て場だったところに白砂利を敷き詰めて鉄板で区切られた石庭

美術展と地域性

を造る。創意に満ちた展示の数々だが、あらためて「何を表しているか?」と聞かれると困るかもしれない。

それでも、このような展示は人々を引きつけ、特に夏期7〜9月に開かれる際の観客動員は約20万人にも及び、その規模も毎回大きくなっている。初めは「何が何だか分からん」とそっぽを向いていた地域住民も、制作スタッフの粘り強さと訪れる人の多さに刺激され、外国人のアーティストの巨大展示物では、積極的に制作過程に協力するようになった。

地域に親しむ効果

筆者が訪れたのは9月の平日だったが、たくさんの観客が見に来ていた。展示物は広い地域に散在しているので、見るには時間もかかる。道案内の表示も万全とは言えないので、ときどき道に迷う。はじめは「なぜ、こんなに苦労して見て回らなければならないのか?」とイライラするが、そのうちに、作品を取り巻く自然や民家・集落の独特な風景にも目が向き出す。帰ってから、じんわりとそのよさを感じるという。場所を探し回る体験を通して地域や風土に親しむ、という心憎い設計になっているのである。

芸術祭の広がり

この企画の総合ディレクターである北川フラムは「瀬戸内国際芸術祭」も成功させている。これも三年ごとの開催で、瀬戸内海の小さな島々に現代美術の作品を設置して展示する。2022年は春・夏・秋と合計100日を超える長期間の展示になった。作品が展示された島々を巡る旅が観光客を増やし、開催地の直島は「現代美術の聖地」とまで言われるようになった。

このように文化や芸術を用いた「地域おこし」は、日本の各地で行われ、それぞれ成功を収めている。たとえば、九州旧湯布院町の映画祭は、町に映画館がなかったことから、町の有志と大分市の映画ファンが「実行委員会」を作って立ち上げた。今では温泉地湯布院の名を全国に知らしめている。また、山形の国際ドキュメンタリー映画祭は市制100周年を記念事業としてスタートし、とくにアジアのドキュメンタリーを中心に活気に溢れた国際交流の場になっている。

●特産品と食のネットワーク

もちろん、食文化を媒介にしたイベントやネットワークづくりも盛んだ。そもそも地方は一次産品の生産基地であったが、その流通は都市の一般的消費者を対象としていた。そのため、本来の農業・漁業のあり方とは矛盾する生産体制を強いられていた。

品種の画一化

たとえば、大根は、地域・用途によって多種多様な品種があったが、現在では「青首大根」が主流になった。長さや太さも厳

格に決められ、商品としての見栄えが優先される。漁業でも、タイやブリなど一部だけが流通し、それ以外は「雑魚」扱いで市場に出回らない。ヒメジなどフランス料理の高級食材があるのに、商品として認識されない。

流通の制約？

これには栽培のしやすさ・量の確保・品質管理などの事情も絡むからだが、どんな理由であれ、いったん流通の仕組みができると、それに合わせて生産が最適化され、結果として、大根は青首に集中し、魚屋もタイやブリばかり扱うようになる。つまり、市場の標準化・システム化が進んだことに合わせて食材も画一的な基準を持つようになる。だが、これは食の多様性という点では質の低下であろう。

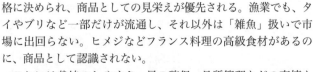

トレンドは変わる

流通事情＋標準化・システム化➡画一的な食

しかし、このような画一的流通を変える試みが進んでいる。大阪府では2005年から「なにわの伝統野菜認証制度」をスタートし、100年前から大阪府内で栽培され、苗・種子などの来歴が明らかな独自の品目・品種で、大阪府内で生産されている守口大根、毛馬胡瓜（けまきゅうり）など19品目を認証している。

「スローフード」運動

背景には、イタリアで始まった「スローフード」運動の影響がある。この運動は、イタリア北部ピエモンテ州のブラに本拠を置き、マクドナルドなどファストフードの「グローバルな食の均質化」に対抗し、地域の食材・料理を推進・発展させようという意図がある。

> 「ミラノ、ニューヨーク、東京…と世界中どこに行っても同じ味じゃつまらんだろう。大都市というものには、そういう宿命を背負っている部分もある。しかし、ウェールズの小さな村、ピエモンテ州のブラのような町、京都の田舎町でも、やっぱり同じものばかり売られているような状況は絶対に狂っている」（島村菜津『スローフードな人生！』より）

ブラの村祭りでは、地元の名産品が集められ、それを見習って、たくさんの町村が食の催し物を開催するだけでなく、世界各地に「スローフード」を名乗った運動が展開した。日本でも、この動きが広がれば地方をアピールする機会になろう。「食」は土地、環境、コミュニティに根ざす。その地方独自の食の探究は、地域の歴史やアイデンティティの掘り起こしになり、住民も参加・協力しやすい。

人が集まるシステム

もちろん、地元の野菜を売るだけで持続可能になるわけではない。たとえば、岩手県紫波町のオガール・プラザは、こういう地産地消の典型のような施設だが、あえて補助金に頼らなかったことで商業的にも成功したと言われる。

●岩手県紫波町で行われる「オガール祭り」は多くの人で賑わう（写真はオガール企画合同会社より提供）

銀行からの融資を受けて、駅前の土地に商業施設と情報施設を一体化させ、まずフットボールセンターや図書館など、人が集まるシステムを作った。人が集まれば、自然に商品が売れ、商業施設も成り立つ。外の広場では多様なイベントが開かれ、コロナ前には年間80万人を超える人々が集まっていた。ビジネスの前に、まず人が集まる場がある事が重要なのである。

文化芸術との協業

人が集まるようになれば、そこに文化的価値をつけて、差別化することも難しくない。たとえば、芸術に食を結びつければ、さまざまな形で金銭につながってくる。実際、越後妻有の芸術祭では美術館のミュージアムショップで、地元特産の米がアート感覚溢れるパッケージで販売されたり、地方の織物などが新しいデザインでよみがえったりして、芸術祭を訪れる人々の注目を浴びている。

こういう現象は、音楽でも顕著だ。たとえば、YouTube の活動で有名になったミュージシャン「藤井風」は岡山県里庄町という地域に住んでいる。彼が知られるにつれ、彼の住む町は一種の「聖地」と見なされるようになって、一日に何十人も観光客が訪れるようになったという。とくに、彼が紅白歌合戦にも出場したことで、その数はさらに増え、訪問者のための里庄町散策マップやお店情報が作られ、結果として、2021年のふるさと納税も2億円を超えたという。

●ものづくりからソフトパワーに

このように、これからの「地域おこし」は、中央のハードを適用するのではなく、地方にある資源＝ソフトをどう価値づけて発信していくか、という「情報戦略」が大切になる。越後妻有や瀬戸内の芸術祭は、広い空間に巨大な作品が設置できたり伝統的風土と現代作品が共存できたり、という地方にしかできない「面白さ」に人が集まった。「伝統食の掘り起こし」も、郷土にある材料を新しくアレンジし直して価値づける試みだ。

都会の視点も必要

ただ「地域の魅力」の発掘には、都会からの視点が欠かせない。芸術祭では、都会からアート・ディレクターが入って「なぜ、ここで芸術をやらなければならないのか？」を地域住民と徹底的に討論したという。万博やオリンピック、あるいは先端産業などという既存の価値に依拠するのではなく、外からの視線と対話することで、自分たちの地域の持つ資源に気づき、そこから地元の生産物を買ってもらうプロセスにつなげる。

これは都市の嗜好に一方的に合わせるだけの関係を変え、自己の独自性を価値づけて中央に情報を発信するあり方だ。中央から落下傘のように降ってくる「振興策」を丸呑みするのではなく、都市の視線を意識しつつも「地元が自己の魅力を主張する」ことが求められているのだ。

POINT ☞ 中央に従属する地方⇔中央に地方の独自性を主張する

もちろん、文化的「地域おこし」の経済効果は「先端産業」に比べれば、ささやかだという批判もあろう。しかし、逆に、産業社会では競争が激しく、どんなに先端技術を駆使した製品であっても数年もすると陳腐化して、生産は労賃の安い国に流出する。「先端産業」による地域おこしも、実は期待されるほどの経済効果はない。時代は変わりつつあるのかもしれない。

2002年、電気機器メーカーのシャープは、135億円という膨大な補助金を提供され、三重県亀山市に誘致された。同地で生産された液晶TVは「亀山モデル」と言われ、景気回復のシンボルとして一時大きな期待を集めた。だが、2009年には早くも工場の一部が操業停止され、シャープ自体も経営が悪化したため、設備を中国メーカーに売却することになった。そのため、県から補助金約6億4,000万円の返還を求められた。大金をかけたのに、結局、短期的な経済効果しかなかった。この失敗は国家事業の機能不全を象徴している。

令4・新潟県

新潟県では、国内外の方々が新潟県に魅力を感じ、訪ねていただける新潟県を目指すため観光立県推進行動計画を策定し、観光振興に取り組んでいます。行動計画において、観光は、ゆとりや潤いのある生活の実現に寄与するものであるとともに、自然、食、文化、歴史その他の地域資源の活用等を通じた魅力の向上や地域の魅力再発見により地域づくりに貢献するものと位置付けています。そこで、新潟県が観光立県として更に発展するために、あなたが考える新潟県の観光資源とその活用方法について自由に意見を述べなさい。(50分・1,000字)

解説します

地域の魅力とは？

「観光立県」のためには、外部の人にも容易に了解できる地域の魅力が必要になろう。しかし、これは、必ずしも地域内部の人が「よいと思っている」内容とは一致しないかもしれない。なぜなら、地域の生活は、経済活動と個人の生活、たとえば生老病死のサイクルに従うからだ。生産や購買など経済活動が順調だったり、生老病死のそれぞれのプロセスで地域で手厚い支援体制があったりすれば、生活するのに「よい環境」だと感じるだろう。しかし、観光は実際の生活に関わらないので、むしろ「普通の生活」には存在しないユニークな面白さがポイントになる。

世界の観光地の例

たとえば、アフリカのケニアは、キリンやゾウ、あるいはライオンなど他地域では見られない「希少な野生動物」がいることで世界的な観光地となったし、インドネシアのバリ島は舞踊・儀式などエキゾチックな宗教文化で観光客を集めた。観光客の数がある程度見込めるようになれば、宿泊や食事の施設も発展して、観光客の落とすお金で地元経済も潤う。実際、バリ島は小さな島に過ぎないが、インドネシア全体の観光産業の収入の大半を占めるので、世界的に有名なホテルも数多い。だから、国際会議も首都ジャカルタよりバリで開催されるようになった。

しかし、バリ島がこのような世界的観光地に発展したのは、半ば偶然の産物であった。1931年パリで行われた「パリ植民地博覧会」に、ジャワ島が参加拒否したため、急遽バリの舞踊団が行くことになったのだ。会場で行われた舞踊が「動く象形文字」だと大評判になり、バリの文化に関する興味がヨーロッパで一気に高まった。その後、バリの舞踊団・楽団は世界中に招かれ、

出題例と研究

日本にも 1985 年に来日するまでになっている。もっとも観光業が発展するにつれ、最初の舞踊・儀式に対する興味はやや背景に退いた面もあったが、棚田の風景やスピリチュアル・スポットなど新たな観光資源が開発されたことで、観光客は増加の一途をたどっている。

新潟のユニークさとは？

新潟県も「観光立県」をめざすからには、何らかの他の場所にはない「ユニークな特徴」をアピールしなければならない。その意味で言えば、新潟県は、すでに悪くないスタートを切っていると思われる。なぜなら「知識と理解」編でも触れたように、十日町を中心とした「越後妻有大地の芸術祭」が三年ごとに開催され、それを見に観光客が押し寄せる、という構造が確立しつつあるからである。同様の芸術祭は各地で催されているが、越後妻有では、とくに雪国という生活環境と野外のアート作品が結びつき、それが「越後」という風土への興味をかき立てている。

情報を発信する

逆に言えば、「観光」は衣食住などの生存の基本条件の充足より、それらを意味・意義づけている情報とその発信が重要になる。筆者が越後妻有を訪れた時も、展示物の面白さもさることながら、土地の人が「今日捕まえてきたマムシ」を使った「マムシ酒」の作り方を実演してくれたり、冬の雪を避けるため一階が石造りになっていたり、という小さな発見や気づきが体験の面白さを形作っていた。そういう時間の合間を、美味しい食事をしたり、ゆったりと風呂に入ったり、という滞在の快適さが埋める。

どこに重点があるか？

施設建設などのプロジェクトは予算が大きくなるので、「観光立県」では、つい、その方面へ焦点を当てたくなるが、それら施設はメインではない。バリ島でも、当初は居住環境に多少問題があったが、文化人や学者が入り込み、儀式や芸術などの魅力を多様な形で発信した。それが観光の動きに弾みを付けたのである。つまり、経済的繁栄は結果に過ぎず、大切なのは地域の特徴の情報発信なのである。歴史や伝統を意味づけして、他の地域と比較して特徴と意義を強調する。しかも、直接的な「宣伝」というより、むしろ、文化人など第三者的な立場からの発信をしてもらえる環境を作るべきだろう。

実務家は、学問文化を不要不急の存在と考えがちだが、学者とか文化人のコメントこそが、一般の興味をかき立て、観光に結実する。もちろん、大衆化した後は、つねに何か新しい魅力に焦点を当てないと、ブームは続かない。伝統を活かしつつも、新しい試みにチャレンジする必要があるのである。芸術祭の開催は、そのきっかけとなるはずだ。

答案例

地域の特徴への着目

　新潟県の「観光立県」は今のところ順調に推移している、と思われる。なぜなら「越後妻有大地の芸術祭」などが定期的に行われ、「温泉」「スキー」「自然鑑賞」などの従来の分野以外でも観光客が集まる、という現象が見られるからである。この成功の秘訣は「アート・ファン」という新しい層を地域に呼び込んだことにあろう。

　農業主体の雪国地域というイメージが強い環境に「モダン・アート」という都会的要素を取り合わせる意外性が媒介になって、新潟という生活にはやや過酷な気候風土が「美」という新しい意味づけを獲得した。舞台芸術に「異化効果」という言葉があるように、当たり前と見過ごされていたでも、別なものを取り合わせることで注目を引き、今まで見過ごされていた意味が再発見されるのである。

資源の活用とは？

　とすれば、「地域資源の活用」には、地域の人々の発想だけでは限りがあるかもしれない。なぜなら、地域は生活の場なので、外部の「観光客」の興味とはズレるからだ。地域での生活は自然環境を利用して生計を立てることにあるので、美的な側面にやや疎い。もちろん、自然には精通しているが、その美をそのまま提示しても観光客にアピールしない。他方で、観光客は都会生活には存在しない新奇なものを求めるが、まったく異質な「地域の生活」は理解しない。したがって、地域の特徴と観光客の生活をつなぐ共通の何かが必要になるのだ。

　越後妻有が一定の成功を収めた裏側は、アートという一見地域と無縁な都会的な文脈に関わる人々と地域の人々が共働することで、媒介の仕組みが整ったことにありそうだ。専門家の自由な発想を、地域の人々が具体的に存在する「モノ」に置き換える。それを見た専門家が、また新しい発想を付け加えて飛躍する。そんな相互の働きかけが、見て興味深い作品を生み出し、都会から来た芸術鑑賞に慣れた観光客を地域風土の新鮮な魅力へと誘導する仕掛けになっているのだ。

必要とされる地域人材

　「地域資源の活用」は、情報発信によって行われるのだから、外部の文化人だけでなく、県職員も、そのような方面に見識のある人材が必要になろう。個人的に専門知識の一端に触れており、専門家の発想を理解でき、彼らの活動を支援できるような人がいれば、互いに刺激し合って、より拡大したプロジェクト

15. 地域おこし

になるはずだ。そういう相互関係が「地域資源の活用」には必要なのである。

類題をやってみよう

令3・佐賀県
佐賀県では、2018年にデビューしたいちご「いちごさん」や2021年にデビューしたかんきつ「にじゅうまる」など、佐賀ならではの優れた農産物が生産されている。これらの新品種の販路拡大や認知度向上のために必要な取組について、あなたの考えを述べなさい。（90分・1000字）
＊新品種の宣伝手法についての内容だが、対象は地域ならではの農産物なので、骨格はほぼ同じように書ける。

論点ブロック

地域おこし

定義	地域おこし＝過疎・少子高齢化に悩む地方の活性化＝「まちおこし」と同じ⇒住民の力の発見と結束＋外部からの視線
背景	「先端産業」に頼る方法は失敗してきた＝雇用を期待＋「先端産業」に頼る⇒規模が大きい⇒ノウハウがないので、中央に丸投げする⇒画一的計画になる⇒地域住民が主体的に関われない⇒失敗続き
現状分析	新しい発想による「地域おこし」が進行している⇒地域が主体的に関わる＋外部からの視線⇒さまざまな文化・芸術などを利用した試みが成果を上げつつある
提案・解決	地域が都市に貢献するだけ？⇒一方的な関係を変える⇒地域の方がプライドを持ち、自らの持っている資源の有効性に気づき、都市に対して自らの価値を発信する

過去問データ

令4・山梨県「あなたが考える山梨県の魅力とは何かを挙げ、その魅力を最大限に活かし、『県民一人ひとりが豊かさを実感できるやまなし』を実現するために、県としてどのような施策に取り組むべきか」
令4・石川県「石川県の多様な文化の発信について」

16. ジェンダーと多様性

●知識と理解

多様性が叫ばれる一方、日本社会では差別感情が根強い。これは一定の者を疎外する社会を生み、活力を奪っている。少数者の活動を評価・支援する仕組みが必要である。

● 多様性の理念

多様性とは diversity の訳で、人種・国籍・性別・宗教・性別・セクシュアリティがさまざまに違っている状態をさす。とくに最近では、ジェンダー（社会的性別）が注目される。多様性が許容されることで、社会的なイノベーションを生み、さらに自由な社会に進歩する土台となる。

多様性はイノベーション

たとえば、ゲイの生き方や服装はファッションなどに大きな影響を持ち、そこから新しいトレンドが生まれる。情報革命も、その担い手は多様な国籍・多様な出自の人々によって起こされた。彼らの多様な生き方が、それまで注目されなかった新しいものを発見し、発展させる契機になる。だから、ビジネスでも「ダイバーシティ経営」などという流行語も生まれ、政治にも、さまざまな性別・性自認の人が進出し、トランスジェンダーの政治家も亜現れ、女性が首相・大統領をつとめる国も出てきた。

●トランスジェンダーの世田谷区議会議員上川あや氏は「ＬＧＢＴ自治体議員連盟」を発足させた

近年ずっと言われてきた「男女共同参画社会」も「ダイバーシティ」の一部と考えてよい。「男女共同参画」なので、男女の違いに焦点を当ててはいるが、最近は、LGBTQ（レズビアン・ゲイ・バイセクシュアル・トランスジェンダー・クィア）など多様な性的指向にも拡張されている。つまり、性別や国籍、性的指向にかかわらず、個人が同等の権利を持ち、共同で豊かな関係を建設する社会が当然であり、今まで行われてきた雇用・教育・家庭などの不平等・不公平を廃し、個人が個人として互いに結びつく、より豊かな関係を築くことが求められているのだ。

知識と理解

法律や労働運動では不十分

　ただ、社会的平等は、法律的に保障すれば、直ちに実現するわけではない。実際、法律では男女差別はあってならないことになっているが、現実では、女性の平均収入は男性より3割以上低いなど、職業差別は今だに強固である。しかも、労働者階級のほうが女性差別意識が激しく、工場などでは女性に対する嫌がらせも多い。LGBTQ も同様で、性的少数者をあからさまに排除する法律は次第になくなってきたが、社会的差別は今でも存在する。実際、アメリカのゲイ・パレードなど、性的少数者が行う示威行為には、保守派の労働者が殴り込みをかけるなどの暴力行為がしばしば起こる。

　このような状況下で、女性運動は法律・政治だけでなく社会や家庭の内部に組み込まれた性差別のシステムに注意を向けて、その変革を目指す「フェミニズム思想」となった。それと同様に、LGBTQ の人々も社会に内在している差別構造を分析し、それを告発する「クィア理論」を発達させ、その成果は、文化にも大きな影響を与えている。たとえば、レディー・ガガの2011年のヒット曲『ボーン・ディス・ウェイ（Born This Way）』は性的少数者への応援歌であり、日本の「紅白歌合戦」にも登場している。

POINT 👉 **多様性の問題＝法律や労働運動だけでは解決できない**

雇用状況

　しかし日本では、このような動きは、文化的に消費されるだけで、渋谷区などが性別に関わらない「パートナーシップ証明」を出すなどの動きが部分的に見られたものの、差別撤廃の歩みはなかなか進まない。最近でも、栃木県の女性同性カップルの片方が亡くなったが、「何の権利もない」として財産や仕事の継承が認められなかった例があるという。社会的差別はまだまだ根強く残っていると言わざるを得ない。

●女性の年齢階級別労働力率（労働力率＝15歳以上人口に占める労働人口）『男女共同参画白書（令和3年版）』より

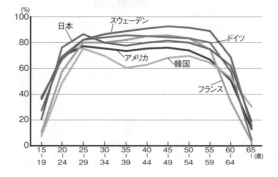

230

M 字曲線

　前頁のグラフは労働する女性の割合を表したものだ。解消に向かいつつあるとはいえ、日本では 20 代までは急速に上がるが、30 代に入ると下がり、また上昇して、40 代では M 字状のカーブを描く。これは、女性が出産のために退職し、子育て後にまた仕事に就く時期と一致している。このような傾向は欧米諸国では見られない。たとえばスウェーデンでは、むしろ 30 代前半から 40 代に労働力率が高く、アメリカでも落ち込みはほとんどない。日本と同様なのは韓国だけだ。

男女の賃金格差

　男女の賃金格差も大きい。10 代から 20 代前半ではほとんど違わないのに 20 代後半から差が拡大し、仕事を離れた女性が再び仕事に復帰する 40 代後半には、男性の約 7 割の賃金にしかならない。これは女性が復帰する場合には、非正規になりやすいことが関係している。

●性別・従業地位による雇用労働者の所得ピラミッド「就業構造基本調査」（2017年）より舞田敏彦作成

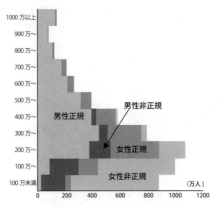

　上図では、男性正規の最頻値 300 万円台に対して女性正規は 200 万円台で 100 万円以上低い。女性非正規に至っては 100 万円未満が大多数を占める。これは、男性正規社員が就職後、年功序列で次第に賃金が増えるのに、女性は、結婚・出産で仕事の場を離れて、非正規パート労働者として労働市場に戻るからだ。彼女らはボーナス・失業保険も教育訓練もなく、景気が落ち込むと真っ先に解雇される。つまり、女性労働は、男性正規社員の雇用を補完するという身分制度として働いているのだ。

POINT 👉 日本の雇用は男性と女性の身分制になっている

男女雇用機会均等法

　すでに 1985 年に男女雇用機会均等法が制定され、教育訓練・福利厚生・定年・解雇・退職について性差別は禁止されている。

しかし、このときは募集・採用・配置・昇進には努力義務を課しただけで、紛争解決のために設けられた調停の開始には使用者側の同意が必要とされた。そこで 1997 年には、募集・採用・配置・昇進などの差別がいずれも禁止され、調停も一方の申請だけで開始でき、企業側が反対しても可能となった。しかも、差別禁止条項に違反した企業には、厚生労働大臣が助言・指導・勧告を行い、勧告に従わない場合は、その企業名を公表できる制裁措置が付け加えられた。さらに、2016 年には、妊娠・出産・育児休業・介護休業を理由とする不利益取り扱いについて、禁止規定のみではなく、防止措置義務も追加された。

●性別による役割意識

だが、企業は利潤追求のための組織なので、社会性や倫理性を求めても進んで行動するとは限らない。それどころか、社会で温存された差別や不正を積極的に利用して、利益を最大化しようとする傾向すら見られる。雇用における男女差別も、この社会的に存在する差別を利用して利益を確保しようとする非倫理的行動の一環にすぎない。

東京医大の入試不正問題

女性差別は、企業だけでなく、日本社会全体に深く根付いていた。たとえば 2018 年には、東京医科大学が女性受験者を十数年間にわたって差別していたことが発覚した。入学試験の小論文で男性には加点し、女性には加点せずに合否を判定していたのだ。しかも、この処置に対して「女性医師は結婚・出産で職場を離れるので戦力にならない」と擁護する声が SNS などで相次いだ。しかし、それなら事前に男女別に定員を発表すべきであって、秘密裏に点数操作をしたという行動において、大学がやましさを感じていたことが表れている。

不払い労働の概念

そもそも、経済学も市場を分析対象とするので、市場に入らない労働は勘定に入らない。たとえば食事や子育ては、家政婦が担当すれば賃金が発生し「生産的労働」になるが、主婦や妻がすると賃金が支払われず、アンペイドワーク（不払い労働）となって経済学的には評価されない。同じ労働なのに、誰が担うかで賃金発生の有無が決まる。家事や育児は生産システムを再生産するのに、経済学では無視されるのだ。つまり、経済学も無自覚に女性差別に加担しているのだ。

 経済学＝再生産労働を不可視化している

アンペイドワークを可視化するには、「第三者基準」による時間利用調査が有効である。これは、世帯内で行われる活動のうち、第三者に代わってもらえる活動を生産的労働と見なす方法だ。たとえば、自分に代わって食事することは他人に頼めないが、食事を作ることは他人に委託できる。したがって、食事するのは消費だが、作るのは「生産」に入る。このように測ったアンペイドワークとペイドワークが、男女別にどう配分されているのか?

●男女別に見た生活時間
（週全体平均）1日あたり、
国際比較
OECD Balancing paid
work, unpaid work and
leisure (2020) をもとに、
内閣府男女共同参画局にて
作成

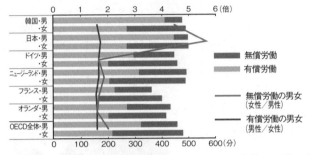

分担の不公平

双方を合計した全労働時間では、多くの国で女性は男性より長く働く傾向にある。ただ、女性の労働時間の半分はアンペイドワークだが、男性は 30 ～ 40% である。これだけでも差別的だが、日本の場合は、女性のアンペイドワークは、男性のそれの6倍近くで、韓国より多い。つまり日本は先進諸国の中で、極端な性差別が行われている国だと言わざるを得ないのである。

POINT 👉 日本の性別分業・性差別は極端である

労働からの疎外

これは、女性が「労働から疎外」され、男性が「労働へと疎外」されるという二重の差別でもある。女性は仕事で何かを達成する喜びから締め出され、男性は子育てしたり家事をしたりする活動から締め出される。つまり、企業に自らの時間と関心をすべて捧げたあげく、家庭や地域の関係から疎外されるのだ。

労働への疎外

社会学者の上野千鶴子は「男が父親であることから免責されるのが近代家族だった」と述べ、子どもが非行や学習障害など問題を起こしたときの父親の典型的反応を次のように分類する（『大航海』No.39、「フェミニズムの歴史と現在」）。

1 現状の否認―そんな馬鹿なことがあるわけはない
2 妻への帰責―お前が悪いんだ、任せておいたのに
3 逃避―関心を持たない

16. ジェンダーと多様性

●多様性を推進するには？

意識は変わりにくい

この状況を改善するには、平等の権利を主張するだけでなく、社会的差別の構造をなくすための積極的な取組が必要になる。たとえば、スウェーデンでは、育児休暇は女性だけでなく、男性も取らないと不利になる。両親が合計して480日の出産・育児休暇が取れるが、そのうち、父も母も最低60日は必ず取らねばならない。

日本でも育児休暇はあるが、制度を利用すると、昇進や給与での差別されるのではないか、とためらう男性が未だに多い。実際、岸田首相も「子育てが大変なことは経験した」と国会答弁したのにも関わらず、首相夫人は「子育てはワンオペ育児」だったと認めており（文藝春秋 digital,2022.2.25）、実態は言われるほどには進んでいないのである。

●コロナ禍で進んだテレワーク。家族のいる環境で仕事をする男性

企業と少子化

たしかに、コロナ禍でテレワークも進み、男性が家にいられる時間も増え、家庭や子どもへの関わりも増えたように見える。しかし、本来は、コロナ以前に企業が率先して変えるべきだった。それなのに、疫病下でやっと改善に取り組む。このような企業の怠慢が、職業と家庭生活の矛盾を招き、女性が子どもを持ちたい動機も減退させたと言えよう。実際、25〜34歳の女性労働力率の高い国では、合計特殊出生率も比較的高い。個別企業が現在の利益を追求する行動が、回り回って将来の売り上げを減少させているのだ。経済発展のためにも、仕事と子育ての両立支援策を進めるべきなのに、企業も政府も無自覚すぎるのである。

ワーク・ライフ・バランス

内閣府の調査『仕事と生活の調和（ワーク・ライフ・バランス）憲章』に拠れば、「仕事への意欲」は男女間で違いはなく、女性登用制度・休暇制度など、職場環境が整備された場合は、そうでない場合に比して、仕事への意欲が2倍以上違うという。しか

も、この結果は男性でも同じだ。女性登用制度があると、男性の仕事への意欲も、制度がない場合と比べて10%近く高くなる。つまり、女性登用制度や休暇制度が整備されている職場は、それだけ会社の雇用制度もフェアであることを意味しているのだ。

差別撤廃と抵抗運動

それなのに、このような改革の原動力となるフェミニストの活動に対して、一部の男性活動家から誹謗中傷や妨害が加えられる事件が目立つ。最近でも、若い女性のサポート事業を長年行っていたNPOに対して、「公金チューチュー」などと補助金を不正利用しているというデマ攻撃がSNSを使って執拗に行われた。調査の結果、不正利用の事実は認められなかったのに、それでも不正を言いつのり、活動中の団体に嫌がらせや脅迫めいたことを行ったりする。常軌を逸した行動だが、「支持者」がいるから、このような活動を続けているのだろう。

もちろん、差別的言動は、障害者やLGBTQにも向けられる。実際、旅客機に乗機拒否されたのに対して、障害者が抵抗した事件では、SNSで「プロの活動家だ」という中傷が拡散された。アメリカの黒人差別撤廃運動でも見られたとおり、差別感情は社会に組み込まれているので、具体的に指摘・告発し、抗議行動を起こして、一つ一つ撤廃していく実力行使の中で、隠れた差別が可視化される。しかし、障害者が実際に声を上げると「生意気だ」と攻撃してくる。「障害者らしく弱々しくしてほしい」と望むとしたら、どれほど差別感情に自らが侵されているか、という自覚もないのかもしれない。

少数者への差別感情

外国人や少数民族に対しても、この差別感情は噴出する。たとえば、日本の入国管理行政は、国連から「人権侵害」を指摘されているのに、「そのような事実はない」と主張し、いっこうに改善しようとしない。その結果、毎年のように、入管収容後の外国人死亡者が出てくる。入管は戦前の特別高等警察の流れを汲むので、異質な者を排除・抑圧する傾向が残っているのかもしれない。さらに、北海道などでは、先住民族であるアイヌの人々が存在しているのは自明であるのに、「アイヌ民族など存在しない」などと、歴史的事実を歪曲してまで侮蔑的な発言を執拗に繰り返す「保守」系議員も現れている。いったい、何の目的でこのような差別発言をくり返すのか、もはや意味すら分からない。

文化による意識の転覆

ただ、このような差別感情は、文化レベルから根底的に覆されつつある。たとえば、音楽では、アイヌの民族伝統楽器トンコリを使った音楽グループOKI DUB AINU BANDが活躍し、少数民族としてのアイデンティティをポップ・ミュージックという

形に昇華して、国際的フェスティバルに招待されるなど、高い
評価を得ている。まさに文化の多様性が日本文化を豊かにして
いるのである。

●東京パラリンピックで
金メダルを取って雄叫び
をあげる鈴木孝幸選手

パラリンピックでの活躍　　障害者においても、2021年に開催された東京パラリンピック
では、「障害者」と呼ばれる人々の能力の高さが見せつけられた。
たとえば、水泳で優勝した鈴木孝幸は手足の障害ををものとも
せず力強く泳ぎ、ほとんど身体が動かない選手も、球技ボッチャ
では精神を集中して、球を正確に動かす。鈴木選手は、スポー
ツだけでなく、英国に留学して福祉制度を学んでいるともいう。
このような姿を見れば、障害者は、もはや「気の毒な人々」で
はない。むしろ、生来持っている能力を受け入れて、それを最大
限に活かして何事かを成し遂げる姿は、怠惰な「健常者」をも
しのぎ、反省を迫る迫力があったと言えるだろう。

　このように、少数者に属する人々の活躍によって、日本社会
は確実に豊かになっており、それを否定することはたんなる反
動的心情であり、意味がない。行政に関わる者も、生まれ持っ
た属性がどうあろうと、自己の持っている力を活かして、思うと
おり生きられる社会であるべきだ、という力強いメッセージが広
めるべきだし、それが社会全体の活力を高めるのである。現代は、
この社会的理想を、今後、どれだけ社会に実装できるか、が問
われている段階にあると言えよう。

●出題例と研究

> 令4・奈良県
> 奈良県では、20歳から64歳までの女性の就業率が全国最下位となっており、女性の働き方改革と仕事場づくりが課題となっています。そこで、県内における女性の就業率が低い要因を整理・分析したうえで、女性が就労により能力を発揮し活躍するために行政としてどのような施策に取り組むべきか、具体的に述べなさい（75分・800字）

解説します

設問の文言に注目

　奈良県の女性就業率の低さについては、すでに2010年に「女性の就業等意識調査」の報告で、さらに2019年「奈良県・市町村サミット」で、奈良県福祉医療部子ども・女性局の「地域差から考える少子化克服の課題」という発表で「女性就業率が全国最低」と言われた。

　女性就業率に影響を与える要因はさまざまだが、本質は女性のライフコースである出産・育児と経済をどうバランスさせるか、である。現在の日本では、女性が仕事をなかば諦めるという形でそれが「解決」されている。つまり、結婚・出産に仕事を退職し、子どもが成長してから仕事に復帰するので、20代後半から30代後半まで就業率が低下し、その後に上昇する「M字曲線」の形をしているのである。

低下して上がらない

　奈良県の特徴は、M字の底が全国平均より深いこと、また、第二の山が上がりにくいことである。つまり、出産・育児期に退職する女性が多く、子どもの成長とともに仕事に復帰する割合も少ない。つまり、女性が仕事を辞めやすく戻りにくい構造なのだ。これでは、就業率が全国最低になるのも無理はない。

　実際、2010年の報告書では、女性の80%以上が就業を望み、とくに出産・育児期では、育児と仕事の両立型の働き方を理想とする女性が50%近くもいるのに、現実では20%強しか実現していない。つまり、本人は働きたいのに、環境がそれを許さない状況にある。働くために何が必要かという問いには、夫・家族の理解と育児・介護の休暇が取りやすい職場という回答が多い。

家族と職場環境の問題

　逆に言えば、就業に対して家族から理解が得られない、家事と両立しやすい働きやすい職場がない、という事情が、この県での女性の就業率を低下させている主たる原因だと考えられて

いるのだ。もちろん、このような事情は日本全国に存在するが、奈良県では、その事情がとくに色濃く表れている。

固定的性別役割分業意識

　この背景には、強固に存在する「固定的性別役割分業」があろう。「夫が外で働き、妻が家庭を守る」というのが家庭の理想だ、と答えた割合は 50% 以上で全国一である。「共同参画」と唱えながらも、女性が担う「人間の再生産」が経済活動から疎外されている。

● （縦）都道府県別合計特殊出生率と（横）女性就業率の相関関係（R 元奈良県市町村長サミット資料から）

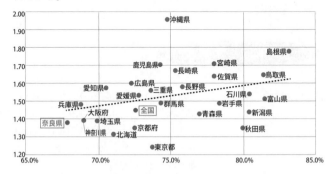

男性の働き方

　このような性別役割分業意識は、男性の働き方とも関係しているかもしれない。市町村サミットの発表では、奈良県の男性被雇用者は県外で働く割合が 36% と埼玉県・千葉県・神奈川県より多く、通勤時間も長い。しかも、週間労働時間 60 時間以上の割合も 14% 弱と東京都並である。このような状態では、男性が家事・育児に関わる時間的余裕も少なくなるであろう。出産・育児は社会の再生産に関わる大事な活動なのに、賃労働の合間にやる片手間の作業として認識される。こういう社会では、子どもを持つというインセンティヴも削がれる。奈良県で少子化が進んだのは、この客観的状況の反映なのである。

性別役割分担システム

　性別役割分担のシステムでは、賃金労働を主に男性が担当する一方、それを維持するのに必要な不払い労働を女性が担当する。当然、女性の労働市場での評価も低くなるので、賃金労働をしたいという動機を奪われる。他方で、男性は家事・育児などの人間的労働に従事する機会を奪われる。つまり女性は「賃労働から疎外」され、男性は「賃労働へ疎外」されるのだ。

　だから、少子化も進み、奈良県の合計特殊出生率は 1.37（平成 30 年現在）で全国の都道府県でも 40 位前後。さらに、奈良県では、25 歳から 39 歳の女性の未婚率も 40% を超え、奈良県より高いのは京都府と東京都だけで、大都会近郊の神奈川県・埼玉県より高い。奈良県が大阪市や京都市の近郊であることを

割り引いても、この傾向は突出している。その結果、女性就業率・合計特殊出生率の双方が、若者が集まる大都市近郊地域並みに低くなっているのである。

社会・制度的な改革

したがって、奈良県の女性の就業率を改善するには、単に女性労働に対する企業や家庭の理解を深めるような啓蒙活動をすればよいのではない。それと同時に、家庭では、男性が県外で長時間労働をしなければならない状況を改善し、家事・育児に参加する生活の余裕を作り出すとともに、企業では、女性が雇用されるための託児所の開設・休暇の取りやすい制度などを進めるべきだ。さもないと未婚化・少子化が一層進み、近い将来、大きな問題になるはずだ。

地域が率先して行う

企業は売り上げから賃金やコストを引いたものから利益を生む仕組みであり、長時間労働をさせた方がよいので、自主的な努力に期待しても難しい。したがって、近隣の地方自治体とも協力して、行政が基盤を早急に作り出す施策を取る必要がある。たとえば、育児休暇を積極的に取ったり、託児所を開設した企業に補助金を出したり、男性が家庭や地域に積極的に関われるように、県内に働く場所を作る、などである。これは、本来、日本全体で取り組むべき課題だが、特定の地域が率先して行えば、そこに若い世代の人々が集まってくる可能性も高いはずだ。制度を変える中で、地域の意識も変わってくるはずである。

答案例

理念の整理

「女性の就業率が全国最下位」という状況は、「男女共同参画」や「ダイバーシティ」が言われている社会では、残念な状態と言えるだろう。しかも、これについては、過去に何度も報告書や発表がなされているが、状況は大きく変わっておらず、相変わらず女性の就業率は全国最下位のままである。

もちろん、奈良県の女性が就業を望んでいないわけではない。調査でも、80% の女性が就業を希望し、50% が家庭と両立する形で就業したいと思っている。ところが、実際は 20% 程度しか実現されていない。その結果、奈良県でも、全国と同じように、結婚・出産を機に女性が退職し、子どもの成長とともに仕事に復帰する、という M 字曲線の就業率が見られるが、問題なのは、その谷の部分が深く、第二の山も高くならないことだ。これでは就業率が最低という状態になるのも無理ないだろう。

出題例と研究

現実との乖離

　これには、奈良県の固定的性別役割分業意識が関係していよう。「夫が外で働き、妻が家庭を守る」というのが家庭の理想だ、と答えた割合は 50% を超えて全国一となっている。ただ、現実的には、このような理想が社会的に十分機能しているとは言いがたい。なぜなら、奈良県の合計特殊出生率は、全国 40 位前後と低いからだ。実は、このような固定的性別役割分業意識が強い地域は、出生率も低くなる傾向があり、人間を生み育てる、という家庭の役割が十分果たせていない

　出産・育児・家事などの生活は、本来、優秀な労働者を確保する一方で、生産物の消費者を生み出し、経済を循環させる大切な活動のはずなのだが、その価値を認められず、経済社会の外部にある活動ととらえられている。だからこそ、アンペイドワークとして女性に押しつけられている。

根本原因の解明

　このような状況には、奈良県の男性の労働状況も関係している可能性がある。男性は県外で労働する割合が高く、労働時間・通勤時間も長い。当然のことながら、女性と協力して家庭を築く余裕もないし、それを正当化しようと、さらに固定的性別分業の意識を高めかねない。その結果、仕事の場では女性は劣位に立ち、男性正社員の下でパート労働に甘んじる。劣悪な環境の中で、女性が子どもの成長後に仕事に復帰したいという気持ちも削がれる。これでは悪循環だろう。

施策の方向

　したがって、奈良県の状況を変化させるのは容易ではない。労働者個人にとって見えるのは、家庭と企業の両方で、女性が働くのに対して、非協力的であるという事情だ。だから、報告書などでも「家庭の理解」と「働きやすい労働環境」が求められるのだが、それは、さまざまな事情の結果なので、いくら啓蒙に努めても、なかなか変わらない。家庭の啓蒙と同時に、行政の側が先導して客観的状況を変えねばならない。たとえば、育児休暇を積極的に取れる企業には補助金を出すとか、男性が県内で働ける場を増やすよう企業の誘致をするとか、男性が家庭や地域に積極的に関われる環境整備に取り組むべきだ。ただ、これは長期的な施策なので、短期的には、県外の自治体・企業にも呼びかけて、時間内労働を徹底させ、それを破る企業を厳しく罰することも必要かもしれない。日本の性別役割分担を維持・固定化しようとする体制自体を変えなくてはならない。そうしないと、社会の維持自体が難しくなるだろう。

令5・滋賀県

日本における女性の政治参画については、たとえば、衆議院の女性比率が9.7％（2021年12月時点）、参議院の女性比率が23.1％（2022年3月時点）で、国際比較でも非常に低い水準になっており、地方公共団体の首長や議会においても同様の状況です。このような状況が社会にもたらす影響について言及した上で、女性の政治参画をより一層促すためにどのような取組が必要か、あなたの考えを述べなさい。

い（90分・字数不明）

＊政治参画は、政治だけの話題に終わらせない。不公平の背景には、奈良県に見られるような女性への社会的差別がある。

論点ブロック

ジェンダーと多様性

定義	「多様性」⇒人種・性的指向などにかかわらず、個人として関わり、同等の権利を持って豊かな関係を作る⇒1 互いの人権の尊重　2 責任の分かち合い　3 個性・能力の発揮
背景	男女差別では、アンペイドワークが差別構造を再生産する⇒負担は女性が担う⇒男女の固定的な性別役割分担⇒雇用関係は実質的に男性と女性の身分制⇒M字曲線、パート労働、賃金格差などの不平等が生じる⇒労働からの疎外、労働への疎外
現状分析	先進国中で最長の労働時間⇒賃労働で生活が圧迫される⇒労働の自由化・非正規化、労働強化⇒企業は差別構造から利益を得る⇒自浄作用は期待できない＋行政による強力な指導が必要
提案・解決	社会・制度的に改革し、意識を変えていく⇒男性の育児休暇、ポジティヴ・アクション、差別構造の分析と告発⇒少子化・経済停滞の対策にもなる

過去問データ

令4・鳥取県「さまざまな分野で女性の活躍が求められているにもかかわらず、わが国の女性活躍が世界に比べて進まない（「ジェンダー・ギャップ指数2021」において、日本は世界156か国中120位、主要先進7か国では最下位）のはなぜか」

17. 抽象課題

●知識と理解
解きにくい問題の代表例。設問の形式に気をつけ、具体的知識と組み合わせて、ストーリーを作る技能が必要である。

●抽象課題って何だろう？

公務員試験では、ときどき「混沌と未来」（京都府）とか「自立心についてあなたの考えを述べなさい」（和歌山県）などの、とらえどころのない問題が出てくる。

「高齢化」とか「地域おこし」など具体的状況と関係した出題に比べて、何を書けばいいのかととまどうかもしれない。とくに「〜と〜」というような反対語の組み合わせの場合は、出題者がいったい何を求めているのか、と迷うこともあるだろう。

反対語の組み合わせ

しかし、考え方によっては、この組み合わせには、出題者の意図が透けて見える。なぜなら、反対語は対立の意味合いがあると同時に、裏表の関係にもなるからだ。現実の世界ではしばしば、矛盾する概念が、実際は同じものの一側面だったりする場合が多い。だからこそ「よいものがわるい、わるいものがよい」というシェイクスピアの『マクベス』のようなことも起こるのである。

物事の両面を考える

たとえば「ぐず」という言葉は、決断が遅い人に対する軽蔑の言葉であろう。ところが現実生活では、決断はとにかく早ければいいというわけにはいかない。早すぎれば、むしろ「おっちょこちょい」になる。つまり、決断の良否は、決断の速さだけでなく、状況との適合にも依存する。だから、決断が遅いことが、かえって「慎重だね」とほめられることもある。

同じ行為に違った評価

同じ行為が、あるいは同じ人が、ある時には「ぐず」となり、別な時には「慎重」と評価される。つまり物事の価値は、いつも両面を考えなければならないのだ。これは人間の評価に限らず、具体的な現象では、たいてい「よい」「わるい」は一義的に決められないのだ。逆にこのような矛盾を認識することは、現実についての複雑で成熟した見方として評価されるともいえる。

現実は正邪、善悪など矛盾する両面を持つ

定義に戻って考える

たとえば上の出題「混沌と未来」でいえば、「混沌」は物事がぐちゃぐちゃと混乱して分かりにくいことであり、誰しもこんな状態はいやだろう。しかし新しいモノが出てくる場合には、しば

しば古いモノの価値が疑われ、価値体系が混乱する場合が多い。

　もちろん変化がスムーズに行われれば、混沌は発生しない。しかし社会の中でいったん制度化された価値観は簡単には変化しない。なぜなら、その制度から利益を得ている人間もいるからである。そのような人間は、現状が変化すると自分たちの利益を侵害されるから、抵抗するだろう。したがって価値観の変化は必ずといっていいほど、既得権を持つ側と変化を求める側で激しい対立を生み、その結果、社会全体としては混乱や混沌を生み出す。

新しい関連を見いだす

　だから「混沌」は見方を変えれば、これから新しいモノが出現してくる可能性を持つ「よい」徴候ともいえる。したがって、この混沌の状態をどう処理するかが、新しい時代、つまり未来の方向を決定するのである。とすれば、これほどエキサイティングな状態はないともいえる。

　このように考えると、一見ネガティヴな「混沌」にもよい意味があり、「未来」というポジティヴなイメージを持つ言葉と関係づけられる。言葉はその定義に戻って考えると、意外な結びつきが出てくるのだ。それを、「混沌」はよくないことだと固定観念を持ってしまうと、面白い関連が出てこない。

POINT 👉 定義に戻って、固定観念から抜け出す

抽象から具体へ

　しかしこのように観念の中でいろいろ関係を考えているだけでは、論文としての迫力はないし、抽象的で分かりにくい。前にも書いたように、論文の基本的な構造は

問題＋解決＋理由と説明＋具体例

ということができる。つまり観念の遊びだけでなく、現実との結びつきが大切なのだ。観念のうえで展開したことを、実際の社会や生活に適用してみなければならない。

　上の場合なら、混乱することが未来の可能性とつながっているような実際の例を考える。今まで論じてきた「高齢社会」「少子化」などの分野で、現在は混沌としているが、そこに未来の可能性が見えているような現象はないだろうか？あるいは「不況」や「構造改革」の分野では？　「国際化」という話題でも、「少年犯罪」でも、混乱や混沌と未来が結びつく可能性が見つかれば、具体例が見つかったことになる。

●具体的分野に適用する

　　ここでは教育の問題に適用してみよう。教育の現場は「学級崩壊」「体罰といじめ」など価値体系の混乱つまり混沌になっていると考えることができる。たとえば「学級崩壊」では個性化への変化と集団化という制度の対立による混沌としてもいい。

　　現在の保育園などでは「個性を大切にする保育」という名の下に、集団行動になじめない子どもにもそれなりのオプションを与えている。昼寝の時間に一緒に眠れない子には、別室で本を読んでやったりする。そのおかげで子どもたちが字を覚えるのが早くなったという効果もあった。

小学校と混沌

　　ところが小学校では、依然として一斉に行動し一斉にやめるというふうに、行動の画一性を原理にしている。このような学校のシステムに、自由保育に慣れた児童たちが適応できなくなったのが、「学級崩壊」という現象だという理論もある。

　　「教室の床にモノが散乱し、授業中でもしょっちゅう立ち歩きをする」と小学校の教師は嘆くが、保育園の側では、硬直的な対応がそのような状態を生み出すのだという。

●混沌とした教育現場

　　もちろん学校に個性を抑圧する方向性があって悪いわけではない。他のメンバーと一緒に行動するのは、集団の統一のためにも、管理のためにも必要不可欠といっていい。また学習内容は、到達度に違いはあっても基本的に同じでなければ、義務教育としての水準は保てない。

　　とすると、「学級崩壊」の後ろには、義務教育において、集団性と個性のどちらを重視すべきかという価値観の対立があり、それが「学級崩壊」という現象となって出てきているかもしれない。あるいは生活水準が上がり、義務教育という概念自体が必要とされ

ていないのかもしれない。このように「混沌」という言葉に、具体的な内容をつけ加えることで、観念だけでなく、現実との関連をつけることができる。

POINT 👉 **現実的状況に適用して、具体性を増す**

関連する言葉から

　あとは、教育における「未来」と、このような状態がつながればいい。ところで「未来」があるなら、「過去」もあるはずだ。では教育における「過去」とは何か？　ここでは、集団性と個性のどちらを重視するかという価値観の対立があるのだから、「集団性」を強調するのが過去のやり方であり、「個性」を強調するのが「未来」だと考えてみよう（もちろんそう考えなくてもいいが）。それでは、どのような社会に変わろうとしているのだろうか？

知識の応用

　これを解くには、今まで、また、これからの社会がどういう社会なのか、仮説を立てる必要がある。そのためには、多少社会学的な知識がいるかもしれない。仮に今までの社会を産業社会、これからの社会をポスト産業社会と考えてみよう。もちろん社会観は他のものでもよい。生産中心の社会と消費中心の社会、近代社会とポストモダンなどいろいろな対比が考えられるだろう。

ポスト産業化？

　先ほど「義務教育という概念自体が必要とされていないのかもしれない」と書いた。この考え方を進めて、この混乱を、産業社会がポスト産業社会に変化したことによる、と考えることもできる。

教育の違い

　なぜなら産業社会では、モノを生産するために集団的に行動するのに対して、ポスト産業社会は多様な知識と情報を、個人個人が生産する社会と考えられるからだ。前者が、大量生産に必要とされる画一的な行動と、それを可能にする画一的な教育と知識を必要としたのに対して、後者は協調性はなくともいいから、個性的な発想が重視されるだろう。

　したがって教育も、画一的な内容を一斉に学ぶという形式から、各自が必要とする知識を、それぞれに学ぶというスタイルになる。今までの初等教育では、知識の伝達より、集団行動の遵守の方が強調される場合も多い。その形式が、現在変わりつつあるのだ。

仮説は大胆に

　もちろん以上のような考察は、一つの考え方、仮説にすぎない。教育に対する見方として正しいかどうかは分からない。ただ仮説であるだけに、大胆な発想をすることができる。その旨を断っておけば、問題はない。このような抽象課題では、むしろ発想が中心となる。確実さよりも自由に考えを広げたい。

　いずれにせよ、「混沌」と「未来」という抽象的な言葉も、教

知識と理解

育という分野に持ち込んで考えると、ぐっと具体性が増して、文章としての迫真性も増すことになる。

●ストーリーを作る

上のような作業は、「混沌」と「未来」という二つの言葉を使って、社会や現実に対するストーリーを作ってやることに等しい。どのような言葉や用語を使ってストーリーを作るか、に書き手の教養と知識が表れるのである。

社会科学的な用語がうまく使ってあれば、社会科学的思考のできる人だと判断されるし、時事問題の情報が入っていれば、社会に関心がある人とみなされる。ストーリーがうまくこしらえてあれば、構成力があることになるだろう。もちろん誤字脱字があったり間違った概念を使ったりすると、不注意とみなされる。

POINT 👉 抽象課題➡指定された言葉を使ってストーリーを作る

得意分野に引きつける

つまり抽象課題は、文章を書かせることで、その人が何に関心を持っているか、どのような性格なのかを判断するために出題されるのである。したがって書く方としても、自分がどの方面で評価されたいのか、自分の得意分野は何かをよく考えて、その分野に引きつけて書くべきだろう。

どんな分野でも、「混沌」と「未来」が結びつく状況はすぐ見つかる。また実例がすぐ思いつくようでなければ、得意分野とはいえないだろう。得意分野を一つ持っていることは、公務員という職業人としても重要なことである。

他の形式も同じ方法で

これまで述べた原則は「自立心についてあなたの考えを述べなさい」のように、対比関係を含まない場合でも、同じように適用できる。たとえば「自立心」などという言葉は、一般的によいことと思われているが、実際の場面では評価されないことも多い。これは「人の意見を聞かない」という欠点になりかねないからだ。それが「自立心」として評価されるには特定の場面が必要だ。このようにして物事の両面を考えることになる。

基本形式に持ち込むと楽

ではどういうときに「自立」として評価され、どんなときに「独断専行」や「ひとりよがり」になってしまうのか？このような具体的状況を、現実の社会や生活から見つけだすことができれば、その矛盾を論じることができる。すると「問題と解決」という論文の一番基本的な形式に持ち込むことになる。そうすれば、「どう書けばいいか分からない」という悩みからは、解放されるはずだ。

17. 抽象課題

●出題例と研究

令3・京都府
最近5年間で、失敗した出来事と、その失敗に対してどのように対処したか、
また、同じ失敗をしないように心がけていること（40分・600字）

解説します

「失敗した出来事」の内容と、それに対して、どのように対処
したか、同じ失敗をしないように心がけていることは何か、の三
点が聞かれている。

経験を描写する　　まず、最初にすべきことは「失敗した出来事」を描写するこ
とだろう。もちろん、内容は何でもよい。やりすぎたこと、やり
足りなかったこと、間違いに気づかなかったこと、判断を間違
えて大変なことになったことなど、さまざまな事例が考えられる。
ここでは「人からだまされた」という経験を挙げてみた。もちろ
ん、これは「だました人」が悪かっただけでなく「だまされてい
る」ことを見抜けなかった自分の落ち度でもあるので「失敗」と
名付けられるだろう。

　　出来事・経験・体験は、基本的に「いつ・どこで・誰が・何を
して・どうなった」という情報を入れて描写するのが定石だ。た
とえば、「学生時代に、ライヴハウスで・ある人から・メジャー
デビューしないか、と声をかけられて・その気になって失敗した」
などである。自分の経験なので、細部にこだわりたいのはやま
やまだが、字数が多くないので、省略できることはなるべく省略した
い。そういう能力も、ここでは見られていると考えるべきだ。

論理を進める　　次のステップは、このストーリーに状況を説明する肉付けを
することだ。つまり「私は大学時代バンド活動をしていた＋結
構人気があった＋デビューしたらと誘いをかけられた＋ぜひやりた
いと答える＋しだいにお金を要求されるようになった＋結局、金を出
させる詐欺的行為だった＋だまされた」などとなる。もちろん、ここ
に自分の心理描写を加えるともっとよいかもしれない。たとえば「初
めての話に興奮した＋ずっとあこがれだった＋絶対に成功させようと
思った＋何でもしようとはりきった＋迷ったが、結局信用してやるこ
とにした」などと表現する。

さらに展開する　　次は、「だまされた」という失敗が分かってからの対処だ。実情
にもよるが、失敗からの回復を書くのだから、どこかではっきり

とした転換点をつける必要があるだろう。「最初は言われるままに出演していた＋次々にお金を要求される＋バイト代がなくなった」→「おかしい＋友人に相談する＋情報を調べる＋問題が大きいことが分かる」→「社長にやめると伝える＋罵倒される」などだ。もちろん、ストーリー的には困難は大きい方がよいから、その後もすったもんだが続く。

ストーリーを作る

「知識と理解」編では、ストーリーを作ると述べたが、とくに、このような「失敗からの回復」のストーリーは、その失敗が大きければ大きいほど、そこからの回復プロセスも際立ってくる。たとえば「やめる」と言ってから「社長から脅された」とか「バンドが仲間割れした」などのサイドストーリーを付け加えると効果的だろう。失敗すると、必ずそのコストを支払わなければならないからだ。「決めたことだから、やり抜こう」などと気持ちが揺れる様子も入れると、さらにリアリティが出てくるかもしれない。こういう細部にわたる心理描写は、単に起こったことを再現するだけではなく、ストーリーに臨場感を与え、書く人が事件を正確に認識しているかどうか分かるので、どんなことが起こって、どんな被害を被ったのか、明確に分かるように描写したい。

対処は反省に対応

もちろん、文章を書いた時点で、困難はすでに解決されている。でないと、未だにトラブルに巻き込まれていることになる。後は、それを反省して、同じ失敗をしないように「心がけていること」を書く段階だ。「だまされてしまった」という後悔が残るから、当然「この次からは、だまされないようにしたい」と思う。だが、後悔するだけでは不十分だ。再び失敗しないためには「具体的にどう対抗するのか？」まで、考察しなければならない。それには、自分の失敗の核心をきちんと認識すべきだろう。

たとえば、自分の信じやすい性格だとか、気持ちが舞い上がったために正常な判断ができなかったとか。そういう反省点に対して、適切な対処法を考える。たとえば「情報やエビデンスを集める」「先輩などに事情を聞く」「慎重に行動する」など、いずれにしろ、反省点にきちんと対応していなくてはならない。

POINT ストーリー ➡ 反省点 ➡ 具体的教訓 ➡ よりよくなった自分

結論部の内容

結論部では、失敗を経てよりよくなった自分という肯定的な観点が期待されている。公務員の仕事との関係も入れるとよりよいかもしれないが、そこまでの字数があるかどうか、は微妙なところだろう。

答案例

体験を語る

　　最近5年間で失敗した出来事は、甘い誘いにその気になったことである。私は学生時代からバンドを続け、地元では人気もあった。ただ、音楽で身を立てるのは難しいと思っていた。

　　ところが、ライヴの後、中年男性から「メジャーデビューしないか」と誘われたのだ。彼は音楽プロの社長で新人を探していると言う。「君たちならやっていけるよ」という言葉に興奮し、ためらうメンバーを説得してやってみることにした。

思わぬ展開になる

　　ところが、市民イベント出演などで聴衆数が急激に増えたものの、しだいにCD制作費だとかレッスン料だとか、お金を要求された。バイト代や親からの仕送りでしのいだが、金額が大きくなってメンバーが「もうできない」と言いだした。そこで社長と会って、伝えたところ、「お前らが使った金の何十倍も俺はつぎ込んでいる。親に請求する」と脅された。

どう対処したか？

　　困り切って他の友人に相談すると、彼は、その会社は前にも問題を起こしたことを突き止め、だまされている可能性が強いから「親に言うつもりなら逆に詐欺罪で訴える」と言ってやれと言う。そのとおりにすると社長からの連絡はなくなった。

これからに活かせること

　　考えてみれば、私は、自分たちの力が認められたと高揚し、望ましい情報だけを選択して、事実を冷静に判断できなくなったのだろう。私に、第三者の友人のアドバイスを聞ける余裕があったのは救いだ。それ以来、うまくいきそうだと感じるときこそ、認識の盲点がないか慎重に判断するよう心がけている。

類題をやってみよう

令4・京都市
あなたにとって働くこととはどういうことかとそのような考えに至った具体的なエピソードを交えて述べよ（40分・600字）
＊形式はほとんど出題例と同じで、話題が「働くこと」と変わっているだけ。書き方も当然似てくる。

令3・島根県
培った能力や成果等についてアピールし、それを本県行政におい

てどのように活用できるか述べなさい（120分・1600字）
＊これも、答案例と同様に書ける。「失敗」が「培った能力や成果」
に変わるだけ。「行政との関係」の叙述を加える。

論点ブロック

抽象課題

定義	抽象語の組合せによる出題 「〜と〜」「〜について論じよ」などの形式が多い
一般的解法	関連する言葉（類義語、対義語）との違いから考える 問題—解決という論文の基本的な構造に持ち込む 物事の反面を考える⇒問題、対立、不一致に通じる⇒基本的構造 ストーリーの条件に合わせて物語る
提案・解決	自由に実例を出せたり、細かく説明ができる分野を持つ 地域に関する情報は、あらかじめ調べておく⇒利用価値が高い

過去問データ

令2・京都市「過去5年で後悔した経験と，そこから得たものに
ついて」

令元・福井県「(1) あなたがこれまでに最も力を注いだことは何
か、これまでの経験や出来事を交えて具体的に述べなさい。(2)
(1)で述べた経験を、本県の行政のどの分野でどのように活かし
ていきたいか具体的に述べなさい」

令元・京都市「最近5年間で，他者との関わりの中で自分が成
長できたと思えることと，それを活かして，現在取り組んでいる
こと」

平29・秋田県「秋田県の課題について一つ取り上げ、『ピンチは
チャンス』又は『逆転の発想』をキーワード にして、その課題
を解決するにはどうすればよいか、あなたの考えを述べなさい」

18. グラフ・データ問題

●**知識と理解**　図表・データを参照しつつ解答する形式が多くなった。社会の客観的な把握が求められているのだ。これには一定の解答パターンがあり、それに従うとスムーズに解ける。

●グラフ・データの読み方

グラフやデータは、現代社会の状態についてのヴィジュアル的な記述の一種と考えることができる。つまり、何かの問題について、実際の人々がどのように考え／行動しているか、という社会の傾向を表している。しかし、それは評論やコメント、記事のように文章で書いてあるわけではなく、数字とグラフから成り立っている。

仮想の対話

この問題を解くには、グラフやデータを掲げている人（質問者）とあなたが対話することを思い浮かべればよい。グラフやデータを持っている人が、まずあなたに聞いてくる。

「このグラフ（表）が何を表しているか分かりますか？」
「分かりますよ」

傾向
「では、どんな傾向を表しているか、あなた自身の言葉で言ってもらえますか？」
「…ですね（グラフの傾向を言葉にする）」
「なぜ、そうなるのか、あなたの考えはいかがですか？」

原因
「たぶん、原因（背景）は…だからでしょう。（説明を続ける）…だから、このような結果になっているのです（とメカニズムを説明する）」
「なるほど。では、これからどうなりますか？　どこか悪いとすれば、これからどうすればよい、とあなたは思いますか？」

予想・提案
「これから…になるでしょう。これを改善するには、…すればよい。だって…ですからね（と予想・提案などをする）」

こういう対話ができれば、グラフやデータを巡って、有益な意見交換ができた、と言えるのではないだろうか？

●解答の構造解釈

この対話で問題になっていることは3つ。まず「グラフやデータがどんな傾向を表しているか」、次に「その傾向の背景・原因・メカニズムは何か？」、最後に「これからどうなるか？／何が悪いのか？／どうすればいいか？」であろう。これらは

1　読解
2　原因／背景／メカニズムの解釈
3　予想／批判／提案

などとしてまとめることができる。つまり、グラフ・データ型問題は「読解⇒原因／背景／メカニズムの解釈⇒予想／批判／提案」という順序で解答していけば一応の格好はつくのだ。

POINT 👉 グラフ・データ型問題の解法＝
読解 ➡ 原因／背景／メカニズムの解釈 ➡ 予想／批判／提案

読解の方法

　　まず読解とは、グラフ・データが表している社会の傾向を、文章の形に言い換えることである。たとえば、人口の折れ線グラフで右肩上がりなら「人口は一貫して増大している」と言葉に置き換えることができる（下の図参照）。もしも、最初は右肩上がりで途中から右肩下がりなら、「人口は…年までは上昇したが、その翌年からは一貫して減少している」と時間の描写を入れればよい（下の図参照）。つまり、折れ線グラフは経過・変化を表すのに適したグラフなのである。

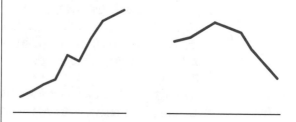

形式と強調

　　グラフの形式が変わると、強調点も変わる。たとえば、棒グラフになると（次ページ左図参照）、このような変化の形ではなく「Aは…であるのに対して、Bは…である」と対比の形を使うとくっきり表せる。上に伸びている感じが、競争のイメージを表すからだ。

　　他方で、円グラフでは「…の一位はAは…であり、それにBが続いている」などのように、順位を表す表現が合っている（次ページ右図参照）。逆に言えば、グラフの作成者も、読者にどんなメッセージを伝えたいか、によって、グラフの種類を選ぶ（変化なら折れ線グラフ、対比なら棒グラフ、順位なら円グラフなど）。

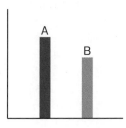
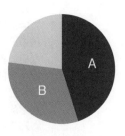

したがって、グラフを見る方もその意図を読み取って、それに適した形で文章に置き換えねばならないのである。

 POINT グラフを言語に置き換えるには種類によって最適な形を選ぶ

原因と解釈

　このように、グラフを言葉に置き換えたら、次の作業は「なぜ、このような傾向が出てきたのか、その原因やメカニズムを考える」ことである。これは、問題文やグラフに書いてあることではなく、自前で考えなければならない。たとえば、出生数がある年に急激に落ち込んだグラフ（p.80 参照）があるとすれば、その理由が何か考えられるはずである。どのような理由なのか、自分なりの仮説を立ててみるのだ。

何が原因か

　もし「ある年に生まれた子どもが不幸になる」などという言い伝えが確認できれば、その年の妊娠・出産が避けられた可能性が考えられる。つまり「迷信の影響で、その年だけ出生数が減った」という仮説になる。実際、日本では 1966 年に出生数が顕著に減ったことがあったが、この年は干支で言うと「丙午」という年にあたり、「丙午に生まれた女は男を食い殺す」という民間伝承が確認されている。これが出生数に大きな影響を及ぼしたようだ。

 POINT 原因／メカニズムの解釈＝ある社会的傾向が生まれる原因・メカニズムについての仮説を立てる

　もちろん、仮説の信頼性を増すには、本来なら、他のデータを自分でも調べて、それと整合していることを確かめるべきなのだが、試験の現場では、そんなことはむろんできないので、問題に提示されているグラフ・データの間で整合性がとれていればよい。

予想／批判／提案

　最後のプロセスは、予想／批判／提案である。これは、前段階の原因／メカニズムの仮説に基づいて、これからどうなるか、どこが悪いか、どうしたらいいか、などを考えるところだ。

知識と理解

原因から予測へ

　たとえば、丙午で出生数が減少しても、次の年には、出生数減にはならない、と予想できる。「丙」と「午」の組み合わせは、中国の暦で60年に1回にしか出現しないから、次の年には起こらない。また、もし、この現象を批判するなら、現代でも迷信が支配する日本社会は遅れている、などと述べることができる。さらに、提案としては、「迷信である」ことを啓蒙すれば、あるいは科学的見方を拡げれば、このような馬鹿げた傾向をストップさせられるはずだと主張できよう。

解釈と対策

　大切なのは、あくまでも、前段階で解釈した原因／背景／メカニズムに基づいて、予想／批判／提案しなければならないことだ。解釈と提案が、内容的に一対一に対応していなければならないのだ。たとえば、出生数の減少の背景として、世帯の所得が減少したことや保育所の未整備などを、解釈として挙げるのなら、「女性に子どもを産むように宣伝する」ことは有効な対策にはならない。なぜなら、このような背景なら、女性は「子どもが産みたくても産めない」という客観的状況にいるので、「産みたくない」という主観が原因ではないからだ。

POINT　解釈した原因／背景／メカニズムに基づいて、予想／批判／提案しなければならない

●グラフ・データ問題の基本構造

　結局、グラフは、まず表されている傾向をシンプルに言葉化する「読解」、次にその傾向が出現した原因や背景、メカニズムについての仮説を、蓄積した知識・情報を元に考え出す「解釈」、さらには、その仮説に基づいて、今後どうなるか、どうすればいいか、を述べる「予想・批判・提案」の3つのパーツからなるわけだ。

パーツに分ける

　よい答案を書くには、それぞれのパーツのレベルを上げればよい。グラフの傾向を簡潔に言葉に置き換え、それについて興味深い背景・理由を考え、メカニズムを詳しく説明する。それに基づいて、一貫した批判や提案を行うのだ。

　どんな仮説をあてはめるか、については、この本の他の項がヒントを提供している。それを適宜、グラフの傾向に当てはめつつ、なるべく創造的な解釈をし、明確な提案・予想などの方針を示すことが高評価への道なのである。

254

18. グラフ・データ問題

●出題例と研究

令3・国家一般職

厚生労働省「国民生活基礎調査」によるわが国の「子どもの貧困率」は、2018年時点で13.5%と、子どもの約7人に1人が貧困線＊を下回っている。このような状況に関して、以下の資料❶、❷、❸を参考にしながら、次の(1)、(2)の問いに答えなさい。

なお、同調査における「子どもの貧困率」とは、17歳以下の子ども全体に占める、貧困線に満たない17歳以下の子どもの割合のことである。

＊貧困線とは、等価可処分所得の中央値の半分の額をいい、等価可処分所得とは、下記により算出した所得である。なお、2018年の貧困線は127万円である。

等価可処分所得＝(総所得−拠出金(税金や社会保険料))÷√世帯人員数(所得のない子ども等を含む)

(1) わが国の子どもの貧困問題が社会にどのような影響を及ぼすのか、子どもの貧困に関する現状を踏まえながら、あなたの考えを述べなさい。

(2) わが国が子どもの貧困問題に取り組むうえでどのようなことが課題となるかについて、あなたの考えを具体的に述べなさい。　(60分・B4一枚両面)

資料❶　子どもがいる現役世帯の貧困率の年次推移

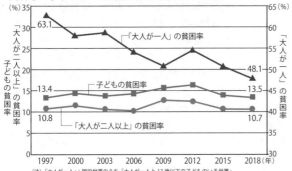

(注)「大人が一人」：現役世帯のうち「大人が一人と17歳以下の子どものいる世帯」
「大人が二人以上」：現役世帯のうち「大人が二人以上と17歳以下の子どものいる世帯」
(出典)厚生労働省「2019年　国民生活基礎調査の概況」を基に作成

資料❷　子どもの大学等進学率の内訳 (2017年)

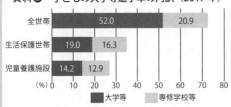

(出典)2018年、第6回子どもの貧困対策に関する有識者会議の資料から作成

資料❸　子どもの貧困に関する指標 (抜粋)

指標	直近値
生活保護世帯に属する子どもの高等学校等中退率	4.1%
全世帯の子どもの高等学校中退率	1.4%
母子世帯の親のうち、就業している者の割合	80.8%
就業している母子世帯の親のうち、正規の職員及び従業員の割合	44.4%
スクールソーシャルワーカーによる対応実績のある学校の割合 (小学校) (注)スクールソーシャルワーカーが機能する体制の構築等を通じて、ケースワーカーや児童相談所等と教育委員会・学校等との連携強化を図り、苦しい状況にある子どもたちを早期に把握し、支援につなげる体制を強化するとされている。	50.9%

(出典)「子どもの貧困対策に関する大綱」(令和元年11月)を基に作成

出題例と研究

解説します

読解とメカニズム　　　　まず、それぞれの資料の客観的な読み取りから始めよう。資料❶では、「大人が一人」つまり、一人親＋子どもの世帯の貧困率は 1997 年から減少し、2018 年まで下がり続けているが、それでも半分近くが貧困線以下である。それに対して、「大人が二人」つまり、両親＋子どもの貧困率は、10 〜 13% でほぼ横ばいで推移している。その結果、子どもの貧困率も 15% でほぼ横ばいで、改善が見られない。

　　　　一方、資料❷では、子どもの大学進学率は全世帯で 50% を超え、専修学校の進学も入れれば 70% 以上になっている。しかし、生活保護世帯では、両方を合わせても 35% 程度、児童養護施設の子どもでは 25% 強と目立って低い。

推論と予想　　　　次に資料間の関係を考える。資料❷の貧困家庭の子どもの「進学率」の低さは、将来の子どもの職にも影響する。学歴が低いと生涯収入も低くなりやすいので、貧困家庭の子どもが成長して貧困に陥る可能性は高いだろう。実際、資料❸では、母子家庭での親の 80% は働いているが正規就労はその半分であり、当然、収入も平均より低くなっていると予想される。つまり、親の貧困がそのまま子どもにも「相続」されるという事態が生じているのだ。しかも、こういう事情に対する学校のケアは不十分だ。資料❸によれば、ソーシャルワーカーが機能している学校は全体の半分にすぎず、子どもの現在の状態や将来の職業について相談する体制が弱い。だから「貧困の相続」は解決されないのである。

提案につなげる　　　　最後は提案につなげる。昔から、学歴は「階層移動」のための手段であった。たとえば、移民国家であるアメリカでは移民一世が低賃金労働でも骨身惜しまず働き、次の世代の子どもを大学に入れることで、自分たちも社会の底辺から抜け出す、という戦略がとられていた。とすれば、日本でも、貧困層が「貧困の相続」から抜け出すには、子どもに十分な教育機会を与えて、学歴を付けて、収入が高い職業に就くことが考えられる。

　　　　ただ問題なのは、貧困層には学歴を軽んずる文化も存在することである。たとえば、イギリスの未熟練労働者の家庭では、学校を軽蔑する文化があると言われている（P. ウィリス『ハマータウンの野郎ども』）。学校でよい成績を取ったり優等生になったりすることは、自分たちの出自に対する裏切り者とみなすのだ。その圧力が働くので、子どもたちは学校で勉強することを妨げられる。もしかしたら、日本でも、同じような圧力が家庭内で働く

かもしれない。子どもは、まだ学校の勉強が将来どう役立つか分からないことが多い。とすれば、どんなに子どもに適性や意欲があっても、周囲の圧力で学習に向かわない、という恐れがある。

具体案に展開する

そういう場合には、むしろ学校は、教育が価値を持つよう子どもたちを励まし、家庭の文化から引き離す必要がある。その役割を主に果たすのが、教師やスクールソーシャルワーカーだろう。子どもたちを励まし、勉強や学校の持つ意味を強調する。時には、家庭からの圧力が働かないように、子どもたちの盾の役割を果たさねばならない。そういう体制を作り上げられれば「貧困の相続」が妨げられるはずだ。

もちろん、勉強が嫌いな子どもたちもいるだろう。それでも、将来につながる知識や情報を、たとえ、それが学歴や勉強とは違っても提供する意味がある。なぜなら、そもそも貧困家庭は、そういう知識・情報のリソースが少ないと考えられるからだ。身の回りにいる大人たちだけでなく、もっと広い範囲で自分の将来のモデルになるイメージを提供すべきなのだ。

答案例

資料の読解

（1）

資料❶では、一人親と子どもの世帯の貧困率は1997年から減少し続けているが、それでも半分近くの世帯が貧困線以下である。それに対して、大人が二人以上で子どものいる世帯の貧困率はほぼ横ばいで推移している。その結果、子ども全体の貧困率もほぼ横ばいで、改善が見られない。

一方、資料❷では、子どもの大学・専修学校の進学率は70％以上だが、生活保護世帯では、35％程度、児童養護施設の子どもでは25％強とさらに低い。さらに、資料❸では、高校中退率でも生活保護世帯は全世帯の3倍以上で、母子家庭の母親が働いても、正規就労は半分に過ぎない。

つまり、親の貧困が子どもの学歴の低さを生む現象が見られる。学歴が低いと生涯収入も低くなりやすいので、貧困家庭の子どもが、また貧困に陥る可能性は高いはずだ。実際、資料❸では、母子家庭での母親の80％は働いているが正規就労はその半分なので、収入も平均より低いと予想される。つまり、親の貧困がそのまま子どもにも「相続」され、社会的格差が開くという事態が生じるのだ。

出題例と研究

背景・社会変化

（2）

　「貧困の相続」や「社会の格差拡大」には、まず学習への妨げとなる要素を取り除くことが必要だ。学歴は「階層移動」のための主要な手段である。とすれば「貧困の相続」から抜け出すには、子どもに十分な教育機会を与えて、学歴を付けることが考えられる。

　ただ問題なのは、貧困層には学歴を軽んずる文化が存在することである。学校でよい成績を取ったり優等生になったりすることを軽蔑するのだ。その圧力が働くので、子どもたちは学校で勉強することを妨げられる。とくに、子どもには、まだ学校の勉強が将来どう役立つか分からないことが多いので、学校が子どもたちを励まし、その家庭固有の文化から引き離しても、教育の価値に向かわせるべきだ。その役割を主に果たすのがスクールソーシャルワーカーだ。勉強ができる子どもたちを励まし、学校の持つ意味を強調することで「貧困の相続」が実現しないようにする。もちろん、学校が嫌いな子どもたちにも、また違った知識や情報を提供すべきだ。そもそも、貧困家庭は、そういう将来につながる知識・情報が少ないと考えられるからだ。身の回りだけでなく、広く自分の将来のモデルになるイメージを提供すべきなのだ。

　だが、資料❸によれば、スクールソーシャルワーカーが機能している学校は全体の半分にすぎない。子どもの現在の状態や将来の職業について相談する体制が弱すぎる。人員を大幅に増やして、貧困を相続させない仕組みを作るべきだ。

類題をやってみよう

令2・静岡県・行政Ⅰ

2014〜2019年の日本人と外国人の転出者数、転入者数、転入超過率を示す表から読み取れることと、それを踏まえて時代の変化に合わせた地域づくりを進めるために県が実施すべき政策を具体的な施策案とともに論ぜよ（資料省略）（90分・1150字）
＊「表から読み取れること…を踏まえて」とあるので、まずそれぞれの資料の傾向を文章でまとめ、その背後にあるメカニズムを推測する。元の資料を参照すると、静岡県における「国際化」の急激な進行が読み取れる。

論点ブロック

グラフ・データ問題

定義	グラフ・データを使って、論文を書かせる問題⇒客観的なデータに基づいて議論する能力を見る
背景	1 読解＝グラフの傾向を簡潔に言葉化する 2 解釈＝その傾向の理由・背景などを考える 3 予想・批判・提案＝これからどうなるか、何がいけないか、どうすればいいか？に答える
現状分析	それぞれ内容が一貫していなければならない＝解釈に基づいて、予想・批判・提案が決まってくる
提案・解決	自覚的に３つのパーツに分けて書く それぞれの部分の精度やクリエイティヴィティを上げる

●● 過去問データ

令3・東京都「①別添の資料から、誰もが安心して働き続けられる東京を実現するために、あなたが重要であると考える課題を200字程度で簡潔に述べよ。②①で述べた課題に対して、都はどのような取組を進めるべきか、あなたの考えを述べよ。なお、解答に当たっては、解答用紙に①、②を明記すること」（図版・グラフなど五点、二頁分）

令2・東京都「①別添の資料から、高齢者が安心し、生きがいを持って暮らしていくために、あなたが重要であると考える課題を200字程度で簡潔に述べよ。②①で述べた課題に対して、都はどのような取組を進めるべきか、あなたの考えを述べよ。なお、解答に当たっては、解答用紙に①、②を明記すること」（図版・グラフなど四点、二頁分）

令元・北海道「別添の資料は、北海道の2015年5歳階級別人口(実績値)と、2035年5歳階級別人口（推計値）を示したものである。この資料から、2035年に予想される問題点と、2035年が推計値通りの人口構造となった場合に、北海道の労働力を維持するために必要な取組を述べよ。なお、出生率向上など人口の増加を目的とした取組は除くこと」

●知識と理解 市役所の論文問題には作文的出題が多い。自分の個性の表現と公務員に求められる資質のバランス、文体の違い、自己体験の利用など特有の方法を理解しておこう。

●市役所の論文試験

地方上級と国家一般職［大卒］の試験の他に、市役所の上・中級試験でも論文試験は課されている。市役所への対策はどうするのかという問い合わせが多数寄せられているので、この項では市役所に特有の傾向と対策を説明したい。

好まれるテーマは何か？

まず巻頭の論文出題例の出題分野を見てほしい。ここに載っているのは、最近、市役所で出題された論題である。全国の市を網羅しているわけではなく一部にすぎないが、傾向は分かる。最近数年間の出題例を区分けしてみると、以下のようになる。

●市役所の出題傾向

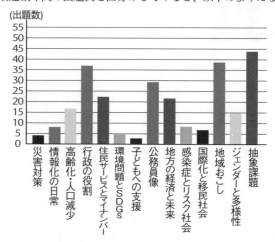

おおまかな傾向

「行政の役割」「住民サービスとマイナンバー」「公務員像」など直接行政に関連する問題がやはり多いが、「地域おこし」「地方の経済と未来」などの地域ごとに特有の課題も匹敵している。そこに「ジェンダーと多様性」「高齢化・人口減少」「感染症とリスク社会」など最近の話題が続く。「環境問題とSDGs」も比較的多く、「災害対策」は永遠の課題だろう。

「作文」的な課題

しかし、何と言っても特徴的なのは「抽象課題」が多いことだ。とくに、他のテーマでは高齢化・少子化・行政の役割のように複数分野が組み合わされるのに、このテーマは独立している。しかも、政令指定都市では、京都市「あなたにとって働く

とはどういうことか」などと、やや一般的な表現がなされている
が、それ以外の市では、角田市「あなたが乗り越えた最大の逆境と、
そこから得た教訓を述べよ」、熊野市「挫折しそうになった経験とそ
れをどう乗り越えたか」など、より自分に引き付けた具体的な感
想や考えを問う設問になる。これは、むしろ作文に近い出題だが、
市役所レベルでは上級（大卒）と中級（短大卒）を区別しないで
採用試験をするところも多いのが理由なのかもしれない。

「私」の強調　　論文と作文の違いはどこにあるのか？　もっとも大きな違いは、
作文が主観的な感想を書くのに対し、論文が客観的な推論や判
断を書く点にある。もちろん「主観的」だからといって、好き勝
手に書けばよいのではない。自分がどうしたいか、どう感じてい
るかという主体的な意志に重点をおくということである。

　　それに対して論文は「自分が何をしたいか」を書く場合でも、
客観的情勢の分析からはじめて、公務員または行政として何が
求められるか、そのためには自分はどうすべきか、という順番で
書く。つまり、作文が「私」の「したいこと」など独自性や個別
性を強調するのに対して、論文は「我々」つまり、誰かが客観
的に「しなければならない」ことを書いていく。職業人・社会人
ならば、誰でも「すべきこと」「した方がよいこと」を書くので
ある。

POINT ☞ 作文＝主観的感想、論文＝客観的判断

● 人格の表現

　　したがって、作文では書く人の「人格」「個性」「信条」が現
れるし、表してよい。もちろん論文でもそれらは現れるが、題
材の扱い方・分析の方法・実例の出し方などで、間接的に表現
される。たとえば、蒲郡市の「好きな言葉」という過去の出題と、
鳥取県の「『言葉』について論ぜよ」を比べてみよう。どちらも
トピックは似ているが、出題の仕方には大きな違いがある。

作文＝個人のイメージ　　前者が「『私』の好きな言葉」を一つ挙げ、そこから自分の信念、
生活観、社会観などを書くことを求めるのに対して、後者では「言
葉とは何か？」という抽象的な質問に自分なりの答えを提出しな
くてはならない。たとえば「言葉は理解とともに誤解を生む」「言
葉とはコミュニケーションの道具である」などと言葉の本質や性
質を追求することになる。もちろん内容はどう選んでもかまわな
いし、それだけで評価は上下しない。むしろ、その後の理由や

説明、実例などの部分が評価を決める。それに対して「好きな言葉」では「誠意」を選ぶと評価が高い、「効率」を選ぶと評価が低い、とまでは言えないが、どんな言葉を選ぶかで、書いた人のイメージがある程度決定される。

個性と期待のディレンマ

したがって、書くときには、自分の個性と公務員として求められる資質の微妙なバランスを要求される。試験ではたくさんの中から一人が選ばれるわけだから目立った方がよい。たくさんの中に埋もれては、他と区別がつかず、選ばれる可能性は少なくなる。だから、よく誤解されるのだが、公務員に期待される人格を一般的に書けばよい、という考え方は間違っている。そのような人格は普通すぎて、独自性や個性を感じさせない。たとえば

　　　私は「公平」という言葉が好きだ。公務員では、何よりも公平性が求められるからだ。近頃は談合など行政と業者の癒着が問題になっている。このようなことは、公平に住民に接する立場にある公務員としては許されるべきでない。

などと書いたところで、書いた人が公務員という職務に求められる「公平」という資質に自分も同調していることが伝達されるだけで、書いている当人がどういう人間なのかを表していない。このような作文は「魅力がない」「つまらない」と言われてしまう。

期待される人間像を演じすぎないこと

　一方で、その個性は公務員に求められる資質と矛盾していてはいけない。「個性的」なら何でもよいというわけにはいかないのである。たとえば

　　　私は「あきらめる」という言葉が好きだ。人間は平等だといわれるが、現実にはむしろ逆である。能力にはどうにもならない差や違いがあり、ある時点で自分の能力を見極めることも必要だ。社会的に必要なことであっても、自分にはできないという事態もしばしばおこる。そんなときには、いさぎよく「あきらめる」ことも必要だ。「あきらめる」とは、もともと「明らかにする」という意味も持つという。その意味で「あきらめる」とは自分の能力を冷静に判断するという意味も持つと思う。

これはある評論家の書いた文章を、蒲郡市の出題に合うようにアレンジしたものだ。論旨は一貫しているし、エッセイとしてはよい文章だと思う。「あきらめる」を「明らかにする」という意味としてわざわざ解釈し、悪い意味からよい意味に転化したところなど、アイディアの面白さと筆力を感じる人もいるだろう。

　しかし、このままでは消極的な感じがする。仕事ができない言い訳として、こんな理屈をこねられたら、組織としては困るだろう。これから活躍が期待されている新人に、消極的な資質が望まれるとは思えない。やはりもう少し積極的な提言・行動をする人であってほしい。こういう逆説的な内容は、評論家という立場の人が書くから面白いので、市役所職員の志望者の作文としてはかなり際どい。採点者は、どう採点するか悩んでしまうだろう。

バランスが大切

　したがって書く方は、公務員として求められる資質と自分の個性をうまくブレンドする、といったやや高度な技術が要求される。自分の個性を十分にアピールしつつ、その個性が公務員として求められる資質と適合していることを示さねばならない。これはなかなか難しいことだが、この条件を満たさないと「よい作文」にはならないのである。

 POINT 　作文＝個性のアピール＋公務員としての資質

●具体的な対処の方法

　では、このような出題に対してどのように対処していけばいいのか？　一つは、まず公務員に求められる資質をあれこれ想定して、その中から自分が書きたい資質を一つ選択する。その選択の工夫を凝らすことで、自分の「個性」を表現するのである。

　たとえば、公務員に期待される資質には「公平」「人間的温かさ」「礼儀正しさ」「正確さ」「慎重さ」などといろいろあるはずだ。それらを思いつくまま書き出しておいて、その中の一つを自分が持っていることを示す。この段階で、他の人の気がつかないようなものが選び出せれば、それも「個性」の表現としては有効だろう。しかし、これはけっこう難しい。それより、平凡なものを選んでもいいから、そこに少し独自の見方・考え方になりそうなものを付け加えればいいのである。

現実の検討を忘れない

　選んだ言葉に対して現実的な検討を十分加えるのも一つの方法である。どんなによい事柄にも、その反面に困難さや弊害が付きまとう場合が多い。たとえば「ゆとり」は「怠惰」につなが

知識と理解

るし、「豊かさ」は「飽食」「貪欲」に変化する。「公平」も、時には「非人間的」となりうる。実際、阪神・淡路大震災のときには、数が少なすぎて「不公平」になるからと、在庫の毛布を被災者に渡さないという理不尽な決定がなされていた。このように、公務員に要求される資質も、必ずしもプラスに作用するわけではなく、実行の面ではさまざまな困難や問題を生むことがある。

作文から論文に

つまり公務員に適合する言葉を選択をし、そこに潜む「問題点」を見つける、その後に、その問題に対する自分なりの解決を提示する、という方法が考えられる。とすると、この時点で「作文」問題は、今までさまざまな問題領域で解説してきた「論文」の問題に変わるわけだ。この本では、論文の基本は問題と解決だと説明してきた。言葉の中にある現実の問題点を指摘し、その解決を示すなら、これは「論文」そのものである。「好きな言葉」でも、単なる好き嫌いの域を超えて、自分が注目する行政問題としてとらえることができるのだ。

POINT 👉 問題の分析の方法に、個性を表現する

実例―仕事への決意

これは愛知県知多市の「私の仕事に対する決意」などという出題で、もっと明確に示すことができる。「決意」という言葉が掲げられているからといって、単に「がんばりたい」とか「誠意をもって接したい」などという誰にでも言えるような心情的言葉を連発してはいけない。そんな陳腐な内容では、他のたくさんの答案と区別がつかなくなる。文章はまず、自分の個性をアピールしなければならない。そうでなければ、他の誰かでなく「あなた」を採用する意味はない。しかも、それは市役所の職員に適合し、市の行政に役立つものでなければならない。

具体的問題から解決へ

今、知多市が抱えている問題はなんだろう？ 知多市の市役所職員になろうというのだから、「あなた」は知多市に住んでいるか、あるいは少なくとも近くには行ったことがあるのだろう。その中で、何かしら気づいた問題があるはずである。

知多市は名古屋に通勤する人の家が多い場所であり、そのような市が抱える特有の問題がある。それが、高齢化・少子化なのか（愛知の他の地域に比べれば、若年層の割合はおそらく多いはず）、それともごみ問題なのか、あるいは情報公開なのか、どれであってもいいが、何を取り上げてどんな観点から論ずるかに、まず「あなた」の独自性が現れる。あなたが注目したものは、それだけであなたの「個性」の最初の表現なのだ。

基本を応用する

　もちろん、それだけではどれを選択したか、を示すにすぎない。その次には、自分の思考力・情報収集力などの能力をアピールする。そのためには、この問題を分析し、ある程度自分なりの解決を提示すればよい。もちろん、そのためには本書の他の項の内容が役に立つ。しかしそこに書いてあるのは、日本のどの地域にも当てはまる一般的な内容だ。

　この知多市では、その問題がどのような形で具体的に現れているだろうか? これは、基本を応用する問題といってもよい。それは「あなた」の観察眼のアピールとなる。たとえその解決まで至らなくても、今の問題のディテールを一生懸命書くだけでも「何とか解決したい」という熱意は伝わる。

　たとえば知多市の「ごみ問題」を取り上げ、ごみ収集のシステムや処理方法の具体的問題点を描写してみる。それは「あなた」の市に対する関心と興味を示す。「誠意を持った対応」や「住民にやさしい」などという空疎で一般的なスローガンを書くより、ずっと効果的なはずだ。

言葉遣いの違い

　他方、作文型の問題では、論文とは違う言葉遣いも許される。たとえば「私は〜と考える/と思う」という表現は禁句ではない。論文では客観的判断を書くので、主観性を含意する言葉は使わない方がよい。これらの表現を使うと「客観性」が乏しいという印象を与えるからだ。本書でも、できるだけ少なくしておいたつもりである。しかし、作文では「私」と他人との違いをアピールするために、積極的に使っていいし、使わなければならない。

　ただ結びには気をつけねばならない。つい「思う」の繰り返しになり、単調になってしまうからだ。「感じる」「実感する」「気がする」「想像する」など、いろいろ使い分けをしてほしい。

言葉を多様に使い分けをする

体験の利用

　自分の体験も積極的に活用したい。論文では例示やデータが重要だが、作文では体験や経験を使うと臨場感が増す。もちろん自分にしか当てはまらないことではなく、時代や環境と結びつく体験を、ある程度最初から考えておく必要がある。ただ、体験を他人に分かるようにストーリーとして文章化するのは、意外に難しい。必要な情報や細部が抜けてしまうことが多い。誰でも何か一つは自分にとって大切な、あるいは重要な体験があったら、その体験がまとまった物語になるように、日頃から用意しておくのも無駄ではないだろう。

令4・岩手県二戸市
学生時代は友達を選ぶことができましたが、社会人となれば自分で人間関係は選べません。このことに関連し、「ひと」というテーマで、自由に述べてください（90分・1200字）

解説します

作文型問題の典型

　この問題は作文型の典型的な問題の一つであろう。「ひと」という曖昧なタイトルで文章を書くのだが、その前に「学生時代は…社会人となれば…」と対比がついている。この導入の内容と関係させながら書かないといけない。作文の問題は何を書くべきか、がやや曖昧な形で出題されているので、まず出題者が何を求めているか理解して、それに的確に答える形で解答を作る。これは、何か指示を受けて自ら判断しつつ作業を進める、という仕事のあり方と同じ構造だろう。だからこそ、作文が試験科目として選ばれているのであろう。

テンションに気づく

　ここでは、テンションから入るのが有効である。テンションとは、言葉が問題なくすんなりとつながるのではなくて、何らかの引っかかりがあって「あれ、これは何だろう？」と心がざわつくところである。ここでは、それが「一方では選べる」「他方では選べない」という対立だ。なぜ、こういう対立が生まれるのか、と考えることがスタートになる。大事なのは、この考えはあくまでも「自分にとって」のものであり、他の論文とは違って、客観性というより自分の特徴、つまり独創性を前面に押し出した方がよい。その方が、自分を「こういう人間だ」とアピールできる。

テンションからの展開

　ここでは「学生では、人間関係を選べる」「社会人では人間関係を選べない」とことわられている。ただ、微妙に言葉はずれている。考えてみれば、学生も「友人」を選べるけれど、「人間関係」自体は選べない。たとえば、クラブや同好会などの活動に入れば、「先輩」と「後輩」あるいは「顧問」とつき合わねばならない。関係がうまくいかなければ、そこにはいられないだろう。あるいは、高校の場だとしたら「担任」を選ぶことはできない。大学でも必修科目では、教授が嫌でも受けなければならない。とすれば、「学生」でも「自由に人間関係を選べる」ということはなく、限定された範囲に止まるだろう。

　逆に社会人もプライヴェートに「友人」を作るつもりなら、自

由に選べるはずだ。とすれば、ここの学生と社会人の立場の違いは、その範囲が広いか、やや狭いか、にすぎないとも考えることができる。

　だが、なぜ、このような違いがわざわざ言われるのか？　それは「社会人」が「仕事をする存在」と考えられているからだろう。たいていの仕事はチームで行われ、自分はその一部分を担い、他の部分と結びついて初めて意味を持つ。だから、他の人の仕事と無理なく接合しなければならない。しかも、全体の意味を考えて、自分の担当するパートがその中でどう働くか、見極めて、それに適合する形で作業する。とすると、全体の方向を決めるリーダーと密にコミュニケーションを取って、その意図を深く理解し、同僚とも話し合って、うまく分担を決めて、進めていかなければならない。

人間関係の強制性

　だから、たとえ「苦手だな」と思う人でも、とりあえずコミュニケーションを取るし、チームでやったことは、他のチームの仕事ともつながるので、ひとりだけ勝手に抜けるわけにはいかない。抜けると全体が遅滞して、ペナルティを課される。逆に、他のメンバーを楽にするような作業を先回りしてやれば、感謝されるだろう。とはいえ、その判断がつねに正しいとは限らず、「勝手にやらないで！」と叱責されることもある。かといって、指示を待っているだけだと「自分で判断してやって！」と言われるだけだ。気の短い上司だと、このサイクルが早すぎて「勝手にやらないで！」の直後に、「自分で判断して！」がくるので、混乱するということにもなる。「ひと」との関係は難しいのである。

固定性と流動性

　このように考えれば、社会人のつきあう「ひと」とは、だいたい「自分の属する組織の中の人」になる。それに対して、学生は、組織の関係が緩いので、比較的自由に出たり入ったりできる。その結果として、新しい未来のヒントや将来のイメージも出てくる。社会人は、組織の一つの歯車として働くので自由がきかない。とはいえ、社会人も一生同じ組織にいるわけではない。配置換えがあって新しい部署に行き、そこで新しい上司の新しい指示の仕方に慣れなければならない。あるいは、昇進して部下を持つこともあるかもしれない。そういう時に、元の組織と同じ行動をするわけには行かない。何らかの工夫をして、自分が培った経験を改変して、新しい環境に慣れなければならない。その改変のリソースを蓄積しておかないと、新しいことができない…などと書けば、展開としては十分だろう。この展開の中に、自分の人格も思考法も現れるのである。

出題例と研究

答案例

対比からの出発

　「学生では友人を選べるが、社会人では人間関係を選べない」とあるが、実は学生も「友人」以外の「人間関係」は選べない。クラブや同好会では、先輩と後輩、あるいは顧問とつき合わねばならない。関係がうまくいかなければ、そこにはいられない。高校なら担任は選べないし、大学でも必修科目の教授の授業は嫌でも受けなければならない。逆に社会人も、プライヴェートで「友人」を作るつもりなら自由に選べる。とすれば、学生と社会人の違いは、その範囲が広いか狭いか、にすぎないかもしれない。

対比の背景

　なぜ、このような違いが生まれるのか？　それは「社会人」が仕事をする存在と目されているからだろう。たいていの仕事はチームで行われ、自分はその一部分を担う。その部分も他の部分と結びついて意味を持つ。だから、他の人の仕事と無理なく接合しなければならない。しかも、全体の意味を考えて、自分の担当分がどう働くかを見極めて、全体に適合する形で作業する。とすると、全体を決めるリーダーとコミュニケーションを取って、その意図を理解し、同僚と話し合って分担を決めて進めなければならない。

展開─自発性

　だから、たとえ苦手な人でも、とりあえずコミュニケーションを取る必要が出てくるし、チームの成果は、他のチームの作業ともつながるので、チームを勝手に抜けるわけにはいかない。抜けると全体が遅滞し、ペナルティを課される。逆に、他のメンバーを楽にするような作業を先回りしてやっておけば感謝される。もちろん、その「先回り」の判断がつねに正しいとは限らず、「勝手にやるな！」と叱責されることもある。かといって、指示を待っているだけだと「自分で判断しろ！」と言われるだけだ。気の短い人だと、このサイクルが早すぎて、「勝手にやるな！」の直後に「自分で判断しろ！」が続くので、混乱する。

結論

　このように考えれば、社会人のつきあう「ひと」とは、だいたい「自分の属する組織の中の人」になろう。学生時代は、その関係が緩いので、比較的自由に組織に出たり入ったりできる。その結果として、新しい「人間関係」もできて、将来の進路に影響する。それに対して、社会人は、組織の一つの歯車として組み込まれ、それだけ自由もきかないのだ。とはいえ、社会人も一生同じ組織にいるわけではない。配置換えで新しい部署に行き、そこで新しい上司の新しい指示の仕

方に慣れなければならない。あるいは、昇進して教育すべき部下を持つこともある。そういう場合に、元と同じ行動をするわけにはいかない。何らかの工夫をして自分が培った経験を改変して、新しい環境に慣れねばならない。そのリソースを蓄積しておかないといけない。とすれば、社会人も、日常の仕事での固定した関係とは違う「ひと」との関係を、日頃から蓄積する必要があるかもしれない。

類題をやってみよう

令4・山形県山形市
「言葉の力」について、あなたの体験や思い出をもとに述べてください
（90分・1000字）
＊キーワードが違うだけで、出題例とほとんど同じ設問である。

論点ブロック

【傾向と対策】市役所上・中級

定義	「まちづくり」「公務員像」などの頻出テーマは共通しているが、生活や実感に密着した作文タイプの問題も多い⇒注意が必要
背景	上級と中級を区別しないで募集するところが多い⇒知識より性格や適性を知りたいという動機⇒具体的なテーマで自分の主観・人間観・感想などを書く必要がある⇒文体・構成も変わってくる
現状分析	人格の表現⇒個性の表現と公務員に求められる資質のバランスをうまく配分する⇒期待される人格を演じすぎると陳腐な文章になる
提案・解決	題名の中に潜む問題点・現実を指摘して、問題から解決という論文スタイルの文章に持ち込む⇒本書の知識を地域に応用する、一方で自分の体験を文章化しておく

過去問データ
令4・茨城県北茨城市「コミュニケーションの重要性について」
令4・埼玉県熊谷市「自分が『人の役に立った』と思う出来事とその経験から学んだこと」
令4・長野県中野市「今までに心に残った3冊の本について述べなさい」

269

書き方の基本と経験小論文

論文の書き方には一定のパターンがある。この項では、二つの書き方を徹底的に講義する。この二つを知れば、どんな問題にも応用できるだろう。

❶ 論文の書き方の基本パターン

論文とは「作文」の一種であるが、「感想文」や「随筆」、あるいは「自己アピール文」などとは大きく違うので、「感想文」や「随筆」のスタイルで書いてはならない。これを間違うと、評価を大きく下げることがあるので気をつけたい。

論文と言っても、公務員試験で使われるのは小論文である。この言葉は「小」という部分と「論文」という部分の二つに分かれる。前者は「短い」という意味。だいたい 800 ～ 2,000 字くらいまでを考えればよい。一方、後者の「論文」は英語で essay と言うが、日本語の「エッセイ」とは違う。「エッセイ」は「随筆」と同じ意味で、「心にうつりゆくよしなしごとをそこはかとなく書きつくる」という意味。しかし、essay になると、むしろ「学術論文」に近い。学術論文は、(学者の) 仲間うちで問題となっていた内容を取り上げ、それに自分なりの解決を付け、その解決が正しいことを納得してもらうための根拠を付ける、という文章形式だが、公務員試験の論文もほぼこれと同様の形式と考えてよい。つまり、次のようなタイプの文章なのである。

> **POINT** 👉 論文＝問題＋解決＋根拠 (＋結論)

■ 意見文の構造

これは、小学校以来の言葉で言うと「意見文」という種類に入る。具体的には、自分が意見を言ったときのことを思い出せばよい。たとえば、「大学祭でわがクラスは何をすべきか?」という話し合いの場で「お好み焼きの屋台を出そう」などと意見を言う。これは、その場で「…はどうしたらいいか?」などの問題が共有されており、それに対して「このようにすべきだ」と自分なりの解決＝主張を述べるという構造になっている。共有の問題に対する個人的な解決、これが意見である。

しかし、それで終わりではない。その意見＝主張に対して、周囲からさまざまな疑問が出てくるはずだ。意見を言ったら、それにいちいち応答しなければならない。たとえば「なぜ、焼きそばではなく、お好み焼きなのか?」という質問があるかもしれない。それに対し

ては「なぜなら私は広島出身でお好み焼きを作るのが上手いからだ」
と理由を出せばいい。「本当か？　どうやって作るんだ？」などと疑
う人も出てくるかもしれない。「それは、まず小麦粉を水で溶いてク
レープみたいに鉄板の上に広げるんです。その上にキャベツの千切
りを…」と説明する。

　もし「本で読んだだけじゃないのか？」というクレームが出てき
たら「私のお好み焼きを食べた人は皆美味しいって言います。この
間もあの味が忘れられないって LINE がきました」などと例を出す。
そのようにしているうちに「ふーん、それじゃお好み焼きでいこうか」
と賛同者が増えてくる。このように、聞いていた人たちが「なるほど」
と思えば成功だ。

■ 根拠とは何か？

　これらの理由・説明・例示を根拠という。根拠とは自分なりの解
決＝主張を読者に正しいな、と思わせる材料のことだ。理由は、自
分の解決＝意見が正しいということを納得させるための抽象的な理
屈であり、説明はそれを詳しく分かりやすく言い換えたものだ。例
示は、解決＝意見の証拠となる具体的なイメージやデータのことで
ある。これらが一体となって、読者／聴衆に納得させる仕組みになっ
ているのだ。この構造を根拠が解決＝意見をサポートする、と言う。

　この意見の述べ方は、人間が納得するための基本的な方法だから、
どういう言語でも共通だ。どんな人間でも、理屈が合っていて、分
かりやすく説明してあり、データが証拠としてあれば、納得せざる
をえないだろう。日本語だからこういう書き方をするが、英語では
こんな書き方はしない、ということはないのだ。したがって、論文
を書くときには、この「問題・解決・根拠」を守る必要がある。

	形式	機能
理由	なぜなら…からだ	原因・理由を解明する
説明	（つまり）…のだ	状況を詳しくわかりやすく言い換える
例示	たとえば…	具体的イメージ・データを出す

■ 具体的にはどうするか？

　では、具体的にどのようにすればいいのだろうか？　公務員試験
の小論文は、だいたい一行問題と呼ばれる形式になっている。つまり、

「〜について書け」という設問があり、この「〜」に「ITと行政」だとか「××県の活性化」など個々のテーマが入る。設問が問題の形に初めからなっているわけではないので、自分で問題の形に直す必要がある。

問題の形とは、疑問・対立・矛盾のどれかを言う。疑問とは「…だろうか？」という疑問文で表される内容。対立とは「Aは…だと言うのに対して、Bは…と述べる」など反対の意見が並立している場合。矛盾は「…であるはずなのに、…にならない」などと理屈と現実が合わないことなどを言う。

■ 設問から問題にする

たとえば、「少子化について」などという題が出されたら、まず、それを上の形のどれかに読み替えねばならない。たとえば「少子化とはどういう問題か？」「どういうメカニズムで起こっているか？」「どのような対策を立てればいいのか？」などが考えられる。公務員小論文では、だいたい対策までを聞かれることが多いから、「どのような対策を立てればいいのか？」が最終的な問題になる。

ただし、対策を立てるには「どういう問題か？」「どういうメカニズムか？」がわかっていなければならないので、まず「どういう問題か？」「どういうメカニズムか？」を検討したうえで、「どのような対策を立てればいいのか？」を書く必要があるだろう。つまり、「対策は何か？」にいきなり入るのではなく、「どういう原因・メカニズムか？」という予備的な問題を考えねばならないのだ。逆にどのような原因・メカニズムで問題が出てきているのか分かったら、対策は無理なく出てくるはずだ。

■ 解決の書き方

一方、解決の部分では、「…すればよい」という提言の形で、具体的対策を提案する。たとえば、「行政の方で、女性が子どもを産みやすい環境を整えるべきだ」などだ。この解決の部分は、なるべく明快で具体的な内容の方がよい。「国民的に議論を盛り上げるべきである」などという陳腐な書き方は不可である。なぜなら、「少子化に対して、どのような対策を立てるか？」という問題を立てた時点で、もう議論は盛り上がっていると見なせるからだ。当然、こういう内容を主張しても意味はない。

むしろ、なるべく他人と違った個性的な解決にする方が、評価が高くなる。小論文では独創性も大事であり、正解を覚えておいてそれをはき出せばいいという訳ではないのだ。とはいえ、間違った内

容を書くのはもちろんよくないので、事実やデータに反しない限り
で、なるべく特色のある解決を書くというのがいいだろう。したがっ
て、環境問題などで「市民一人一人が節約すれば…」などというス
テレオタイプの解決はすべきではない。

 解決＝明快で具体的かつ個性的な内容にする

■■■根拠の書き方

　　　もちろん、「この対策がなぜよいか？」について、理由・説明・デー
タなど根拠を出す必要がある。この根拠は最初に検討した「どうい
うメカニズムか？」に対応していなければならない。もし、最初に「少
子化の原因は子どもを育てるのにお金がかかりすぎるせいだ」として
いるのなら、「産みやすい環境」とは資金援助になる。しかし、「子
どもを預ける適当な施設がないせいだ」と分析されているなら、「産
みやすい環境」とは自由に子どもを預けられる託児所になるはずだ。
もし後者なら、例示として子どもを預けられる託児所が多い地域で
は子どもの出生率が高い、などとデータを出すともっと説得力が増
してくるだろう。

　　　このように、根拠で大事なのは内容の一貫性である。理由や説明
に書いていることと例示の内容が一対一に対応している必要がある。
資金援助が大切と説明では述べているのに、子どもを預ける適当な
施設が多い地域を例として出すのでは、一貫性あるいは論理性に欠
けると判断されてしまうだろう。もちろん、例やデータを出すには、
どこでどんな施策がなされ、どんな効果があったか、ある程度知識
として知っていなければ書けない。その意味で、論文試験では、論
理力とともに情報力も試されているのである。

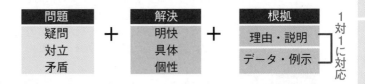

■■■論文は対話である

　　　つまり、懸案／問題に対して、「こうすればいい」と自らの意見・
主張を述べると、聞いていた人から、「なんでだ？」と問われる。そ
れに対して「なぜなら…からだ」と理由を述べる。「よく分からない」
と文句を言う者に対して「つまり、…なのだ」と説明する。さらに

分かりやすくしようと、「たとえば、…」と例やデータを示す。この構造は、まるで掛け合い漫才の「ツッコミと応答」のようだ。

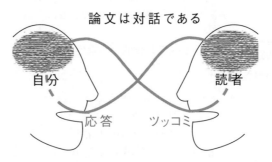

論文は対話である

自分　　　　　　　　読者

応答　　ツッコミ

　もちろん、意見を言う時点ではどんなツッコミが出てくるか、だいたい分かるので、ツッコミ自体はあえて書かない。そのかわり、予想できる質問には、「なぜなら」「つまり」「たとえば」などの形であらかじめ応えておく。その意味で、論文はそもそも「対話」の構造を取っている文章と言ってよい。

 論文は対話の構造を取る

　したがって、よい論文を書くには、この対話を丁寧にすればよい。一方的な「自己表現」や「自己アピール」ではないから、内面からの告白や「やる気」、パッションなどを見せても評価は上がらない。企業に就職するときの作文とは違う。あくまでも、出されたテーマに基づいて問題を構成し、できるだけ明確な解決を示すとともに、それに対して、読者が持つはずの疑問を予測し、それに答える形で、解決を信用できるような分かりやすい根拠を出していくことに尽きるのである。だから、論文には特別な文才はいらないし、表現に凝る必要もない。むしろ、なるべくシンプルな文体を使って、この対話を丁寧に進めていくことが重要なのである。

 論文の文体＝シンプルな文体で読者と丁寧に対話する

読者の期待に応えるように書く

　この対話がうまくいっていないと、「主張ばかりで根拠がない」とか「説明不足」とか、あるいは「論理の飛躍」「エビデンスがない」などという非難を招き寄せてしまう。これらは、どれも読者の期待

や疑問に応えていない文章になる。

　たとえば、少子化問題で「年金の負担が若い世代で重くなる」とそのマイナス点を述べるのなら、「どうして」重くなるのか、「どれくらい」重くなるのか、その計算は「どのように」できるのか、など、読者が出してくるはずの疑問をいちいち予測して、それを解明していかなくてはならない。この質問の予測と応答がきちんとできているのが、「よい論文」なのである。

■■ 反対意見を予想して論駁する

　場合によっては、自分の出した意見に対して強力な反対意見が予想される。その場合は、反対意見をあえて取り上げ、そのうえで、反対意見の根拠がおかしいことを示し、自分の意見の方がより正しいことを示す、などという複雑なプロセスを踏むことも必要になろう。これを反対意見とその論駁という。

> **POINT** ☞ 論文＝問題＋解決＋根拠＋反対意見予想＋論駁

　たとえば、少子化の問題では、よく「女性が子どもをもっと産むように心がければいいのだ。昔の女性は何人も産んだ。それに比べれば、今の女性はだらしない」などという復古的な意見が出される場合がある。このような反対意見の場合は、解決が「女性が子どもをもっと産むように心がければいい」であり、根拠は「なぜなら、昔の女性と今の女性は変わらないからだ。だから、昔の女性を見習って、もっとたくさん産むべきだ」となろう。しかし、もちろん、この根拠に対しては、すぐ論駁することができる。なぜなら、現在と昔では女性を取り巻く環境が変わっているからだ。たとえば、次のように書くことができる。

■■ 論駁の文例

　年々女性は社会進出する。だから「昔のように、家庭に帰れ」などと主張しても、それが実現する見込みはない。しかも、昔は女性が働くといっても農業生産などの場が多く、子どもを産んでも働きながら世話ができる状態にあった。それに対して、現代では工場やオフィスで働くなど、子どもを置いておける環境にはない。したがって、働くことと子どもをつくることは矛盾するので、働いている女性は子どもを作るのを先延ばしにしようとする。つまり、女

性を取り巻く環境が昔と今とでは大きく異なっているのだ。だから、少子化を女性の責任ととらえるのは不適当で、女性を働かせておいて子どもを育てる場所と時間を与えない社会の責任である…

　このような論駁が本当に正しいかどうかは別問題だが、少なくとも、このように述べれば「昔の女性も今も女性は同じ」というありがちな反対意見の根拠を崩していることは確かであろう。

POINT 👉 論駁＝反対意見をとり上げる＋その根拠がおかしいことを示す

　ポイントは、反対意見の根拠が成り立たないと証明することにある。そうすれば、反対意見の説得力は弱まり、それと逆の立場にある自分の文章が相対的に説得力を増すのである。

反対意見は尊重する

　このように、反対意見が予想される場合には、それを無視しないで、あえて対話する必要が出てくる。もし有力な反対意見を無視すると、それだけ自分の文章に納得する人は少なくなることを忘れてはならない。もちろん、反対意見は必ず否定しなければならない。そうしなければ、自分の意見がどっちにあるのか分からなくなってしまう。
　しかし、反対意見に一定の正当性が見られるときには、簡単に否定できない場合もあろう。そういう場合は、妥協して反対意見の一部を取り入れて、自分の元の意見を修正するのも一つの手段である。これは一見不徹底なようだが、「より正確な主張をした」とみなすことができる。

妥協・修正も一つの方法

　たとえば、先ほどの少子化の議論で、「少子化はやはり女性の意識の問題だ。なぜなら、現代の女性は昔に比べてエゴイスティックであり、子どもにかける手間が少ないからだ」などという反対意見が出てきたとする。この意見の一部を認めつつ、全体として社会の責任を問う方向に導くこともできる。

譲歩の文例

　たしかに、現代の女性の意識は子どもより仕事などに向かっている傾向はみられる。実際、キャリア志向の女性では「子どもはいら

ない」などと明言する人も増えている。しかし、これは単なる気持ちの変化というより、平均寿命が伸びて、人生の設計が変わったことも影響している。つまり、現代では子育て後にも30年以上の時間があるから、それを充実させるには、子どもだけに気を取られているわけにはいかないのだ。子どもが独立してからの時間が長いのなら、子ども以外に興味がいくのは当然だろう。実際、キャリア志向の女性でも子どもが嫌いだという人は少数派である。むしろ、産み育てやすい状況があれば、持ちたいという人がほとんどだという。

　このように反対意見の予想とその批判を行う場合によく使うのは、「たしかに…しかし〜」「もちろん…だが〜」という譲歩の構文である。「たしかに…」のところで反対意見を書き、「なぜなら…からだ」「実際」などと、その根拠までを書く。そのうえで「しかし」という逆接でひっくり返し、その根拠を否定するのだ。それでは、今までの方法をすべて応用して「少子化について」という問題への答案を書いてみよう。

答案例

知識の確認

　（少子化とは何か？）少子化とは出生率が低下して、子どもの数が減る現象である。日本では第二次大戦後から出生率が下がり続けているが、特に70年代後半から、女性が生涯に生む子どもの数は2人を割り、現在では1.30人ほどになっている。このままでは、社会は高齢者ばかりになってしまうと憂慮されているのだ。

問題のメカニズム

　（どうして少子化は起こったか？）これらの背景には晩婚化があると言われる。男女ともに未婚率が上昇し、同時に出生率も低下した。その原因は、まず女性の社会進出だろう。戦前から女性はさまざまな分野で働いてきたが、近年は特に自営や家族労働が減り、会社勤めが増えている。会社勤めでは一定の時間会社にいることが求められるので、子育ては仕事と競合する。出産で一時キャリアが閉ざされることも少なくない。その結果、女性は結婚・出産を遅らせ、できるだけ仕事に留まろうとするのだ。（女性が家庭に入ることで解決できないのか？）もちろん仕事を辞めて、家庭に入るという選択もできるが、それをすると収入が減り、夫への経済的な依存度が高まって、経済的・心理的に不利となる。このように少子化には社会的な必然性があるので、女性に「子どもをもっと産め」

とキャンペーンしたところで事態は変わらないだろう。

解決と根拠

（では、どう考えればいいのか？）むしろ、少子化を解決するには、少子化を悪として排撃する判断が正しいかどうかを検討しなければならない。（どうして？）なぜなら、少子化の悪影響と言われるものには、さまざまな疑問があるからだ。（具体的には？）たとえば、少子化が進行すると自然に社会は高齢化するが、その影響として、労働力不足・経済活動停滞・年金負担の増大・社会の活力低下などが懸念されている。15 〜 64 歳の生産人口が減るのだから、これらは少数の生産人口で多数の非生産人口を支える必然的結果だというのだ。（その通りでは？）しかし、この主張はおかしい。なぜなら、生産年齢を 15 〜 64 歳とするのは恣意的規定にすぎず、定年を延長すれば生産人口は増えるからだ。産業も少子化とともに再編成されるだろうが、高齢者なりの需要も出てくるはずである。社会の活力も元気な高齢者が多ければ低下しない。（結局、何を言いたいのか？）つまり、少子高齢化の悪影響とされるものは、実は既存の社会制度・システムが「少子高齢化」という新しい事態にキャッチアップしていない事態とも考えられるのだ。

具体的な対策

（ではどうするのか？）したがって、行政は直接に少子化をストップさせるのではなく、少子高齢化という現実に適合するように社会システムを変化させるべきだ。（具体的には？）たとえば、働きながら育児が楽にできるような支援体制を充実させるように、企業が保育施設を作るための補助金、自治体による保育施設の拡充、子どもに対する直接の資金援助など、なすべきことはたくさんある。保育施設も数多いが、時間的な制約が厳しいなど、使いにくい点が多い。これらを改善するだけでも、女性の出産に対するためらいの気持ちを減らす効果があるだろう。

反対意見の検討

（女性の責任はないのか？）たしかに、一部には「少子化の原因は現代女性のエゴイズムだ」などと女性の責任とする見方も相変わらず存在する。しかし、女性の責任を問うても、背景となる社会変化は止められないのだから、問題の解決にはならない。（本当か？）実際、ドイツでは 70 年代に少子化が進行した際に、「女性は家庭に帰れ」というキャンペーンをしたが、かえって出生率が低下したという。現代日本の少子化に対しても、女性の問題としてとらえるのではなく、社会全体の問題として対策を立てる態度が大事だろう。

解説します

　この答案例では、予想されるツッコミを赤字括弧で明示した。この部分は実際の論文では書いていないのだが、黒字を見れば、文章はこれらツッコミに対する応答で構成されているのが分かるはずだ。

　まず少子化というテーマについての知識を披露している。「少子化とは何か？」という読者からの疑問に答えて「少子化とは…である」と断定する。「…とは」は定義をするのにもっともよく使われる表現である。答案例のように合計特殊出生率の数値などを知っていれば、アピールできるだろうが、数値が間違っていたとしても、それほど減点はされないはずだ。それより、少子化という言葉を定義して、さらにそれを詳しく説明する、という段落の構造がきちんとできている方が重要だ。

　それに対して、第二段落はこの問題の背景・メカニズムを分析したところだ。「どうして、こうした問題が起こったのか？」というツッコミに対応する内容だ。「背景には…がある」という形になっているが、もちろん「原因は…であろう」などと別な表現でも構わない。

■ 対症療法の愚

　前述したように、この背景・メカニズムが明らかにならないと、対策が立てられないので注意したい。問題が発生したときに、その問題を直接解消しようとする方法は対症療法と言って、たいていの場合は有効ではない。たとえば、殺人事件が起こったからといって子どものナイフ所持を規制するのは、そういう短絡的な方法の一つだろう。社会に不満がたまっているときは、こんな規制をしても犯罪を防止することはできない。ナイフが使えないなら、犯人は包丁など別な凶器を使うはずだからだ。では、犯罪を予防するために包丁の所持を禁止できるか？　だが、それでは、人々は料理ができなくなる。このように推論を重ねれば、この対処は不可能と分かる。

 対策＝対症療法にしない＋根本的な対策を考える

　したがって、現実的に効果ある対策を立てるためには、背景・メカニズムを明らかにして、それに対応するようにしなければならないのであって、直接解消させようとするのは、むしろ非現実的な方法なのだ。よく対策を聞くと「教育」「法律」などとお茶を濁す人がいるが、これも対症療法的である。「教育」「法律」がどういう風に有

書き方の基本

効なのか、どんな「教育」「法律」にすべきなのか、その結果どうなると予測されるのか、きちんと検討する必要がある。

結論と反対意見の予想

さらに、第三段落では、「少子化をどうしたらいいのか?」というツッコミに対して、大きな方針を提示した。つまり、少子化問題とは子どもが減ったことで悪影響があることではなく、子どもが減ったという変化に、社会や行政のシステムが対応していない問題だと発想を転換したのである。それに基づいて、第四段落では「少子化という避けられない社会の変化に対して行政・制度を合わせる」ことを提案している。具体的には、保育施設の拡充など、働く女性が子どもを産みやすくする工夫である。

他方、ラストの段落は、予想される反対意見に簡単に触れ、それを崩すことで、自分の主張に対する信頼度を高めるという形式を取ることで、結論の代わりにした。これで、だいたい 1300 字になる。

効果的な段落の構造

さて、明快な文章を書くときに、大事なのが段落の構造である。これはポイントとサポートの構造として定式化できる。つまり、一つの段落の中では、まず冒頭に一番言いたい内容を一文で簡潔に書き、その細部の情報をその後につなげていく、という書き方である。たとえば、先の少子化の論文の第一段落は次のように整理される。

定義	少子化は出生率が低下して、子どもの数が減る現象である
細部の説明	❶日本では第二次大戦後から出生率が下がり続けているが ❷とくに 70 年代後半から、女性が生涯に生む子どもの数は 2 人を割り、現在では 1.30 人ほどになっている ❸このままでは、社会は高齢者ばかりになってしまうと憂慮されているのだ

ここでは、まず「少子化とは何か?」という問いに対して簡潔に応え、さらに詳しい情報を三つに分けて説明している。
　　　①出生率低下の時期
　　　②合計特殊出生率の値の変化
　　　③少子化に対する懸念

■ ポイントとサポートの仕組み

　　このような書き方は、読者がまず全体的なイメージを持った後で、それを裏書きするように細かな情報が順次出てくるので、文章の流れに無理なく付いていくことができる。したがって、段落ではなるべくポイントからサポートへと流れる書き方をするように心がけたい。つまり、段落の構造はポイントを冒頭に、サポートを後から続けるのだ。

機能	内容
ポイント	全体的なイメージ
サポート	細部の情報・説明

　　これを無視すると、文章は格段に読みにくくなる。たとえば、以下のような文章は第一文で危機を強調しているので、切迫感が出てくるかもしれないが、全体として何を言いたいのか分かりにくい。

　　このままでは日本社会は高齢者ばかりになってしまうだろう。出生率が低下して子どもの数が減ると少子化になる。現在では女性が生涯に生む子どもの数は 1.30 人ほどだが、第二次大戦後から出生率が下がり続けており、特に 70 年代後半から、2 人を割っている。

■ 予想ができない不快

　　上の文章では、前の文から次の文の内容が予測できないので、次に何が出てくるか分からない。そのため、一つ一つの文で立ち止まり、確認しなければ先に進めない。これでは、読むスピードも遅くなるし、いちいち前後から各文がどういう関係になっているか、確認しなければならないのでストレスが溜まる。

　　スムーズに読ませるには、もっと読者の期待に応える書き方をしなければならない。それには、ポイント・センテンス、つまり冒頭の一文で段落の内容の概略を予告して、後に続く内容・情報に対して、読者を身構えさせる必要がある。自動車の運転でもそうだが、先の道がどうなっているか、多少分かっていればスムーズに運転できる。逆に、見通しがなければ運転もしにくい。文章もそれと同じだ。先の見通しができれば、理解が速くできるので「分かりやすい」と感じるのだ。答案例の他の段落で、このポイントからサポートへの流れがどのようにできているか、一度整理・確認してみよう。

❷ 経験小論文の書き方

　　　さて、公務員試験の中でも社会人枠の募集では、「経験小論文」という試験種目が課されることがある。たとえば、以下は東京特別区の出題例である。

職務経験論文　　　　　　　　　　　（1題必須：1200〜1500字）
あなたの職務経験に関して、次の（1）、（2）に分けて述べてください。
(1) あなたがこれまで民間企業等で携わった職務内容や職務経験について、簡潔に述べてください。　　　　　　　　　　（300〜400字）
(2)（1）で述べた職務において、どのような問題意識を持っていたかを述べ、特に困難な課題に対し、課題解決に向けて問題点をどのように整理し、どのような進行管理を行ったか、具体的に述べてください。
　　　　　　　　　　　　　　　　　　　　　　　（900〜1100字）

　　　これは、まず今までの社会人経験の内容を「職務経験」として報告し、そこでどういう問題意識を持ち、進行管理を行ったかを書くことで、働くことに対する態度や個人の資質・能力をアピールする文章と考えればよい。論文と言うより、むしろ志望理由書に近い。

■ 志望理由書との類似点

　　　志望理由書は「なぜ、自分はこの職業に就きたいと思うか？」を書く文章だが、職業経験を持っている人は、自分の前職からなにか問題意識を得ているはずなので、この問いに対する答えは、「自分は…の仕事をした。そこでこういう問題にであった。それを解決するには、公務員になって…のようなことをする必要があると感じた」などという形になろう。つまり、前職で得た問題意識が、この職業に就く動機になっているのである。つまり「経験小論文」は志望理由書のやや簡略版と言える。
　　　この出題は文言に細かな変更はあるにしても、内容に大きな変化はないと思われるので、一行テーマ型の論文試験と違って、事前に準備しておくべきだろう。一度書いておいた内容をアレンジするのと、その場で新しく書くのでは、気持ちの余裕も大きく違うし、よりよい内容・表現で書けるからである。

■ 書き方のパターン

　　　上の出題例は典型的な例なので、まずこの形式に合わせて整理し

ておくのがよい。その際に前述のポイント、サポートの原則はかなり役に立つ。書くべき内容は、職務経験とそこでの問題意識、さらには問題に対してどのような進行管理をしたのかだが、まず、経験は「いつ・どこで・だれが・何をしたか」が基本情報だ。もちろん「だれが」は自分なのだから、「いつ（時）・どこで（場所）・自分が（人間）・何をしたか（行動）」が簡潔明瞭に書かれていなければならない。

POINT ☞ 経験＝いつ・どこで・自分が・何をしたか、を簡潔に書く

そのうえで、その仕事が「どのようであるか？」「どこにやりがいや苦労があるか？」などの細かな情報を付け加えていく。これは、前節で説明した「ポイント⇒サポート」の流れと同じである。基本的な情報を先に書いて、細かな説明を後から付け加えていくわけだ。

■■ 具体的に流れを作る

例を見よう。下は、かつて添削した経験小論文の原文冒頭である。
原文1

段落❶　私の仕事はトランプの神経衰弱のようである。なぜなら記憶力を頼りにして名前と住所から居所を一致させるからだ。一般的には宅配と呼ばれる。

段落❷　バイクや車で配達や集荷、営業を行う。体力勝負であり、突然の事態に備えた危機管理力が求められる。

段落❸　市内を５つの地域に分割し、各部署に割り当てる。各部署をさらに４つに再分割する。記憶力を頼りに品物などを正当受取人に配達するのである。

段落❹　宅配は配達指定時間もあるので正確さを前提とする。個人情報意識の高まりから、正当者以外への配達は苦情につながりやすい。業務は日々変化し、天候に左右される。庭先の大型犬など、あらゆる状況を想定し情報分析を必要とする。仕事をしながら危機管理力を培っている。お客様サービスをモットーに、部署でのチームワークが不可欠だ…

■■ 文体・語り口の問題

この文章でまず気になるのが、物語的な文体＝語り口であろう。たとえば、１行目など「トランプの神経衰弱のよう」という比喩から始まって、「宅配と呼ばれる」としだいに種明かしされる構造になっ

ている。これはフィクションなどでは有効だが、論文ではふつう行わない。論文では、むしろ最初から種明かしをしてしまい、それから、それを詳しく説明・例示するという構造を取る。そうしないと、一番大事な情報「宅配」が段落中に埋もれてしまう。比喩など特別な表現もなるべく使わないようにするのが原則だ。

　さらに、その仕事のやりがいを「危機管理力」として、例示を挙げているが、例示の前に「市内を5つの地域に分割し…」などと仕事の全体的システムについて述べている。この場合、全体的システムの説明を「宅配」のすぐ後に置き、「危機管理力」を表す例示を「危機管理力が求められる」のすぐ後に「たとえば」を入れて書かないと話題が入り乱れてしまう。だから、次のように書き換える。

ポイント・サポートに整理する

> 　私の主な仕事経験は宅配である。車やバイクで配達や集荷、営業を行っている。市内を5つの地域に分割し、各部署に割り当て、さらに各部署を4つに再分割する。その中で、記憶力を頼りに名前と住所から居所を一致させ、正当受取人に配達するのである。
>
> 　この仕事は、体力だけでなく、事態の変化に適切に対処する能力が求められる。たとえば、制限時間内での正確な配達をするには、天候に細かく注意を払い、日々変化する状況を想定しなければならない。庭先に大型犬がいる場合など、身の危険にもさらされる。また、最近は個人情報に対する住民の意識が高まり、配達が不正確だと即苦情につながる。ある意味で、日々危機管理力を培っているような状態なのである。

構成と段落分け

　まず仕事の種類を「宅配」と規定する。その後に、配達方法など細部を説明する。次に、その仕事で要求される資質・能力を「事態の変化に適切に対処する」と規定し、それを具体的に表す例示を細かく挙げ、最後に「危機管理力」という印象的な言葉でまとめる。つまり、一番大事な内容を冒頭に置き(ポイント・センテンス)、それを説明・例示する細部の情報を後から順次出していくのである。

　もちろん、そのような整理に対応して、段落分けも変えてある。原文の段落分けはやや煩雑なので、「宅配」の仕事を説明した段落と、そこで必要とされる資質・能力を描く段落と二つに分けた。これだけでずいぶん見やすくなるが、さらに「チームワーク」というやや

異なったテーマに触れた内容を、第二段落から追い出して、段落内容の統一を図った。つまり、段落の書き方は、ポイント／サポートに分けることと、内容を統一することが大切なのだ。

　元の文と添削後の文章を、声に出して読み比べて欲しい。流れの違いが感じ取れるはずだ。ちなみに、ポイント／サポートがちゃんと構成されているかどうかは、「声に出して読む」という方法で体感的にチェックできるので、積極的に活用して欲しい。

■■■ 項目ごとに分割する

　ところで、原文の冒頭に続く部分は以下のようだった。書いた志望者は、(1)(2) の項目に分けよ、という設問指定を見逃したようだ。

原文2

…お客様サービスをモットーに、部署でのチームワークが不可欠だ。

段落❺　社会人であることは、組織に属することである。一般的に組織は部署ごとに細分化されることが多い。各部署ごとで働くことは、他人との協調性が試されるわけだ。

段落❻　私は仕事を行ううえで、協調性を問題意識に掲げている。なぜなら協調性を欠く部署に限って、プロ意識を欠く行為でお客さまとトラブルになるケースが見受けられる。だからこそ協調性は必要である。

段落❼　アルバイトが風邪などで突然休んだ時など、部署の協調性が試されるよい機会だ。これは台風や大雪などの限界状況であるほど増大する。一人が時間内に行える事務処理能力は限られている。欠員が生じることで、他者は欠員分の仕事量は当然増える。また慌てている時こそ慎重に行うよう心掛けている。

段落❽　経験上、欠員の仕事は全員で平等に分割しないのが望ましい。二人くらいが、意図的に仕事量を増やす。他の者は通常通り与えられた仕事を速やかに終わらせ、全員でまとめて補助に入る方が効果が大きい。想定外の事態ではむしろ協調性が増すのである…

　もちろん、この場合は指定に従うべきだ。幸い、このあたりは「チームワーク」や「協調性」という言葉は何回も繰り返されているが、前の「危機管理力」とは違う言葉なので、ここで項目を変えて(2) にした方が分かりやすい。設問では、「職務において、どのような問題意識を持っていたかを述べ」とあるので、この「チームワーク」や「協調性」を「問題意識」の項目にすればよいだろう。

接続詞で内容を明確にする

　一方、段落❺と段落❻はどういう風にチームワークを取るか、について の説明だから、これら二つの段落の内容を一緒にできる。さ らに、段落❼・❽は「アルバイトが風邪などで突然休んだ時」なので、 例示になる。接続詞「たとえば」を付けて、例示であることを明示 しよう。すると以下のように整理できる。

> (2) 私が職務においてもっとも気をつけているのは、部署内におけ るチームワークの取り方である。社会人であることは組織に属する ことであり、組織は部署ごとに細分化される。仕事を適切に行うに は、部署内での他人との協調性が不可欠であり、これを欠く部署に 限って、プロ意識を欠く行為で顧客とトラブルになる。
> 　たとえば、アルバイトが病気で突然休んだ時、台風や大雪など の限界状況などでは、部署の協調性がないと乗り切れない。なぜ なら、一人が時間内に行える処理量は限られているからだ。欠員 が生じることで、他者も欠員分の仕事量が当然増えるが、パニッ クを起こすと状況はさらに悪化するので、慎重に行うよう心掛け る。経験上、欠員の仕事は全員で平等に分割しないのが望ましい。 二人くらいを選んで、仕事量を増やす。他の者は通常通りの仕事 を与え、終わらせた後に全員でまとめて補助に入る方が、効果が 大きい。想定外の事態は集団を結束させ、協調性を増すという現 象を利用するのである。

Thematic strings

　冒頭に「私が職務においてもっとも気をつけているのは、部署 内におけるチームワークの取り方である」とポイント・センテンス があるので、以下「チームワーク」についての説明だとすぐ分かる。 実際、「協調性」という「チームワーク」の類義語が何度か繰り返さ れるので、この二つの段落が同じ内容を扱っていることは一目瞭然 だ。しかも、第二段落冒頭には「たとえば」とあるので、最初の段 落で説明されたことの例示になっていることが分かる。

　このように、言いたいことに関係した言葉が何回か繰り返される ことを Thematic strings(テーマの糸)と言う。これを一つ一つ追っ ていけば、何が述べられているか簡単に分かる。したがって、書 き手も、同じ段落や続きの段落の中では、このような Thematic

strings を意識的に張って読みやすくする必要がある。逆に、それが
とぎれたときは、述べられている内容が変化したと考えられる。

　実際、先ほどの p.283 と p.285 の原文を見てみると、原文１冒
頭では「危機管理力」という Thematic strings が張られているの
に、それに続く原文２では「チームワーク」「協調性」という別種の
Thematic strings に変わっている。したがって、元の段落の分け方
がおかしいということは、ここからも言えるのである。

答案例

　(1) 私の主な仕事経験は宅配である。車やバイクで配達や集荷、
営業を行っている。市内を５つの地域に分割し、各部署に割り当て、
さらに各部署を４つに再分割する。その中で、記憶力を頼りに名
前と住所から居所を一致させ、正当受取人に配達するのである。

　この仕事は、体力だけでなく、事態の変化に適切に対処する能
力が求められる。たとえば、制限時間内での正確な配達をするには、
天候に細かく注意を払い、日々変化する状況を想定しなければな
らない。庭先に大型犬がいる場合など、身の危険にもさらされる。
また、最近は個人情報に対する住民の意識が高まり、配達が不正
確だと即苦情につながる。ある意味で、日々危機管理力を培って
いるような状態なのである。

　(2) 私が職務においてもっとも気をつけているのは、部署内にお
けるチームワークの取り方である。社会人であることは組織に属す
ることであり、組織は部署ごとに細分化される。仕事を適切に行う
には、部署内での他人との協調性が不可欠であり、協調性を欠く
部署に限って、プロ意識を欠く行為で顧客とトラブルになる。

　たとえば、アルバイトが病気で突然休んだ時、台風や大雪などの
限界状況などでは、部署の協調性がないと乗り切れない。なぜな
ら、一人が時間内に行える処理量は限られているからだ。欠員が生
じることで、他者も欠員分の仕事量が当然増えるが、パニックを起
こすと状況はさらに悪化するので、慎重に行うよう心掛ける。経験
上、欠員の仕事は全員で平等に分割しないのが望ましい。二人くら
いを選んで、仕事量を増やす。他の者は通常通りの仕事を与え、終
わらせた後に全員でまとめて補助に入る方が、効果が大きい。想定
外の事態は集団を結束させ、協調性を増すという現象を利用するの
である。…

集団討論の方法

集団討論と論文には共通するところが多い。ただ、複数の他人が関わるので、多様な見方を整理するとともに、どう他人の意見を受け止め、議論を深められるかが問われる。

① 集団討論とは何か？

集団討論とは、5〜8人くらいで1組になって、与えられた課題に対して、意見を出し合って議論する試験方式である。課題としては、「ワークライフバランス」や「コンパクトシティ」、「地域おこし」など、本書で取り扱った行政課題が多い。もちろん「高齢者の自動車運転の是非」とか「空き家増加に対する対策」とか「学校の部活動の必要性」とか、やや細部にわたる内容もある。いずれにしろ、さまざまな方向から考えられる話題が与えられ、それに対して、活発に議論することが期待されている。

論文との関係は？

もし小論文を「課題を与えられて、自分の意見を述べて、議論・検討する文章」と考えれば、文章か口頭か、の違いはあっても、課題に対する自分の意見を述べる、という点では、内容が似ている。

実際、集団討論で高い評価を取る方法と、小論文で高い評価を取る方法はほとんど違わない。なぜなら、与えられた課題への理解と、そこから適当な問題を切り出し、それに対し、自分なりの理屈を付けて解決し、それを、さまざまな見方・解釈と対話しつつ、優劣を判断して最終的に対策につなげる、というプロセスが共通だからだ。

もちろん、集団討論には特有の要素も入ってくる。まず、複数の人間が参加するのだから、その議論のレベルは人によって違ってくる。ディベートのように、他者を論破して、自分の方がレベルの高いことを示せばよいように見えるが、実はそうではない。あくまで「集団討論」なので、自分だけが優位に立っても仕方がないからだ。

POINT 👉 集団討論の目標≠論破

他人と協力して発展させるのが基本

行政の仕事では、他人と協力して仕事するのが基本である。一人

だけでよい意見を持っていたとしても、それが他者からの合意をえられなければ、実行につなげられない。したがって、他者に対する議論でも、相手を議論で負かして意見を主張するより、自分の意見に、他者の意見をも取り入れて共有しつつ、全体の質を上げて、実行につなげていく、という方法を取ることになる。

そもそも人間は、自分も場に参加して全体に貢献した、という点にやりがいを見いだし、そういう状態が実現したときに、組織全体としてのパフォーマンスも上がる。とすれば、集団討論は、相手と自分の意見を対立させて相手を打ち負かし、自分の方がすぐれていることを示すゲームではない。むしろ、相手の意見や見方が自分と違っても、無視・軽視せず、いったんは受け入れて発展させ、深い解釈や考え方に導き、より高い結論につなげる共同行為なのである。

■生産的な議論の方法とは？

つまり、生産的議論をするには、批判だけでなく、相手の発言を促したり、それを再解釈したり、発展・敷衍（ふえん）させたり、さらには、発言が少ない参加者にも発言を促して、全体の議論のレベルを上げるなど、討論の場を動かしていく気遣いも必要になるのだ。

それは俗に言う「仕切る」「目立つ」など、その場の主導権を取ればよい、という意味ではない。むしろ、他の参加者のサポート役に回ったり、議論が停滞したら新しい論点を入れて活性化したり、議論をさらに進行させたり、など補佐的な役割が必要になる。提示された論点を受け止めて、そこに具体例やデータを出して、先につなげてイメージや議論を深め、集団を生き生きと機能させることが目標なのだ。よく「集団討論では、言葉だけでなく、参加の仕方や態度も評価の対象になる」と言われるのは、そういう意味なのである。

 POINT 集団討論では、リードも補佐も重要な役割である

■討論の複数制に気をつける

討論と小論文が同じ構造を持つなら、問題―解決―根拠は基本の構造になるはずである。もちろん、多人数で議論するから「解決」が小論文のように冒頭に出てこない。むしろ、さまざまな人の意見を聞いて、それを比較・考慮しつつ、妥当と思われる形でまとめていく、というプロセスになるはずだ。とすれば、全体構造は、次頁のようになるだろう。

$$\boxed{\text{論点の整理}}$$
　　　　　↓　　多様なとらえ方の提示
$$\boxed{\text{解決への発想}}$$
　　　　　↓　　論理プロセスの整理
$$\boxed{\text{具体例・データによる肉付け}}$$
　　　　　↓
$$\boxed{\text{解決への明確化}}$$

　問題・解決・根拠の要素が単一ではなく、他者が関わることで、複数化してくることに注意したい。最初の複数性が何らかの方向にまとまったり、まとまりへの予感を持って終わる、というあり方が「集団討論」の理想である。だからこそ、多様—整理というプロセスが何度も出てくるのである。

多様性の確認と論点の整理

　このプロセスは「グループワーク」では、さらに鮮明に出てくる。グループワークでは、課題が示されて、参加者で議論し合うまでは同じだが、最後に、グループとしての共同の結論を提示しなければならない。もちろん、結論を出すからには、途中で出た多様な議論を結論で並列するわけにはいかない。複数の可能性の中から「これが妥当である」と１つの方向性を決めねばならない。

　とはいえ、最初から１つに決めるのでは、議論が単純化して深みがなくなる。だから、前半ではできるだけ議論を拡げて、いろいろな可能性を模索し、後半は、それらの共通点を探ったり優先順位をつけたりして整理し、シンプルで明快な結論を得られるようにする。

　「集団討論」では、まとまった結論を発表しなくてもいいのだが、それでも対立のままでは、討論した意味が感じられない。多少の違いは残っても、なるべく「こういう方向の結論が出た」「こういう方向は確認できた」というイメージになるように進行する必要がある。その意味では、「集団討論」も「グループワーク」も、多様性の提示と結論への整理という方向は共通しており、全体として多様な意見が提示されつつ、次第に一点に収束する方が評価も高くなるのである。

多様な要素を統合する技量

　したがって、集団討論のポイントは、この多様性と収束という一見矛盾した要素をいかにして統合するか、にある。ラストの収束を

見越して最初から論点を絞りすぎると、現実問題の複雑さの理解は望めない。しかし、多様性に終始すると、内容が分裂して最終的な方向性が見つけられない。多様な内容を持つ内容を手際よく整理して、明確な論点にして検討し、まとめていく手腕・能力が求められるわけである。その実例を、集団討論のシミュレーションを中心に見てみよう。

多様な内容を引き出す + 明快な論点への整理・検討 = 主張へのまとめ

❷ 集団討論のシミュレーション

課題は事前配付・当日配付のいずれか

> 1995年の阪神・淡路大震災は日本にボランティア活動が根づくきっかけとなりました。今では災害だけでなく、観光・教育・福祉・スポーツなどさまざまな場面での活動が期待されており、地方創生や共生社会構築のために欠かせない存在となっています。
>
> 本市において、ボランティア活動を推進・支援し、担い手を育成するために、行政はどう取り組めばよいか、グループとしての意見をまとめてください。ただし、討論では、司会は立てないで進めてください。（参加者7人）

発言したのは悪くはないが

A：まず、一人一人自分の考えを述べていったらどうでしょう？　はじめに、私から自分の考えを述べます。ボランティア活動は何も特別なことではなく、私たちが自然にやっていることだと思います。たとえば『近所の助け合いの精神』なんか昔から行われてきました。地域にいれば、互いに助け合わなければやっていけません。その延長上にボランティアもある。だから、ボランティア活動を推進・支援するには、まず、そういう地域レベルでの助け合い、たとえば町内会などの活動を盛んにすることから始めることが大切なんじゃないかと思います。

対立を作って問題化する

B：そうかな？　今のAさんのような意見は、わりとよく聞くのですが、ボランティア活動は『近所の助け合い』とは違うんじゃないかなと思います。実際、1995年の阪神・淡路大震災では、町内会の活動は活発ではなかったようです。町内会長など年配の方が多くて、被害に遭って親戚宅に身を寄せるなどして、地域にいなかったという事情もあったようですね。むしろ、活発だったのは、地域外から来た

人たちでした。その活動も、被害に遭った、亡くなった方の名前を確認して、それをネット上で流すなどで、町内会などでありがちな『近所』という顔の見える関係とは、かなり違っていたようです。そういう活動だったからこそ、世間でも、それを『ボランティア』という今までになかった名前で呼ぶことになったのでしょう。だから、ボランティアは近所の助け合いだという意見には違和感があります。

根本的な論点の提示

C：それに関連するんじゃないか、と思いますが、私も討論を始める前に、ちょっと確認しておきたいことがあるんですよね。というのは、この設問自体に疑問があるからです。

D：どういうことですか？

C：討論すべきこととして、行政における推進・支援と担い手の育成が目標になっているのですが、そもそも、そういう発想がよいのか、疑問に思うんです。

D：なぜですか？

C：だって、ボランティアのもともとの意味は『自発性』じゃないですか？個人が助けたいと思ったから助ける。やりたいと思ったからやる。逆に、関心がなかったら何もしなくてよいし、誰も非難はしない。それがボランティアの本来の意味でしょう。それを行政が『推進・支援』するというのだから、介入してコントロールしようということになりはしませんか？　そういうことを行政がすべきなのだろうか、と疑問を感じたわけなんですよ。

討論の活発化

A：そういうことをいちいち気にすることが必要なのでしょうか？『他人を助ける』ことは、とりあえず、よいことなんだから、市が後押しすることだってよいと思いますが。

C：でも、この頃は、ボランティア活動を大学入試の評価点にするとか、ボランティア活動を中高の必修科目にする、とかいう動きもあって、何だか本質からずれている気もするんですよね。こういう点について皆さんはどう思います？

皆ザワザワ

討論の方向性の整理

D：つまり、Cさんは推進・支援・育成という発想自体がボランティアの本質である自発性となじまない、と言うわけですね？

C：行政が推進・支援・育成するとなると、つい『こういう方向でしよう』とか『皆に参加させよう』とかいう発想になりがちです。もちろん私はボランティアに反対ではないし、もっと皆が参加して盛んに行われるべきだ、と考えています。ただ、行政が呼びかけるとなると、強制力も出てくるように思います。だから、推進・支援・育成の方向づけを気をつけなくてはならないと思うのです。

共感して確認する	E：その点は、私も同感です。よいことなんだから、という前提でいうと、つい『皆で一斉に！』という方向になりがちだけど、それだと単なる『地域奉仕活動』になってしまう。
	A：でも、ボランティアって『地域奉仕活動』ではない、というのは言いすぎだと思う。だって、実際、地域のためになっているでしょう？
	E：さっきBさんも言っていたように、違う点は、日頃、地域共同体に属していない人が参加してくる点だと思います。だから、阪神・淡路大震災のときの被災者の名前を画像でネット上に掲示するという発想や手法も取られました。近所を越えて全国レベルでの安否情報を出しているわけです。顔の見える中での助け合いとはずいぶん違う。
	D：活動を担う人の問題ですよね。日頃、地域共同体に属していない人が参加してくる。地域とか自治体とか、日常の人間関係とは少し違う関係から参加するし、そういう受け皿も必要になるかも……。
新たな例を示す	F：そういえば、私は、レベッカ・ソルニットの『災害ユートピア』という本を読んだことがあるけど、災害の場合は、市長とか警察とか、いつもの地域秩序を守るリーダーや組織とは違った人が、率先して行動して信じられないような力を発揮する、と書いてありました。
	B：それは私も読んだことがあります。普通の市井のオバさんがスープを作って、被災した人たちに配って歩いたとか。
	A：知らなかったです。
	F：災害や事故が起こって、社会状況が、日常とはまるっきりかけ離れた状態になっているのだから、そこで効果的に行動できる人も当然いつもとは違ってくるのかもしれませんね。
最初の問題に戻して脱線を防ぐ	A：それは分かるけど、今議論しているのは災害時や緊急時ではなくて、『推進・支援・育成』という段階だから、日常的に考えてよいんじゃないですか？
	F：いつもの政治や社会の関係に頼っていると、かえって災害救助や復興に逆行する場合も出てくると思います。2019年の台風19号のときに、××県の町が断水になって、自衛隊に給水を依頼したけど、それを聞いた県の担当者が『その町は、まだ自衛隊に依頼する段階にはない』として給水を止めさせて水も捨てさせたということがあったらしい。
	D：そんなことがあったのですか？
行政の事情を指摘し議論を深める	F：県が情報をまとめて自衛隊に要請するシステムになっているので、町が独自に自衛隊に連絡するな、ということのようです。こんな風に、日常の機構は全体として動くから、どこが窓口になるか、どう情報を集約するか、をきっちり決めるべきだ、という意識が強い。それが、かえって緊急時に必要とされる対応と合わないということもあるん

集団討論の方法

じゃないかと思います。

対立意見を出す

C：ボランティアが関わる活動は、緊急時の人手がいることが多い。従来のあり方で『推進・支援・育成』を考えると、自治体が上から目線で具体的なイメージや行動を決めてしまうことになりかねない。それじゃいけないと思うんです。

A：じゃあ、どうすればよいの？

直観的表現だが方向性を確認

E：よく分からないけど、行政がボランティアの皆さんと協働するような姿勢が大事だと思うんです！　市が、皆さんの活動を邪魔しない、あれこれ細かく指示しないというか、むしろボランティアの人がスムーズに動けるような体制を作る役目に回るとか……。

D：それはそうかもしれないけど、Eさんの意見じゃ、課題に答えたことにならないですよね。考えるべきは『どうすればいいのか？』ということであって、『〜しちゃダメ』ということではない。

　　　　皆しばし沈黙

D：Gさん、あまり発言していないようですけど、意見はないですか？

新たな発想で方向性を出す

G：……自分もそうだけど、ボランティアに興味を持つ人は意外に多いと思います。むしろ、『自分さえよければ、他人のことなどどうでも良い』という方が少ないと思う。でも、実際にどういうことをやったらいいのか、よく分からなくて、二の足を踏んでいる。そういう人にイメージを持ってもらうきっかけがあったら、参加者が多くなると思うんです。単なる宣伝や啓蒙活動と考えると、出発点が違ってしまうと思う。

A：そういえば、ボランティア活動に熱心な先輩がいるのだけど、きっかけは海外の貧困地域のスタディ・ツアーに参加したことだと言っていました。その日の食料にも困るとか、学校にも行かれない子どもたちを見て『何かやらなきゃ』とショックを受けたことだって……。

具体的方法につなげる

G：自治体が、そういうスタディ・ツアーを組織したり支援したりするのはどうでしょうか？　自分たちの日常生活とは違う生活や人々を見るだけでも、物事の見方が変わると思うんです。

A：それはずいぶん費用がかかると思うな。財源はどうするんですか？

F：スタディ・ツアーをやっている団体やNPOなどは結構ありますよ。市が多人数で申し込めば費用も安くなるし、そういうツアーに対して、補助金を出す施策もあり得ると思います。

D：実際に、ボランティアをやっている活動家を呼んできて、どんな活動をしているか、講演をしてもらう、なんてのはどうですか？

補足的な内容

B：それももちろん有効だと思う。僕が大切だと思うのは臨場感と面白さです。聞いた人が何らかの具体的な印象を持って、『これなら自

	分にもできるかもしれない』ないし『これは面白そうだ』と感じて、行動を起こすことにつながらなきゃならない。
	F：教育的な効果ばかりを狙ってはダメですよね。
キーポイントの指摘	G：そもそも自治体職員はどれだけ行政について知識経験を持っていても、ボランティアについて何を知っているか、というと、自分も含めてだけど心もとないのではないかと思う。むしろ、実際の体験者の話を聞いて学ぶ姿勢が必要だと思う。
	A：面白いと思ったら、今はSNSなどで一気に広がるしね。
	G：そういうコミュニケーションの仕方は『市政便り』などより、ずっと有効でしょう。『〜の中の人』なんて名前で、講演やイベントをアピールすれば、けっこう興味を持つと思う。何か個人性が必要なんだ、と思う。
	D：個人性か……。どうも、それがキーワードみたいな気がしてきましたね。
	A：個人が興味を持って、状況を判断して、自分のなすべきことを考え、行動に結実させる。そういう自立的なプロセスを支援するのがポイントかもしれない。
事例を出してイメージを拡げる	F：そういえば、釜石市の防災プログラムでは、学校の算数の授業で津波に関わる計算をさせたり、社会では周囲の地域の地図を作って、どのくらいの高さの津波のときに、どこにいたら安全かMAPを作ったりした、と言います。でも、面白いのは、プログラムの最後では『今まで教えたことに頼らず、その場で自分が正しいと思ったことに従って動くこと！』という教えを徹底させたこと。結果として、東日本大震災のときに、釜石市では小学生の死者はとても少なかったとか。
	B：自主性、個人性を育むにはどうすればいいか、のモデルにもなりそうですね。
補足的な内容	E：ただ、ボランティアだって、持続的な行動をするには、他人と協働しなくてはならない。善意の行動でも、結果が出なければしかたない。それも、今までの事例から学べるかもしれないですね。そういえば、昔ロシアのタンカーが日本海で座礁して、重油が海岸を汚したとき、全国から『きれいな海を守れ！』とたくさんのボランティアが集まったそうです。重油をとるにはひしゃくが役立つ、ということも分かって、全国から何万本ものひしゃくやおけが集まったって聞きました。
	F：あ、それ知っています。ＴＶの番組でやっていました。せっかく人手も道具も集まったのに、それをマッチングさせるのが大変だったとか。
要約して主張につなげる	E：誰も、どこにどんな資材がどのくらいあるか知らない。だから皆右往左往した。そしたら、ちょうどその時、ある自治体を退職した倉庫係の人がボランティアにやって来て、自分の専門を活かして資材

の置き場所をしっかり決めて、どこに何があるか、一目で分かるようにしたんだって…。そのおかげで、重油の除去作業が飛躍的にスピード・アップしたとか。

既存の理論との関係を示す

A：そういえば、経営学者のドラッカーも、これからのボランティアでは他人とどう協働するか、客観的な視点が必要だって言っていたと大学の経営学の授業で習いました。自治体が、講師を招いて、そういうスキルを学ぶ機会を作るのもありかもしれませんね。

E：もちろん、そこに私たち、つまり自治体の職員も参加する必要がありますね。ボランティアとの協働の仕方を学ぶためにも。

A：たしかに、それはよい考えかもしれませんね。

終了3分前

まとめに対して同意を求める

D：時間も少ないので、私が、これまでの討論結果をまとめてよいでしょうか？　間違っていたら、誰か訂正してください。まず、ボランティアの推進・支援・育成と言っても、第一に重視しなくてはいけないのは『自発性』だということ。社会に貢献したい、という人はある一定の割合でいることに期待して、啓蒙・教育するより、むしろ具体的な活動につながるきっかけを作ること。実際に、困っている人たち・地域を見に行ったり、そういう活動をしている人から情報を得る機会を作ったりして、活動の『意義』や『面白さ』を感じてもらうこと。自治体がそういうスタディ・ツアーや講演会などを支援するのもよいでしょう。

具体的な対策

E：それから、ある程度ボランティアに関わった人には、組織や評価の仕方など、他者と関わる際のスキルも提供できるとよいですね。

D：そうでした。でも、それは初級向けだけじゃなくて、中級向けのプログラムになりそうですね。

F：市の職員も、これからボランティアやNPOと関わる機会が多くなることを見越して、積極的に参加しなければならない、と思います。

より大きな問題との結びつきの指摘

G：でも、そういう職業外の活動に積極的に関わるには、ある程度の時間の余裕も必要だと思う。仕事ばかりで時間が取られていては、ボランティアやる気も起こらないだろうし。

C：そうですね。ボランティアは働き方改革にも関わっている。これからの仕事で、僕たちはそういう時間の余裕を取れるか？

B：社会全体の変化も必要になってくるのかもしれないですね。

終了のベルの音

❸ 討論の流れを整理する

　　　　この討論の仮想例の流れを整理してみよう。最初に課題が与えられるが、ここでは「司会をおかないように」という条件が課されていることに注意したい。形式的に司会・タイムキーパーなどを決めると、その役割をこなすことに縛られて、自由な討論ができにくくなることを懸念しての措置だと思われる。また、形式に従うことにこだわって、討論の実質に注意が向かなくなることも心配されているのかもしれない。逆に言えば、討論の中から、自然に進行や整理の役割が出てくることは悪くないし、実際にそういう発言も随所に見られる。

■■■論文との関係は？

　　　　初めにAが発言している。口火を切るのは「積極性」の表れだが、最初の発言なので、内容がどうしても軽くなりがちだ。だから、すぐBから「ボランティアの本質を見誤っていないか？」と反論されてしまう。もちろん、だからといって、Aの発言がよくないという訳ではない。議論の始まりを付けたという意味では、評価は悪くないだろう。ただし、その中身が大事なのである。

　　　　前節の論文の書き方についての解説でも述べたように、討論が実りあるものになるためには、「問題」の存在がまず重要である。「問題」とは、「あれ、これは、どういうことなのかな？」と読む／聞く側が疑問を持つような箇所である。そういう疑問があると、それを解消すべく、議論が動き出す。

　　　　だから、ここでBが早めにAに対する対立点を出したことは、かなり肯定的に評価できる。複数の発言者がいる討論状況だから、問題は「疑問」や「矛盾」より、「対立」の形になるのが一番分かりやすい。だから、討論では対立の形になることを怖れてはならない。むしろ、場を推進する力として積極的に利用すべきである。実際、以後「Aの見方とBの見方のどちらが妥当なのか？」という疑問を巡って、参加者がさまざまな意見を出し、討論が活性化していくことになる。

POINT 👉 問題があることで討論は活性化する➡早めに提示する

　　　　逆に言うと、Aが冒頭で提案したように、皆が一人ずつ見解を並列させるという始め方は、参加者すべてがコメントできるという点では公平かもしれないが、反面「問題」にたどりつくのが遅くなりがちで、討論する焦点が定まらないままに時間だけが空費される、

ということにもなりかねないので注意したい。とくに、何人も同じ課題で発言すると、互いの意見・立場の違いも見分けにくくなり、うまく整理しないと論点が見いだせなくなることもある。

　その意味で、Bが早い段階で、Aと対立する内容の意見を出したということ、その内容が本質に触れるものであったということは、大いに評価されてよい。議論が明確な焦点を結ぶには、早めに「問題」を見つけた方がよいし、そのためには、誰かの意見に対して「それはどうだろう？」と疑問をぶつけたり、反対の意見を述べたりするのが有効なのである。

■■■問題を深化させる

　仮想例を見ると、Bが反対意見を述べた後に、Cがさらにそれを一層過激な形で表現している。なぜなら、Cは「与えられた課題自体がそもそも成り立つのか？」という刺激的な立場をとっているからである。この発言は、参加者たちが、暗黙の内に前提としていた「この討論には意味がある」という思い込みに挑戦し、「行政が、ボランティアの推進・支援・育成をすることは、本当によいことなのか？」というより根源的な問題を提出している。

　いわば、Bの提起した「問題」を、より深い疑問として表現してみせることで、ことの重大さを明らかにしているわけである。このような「挑発」も、討論では一定の効果を持つことが多い。ショッキングな発言内容だが、議論を深化させ、さらに先に展開するという意味は大きいからだ。一見突飛だし、誰でもできる論法ではないが、そのぶん、参加者を活性化させる効果があるのだ。

　もちろん、Cはショックを与えようとしているだけでなく、その発言内容にも十分な注意をしているようだ。続く発言でも「ボランティア」という言葉の本来の語義に言及して、「地域奉仕」との曖昧な混同という問題点を指摘しているからだ。それだけではなく、挑発した後に、より丁寧な表現で、自分なりに説明できているところも評価できる。だからこそ、Eの発言に見られるように、他からの共感も得ているのだろう。

■■■リーダーシップとフォロワーシップ

　ここでのEの役割は「フォロワー」と呼ばれる。つまり、Bの発言を受けて、そこに「地域共同体に属するか否か」という表現を与えて、「地域奉仕」とボランティアの区別をより明確化するのである。Eの発言は、Bのように議論を主導するわけではないが、出てきた内容をより明確なものにして、次の議論につなげる、という役割を

担っている。これもまた重要な役割なのである。

　よく経営学の「リーダーシップ」論で言われることだが、「リーダー」の第一の資質とは「決断力」とか「包容力」ではなく、実は「フォロワーがいること」である。リーダーは、フォロワーが存在しなければなりたたない。だから、フォロワーの立場を取ることも、組織全体としては重要な役割なのである。それが、その場の議論の大勢を決めることも少なくない。

　ただし、フォロワーという役目を果たすとしても、誰かの意見に賛成するだけでは意味がない。フォロワーには、必ず何らかの修正点や補足点を持ち込むことが求められる。それがなければ、自分が全体の中で埋没するし、逆に、付け加えられた修正点や補足点が、議論の方向に決定的な影響を及ぼして、議論の流れを次の局面に導くという積極的な効果もあるからである。Eによる「地域共同体の中ではない人」というボランティアの規定も、以後、重要な概念として議論の方向を決定していく役割を果たしている。

 POINT 「フォロワー」の役割をとっても、議論に影響を及ぼす

　実際、Fの発言は、Eを受けているか、自分が読んだ書物に言及することで、ボランティアの本来めざす「非日常的な状態の中で活躍する」という人間像が明確化している。この発言が出てくることで、この討論におけるボランティア・スタッフの「育成」の方向付けも決まったのである。

■事例や情報で裏付ける

　さて、議論の方向性は、論理や構想だけで決まるのではない。事例や情報で裏付けることでも強化される。次のAの述べる2019年水害の話は、阪神大震災より時間的に近く、イメージしやすいかもしれない。ボランティアのめざす人間像と、行政のいわゆる「官僚機構」（もちろん、これも日常生活を安定させるために重要な機構だが）の間の齟齬・矛盾が具体的に見えてくるエピソードになっているからだ。

　このように、抽象的な議論が行われているときに、イメージや比喩、エピソードなどを提供できる、という立場も、討論の中で重要である。「自分が、どんな立場で発言するのか」については「リーダーになる」だけが選択肢ではない。フォロワーとして影響力を与える、鮮やかな例示・データを出して方向を決定づける、などさまざまな可能性を試してみることが大切なのである。大切なのは、その場で行われる議論の進行に貢献しているかどうか、なのである。

新しい観点から発想する役割

　他方、討論の中盤以降に見られるように「ボランティアと地域奉仕活動は同じかどうか?」というように、議論が活発化したために、対立や膠着状態になったときには、どちらかの立場で主張するだけでなく、まったく別の観点から、討論を進める材料を出すことも、評価が高い発言である。

　たとえば、しばらく沈黙を続けていたGの発言は、議論に対立をのりこえる新展開を与える突破口になっている。Gは、人々の間で「ボランティアをしたいという気持ち」が一般化していることを指摘して（実際、課題でも「阪神・淡路大震災」以降広まってきた、と述べている）、「推進・支援・育成をどうしたらいいか?」という本来の課題について、「きっかけさえ与えればよいのでは?」という新しい視点を持ち込んできたのである。その結果、推進・支援のアイディアが、それまで暗黙のうちに前提とされていた「ボランティアに関心がない人を、どう啓蒙したらいいか?」という方向ではなく、「ボランティアをしたい気持ちを持っている人に対して、どう働きかけるか?」という方向に向かっていった。

　注意したいのは、この発言が単に目先の話題を変える並列的なアイディアではない、ということである。むしろ、この発言の意義は、今までの話を下敷きにしつつ、そこから先に進むための材料を提供できているところにある。実際、ある程度関心のある人に働きかける、という発想は、住民の気持を重視する、という意味で、今まで繰り返されてきた「行政が上に立たない」という考えと矛盾していない。だから、その後で「どう対策をすればいいか?」というアイディアがいろいろと出されてきても、根本的な点ではすでに一致しているので、内容がバラバラにならないで済むのである。

　実際、その後の検討点は、当初に問題化されたような根本的な対立ではなく「予算をどうするか?」とか「どういうイベントだったら、興味をすでに持っている人を引きつけるか?」「どんな伝え方にすればよいか?」というような具体的な細部の検討になるので、それに対して、すぐに具体的な提案が返される、という生産的な仕組みになった。それを反映するかのように、Bの発言でも「個人性」とい

う言葉を、もっとも重要なキーワードとして定式化するのである。

キーワードから例示を明確化する

このように、議論の基本的な方向さえが決まれば、例示も、テーマを巡ってよりクッキリとして、討論も充実する。たとえば、Ｆの「釜石市の防災プログラム」についての発言は、以前のＦのコメントと同様にあらかじめ持っていた知識・情報に基づいているが、それを「個人性」というキーワードからとらえ直し、隣接分野の知識を「ボランティア」に応用することで、結論に向けて、よりまとまりを持った見方に統合する役目を果たしている。

同様に、Ｇの「原油流出」の例示は直接的にボランティアの例になっているが、活動の中で冷静に状況を見極め、自分がその場で貢献できる役割を自主的に探し出して実行する、というボランティアをするときの自主的活動モデルを提供している。そのモデルを聞いて、今まで、他の参加者から反駁される一方で、内容的な主導権をとれていなかったＡも「協働するためのマネジメントが必要」という経営学と関連した理論を持ち出して、より発展した解決を提出できるようになった。

討論の中で取れる役割	
❶ 問題を提起・整理する	議論の探究する方向を決める
❷ 根本的な問題を出す	議論を活性化する
❸ 批判・共感する	論点を出す・内容を確認する
❹ 例・データを出す	イメージを膨らませ、現実と結びつける
❺ 討論の条件を確認する	議論の内容を整理する
❻ 新たな発想をする	対立を乗り越える
❼ 既存の理論とつなげる	展開するきっかけとなる
❽ 要約する・意義付ける	討論のまとまりを付ける

グループワークに向けて

残り時間が短くなってからのまとめは、グループワークほどではないにしても、今までの討論を振り返って、討論した内容をまとめて結論につなげていくプロセスを示している。司会がいないのだから、誰がまとめてもよいが、一応、他の人の許可を得て要約する、という形式をとっている。これは全員参加という建前上、当然の手続きではあるが、「参加者の尊重」という礼儀以上の意味はないので、討論の中では二義的な意味しか持たない。大切なのは、あくまでも

内容においての貢献なのである。

評価と参加の仕方

　　さて、ここまでの分析では「どういう発言をしたらダメか？」というよくあるチェック・ポイントについては、Ａの発言以外は、あまり詳しく説明してこなかった。どちらかといえば、どういう貢献があり得るのか、実際、どう議論に貢献したか、という内容に限ってきた。というのは、マイナス点を列挙して、「これをしないように」というアドバイスを与えることは、参加者を萎縮させることになりかねないからである。

POINT 👉 **マイナス点をチェックするやり方＝発言を萎縮させる**

　　世上に出回る「文章を書くときの心得」では「書きながらすぐ直してはいけない」と異口同音に言われる。書くたびに、自分の文章の不備が気になって「ここがいけないんじゃないか」と直していると、いちいち書くという行為をブロックすることになり、書こうとする推進力が削がれてしまう。だから、最初に書く時は、後先考えず、とにかく自分の思ったことをしゃにむに書いていかなければならない、と言われるのだ。批判的になって、自分の書いたものを見直し、よりよい表現にするのは、一度書き終わってからでも十分間に合うのである。

発言のし直しはできない

　　小論文の場合は、試験場で下書きをして、それを直している時間がない。だから、本格的に運動する前に準備運動を十分にして、身体を慣らすように、何回かいくつかのテーマで書いて、それを後から見直してブラッシュ・アップするという事前の準備をする。こうして、文章を書くのに慣れ、本書の「解答例」などを見て、どういう解答ならよいのか、と自分のイメージを膨らませて、本番でよいパフォーマンスができるように「よい準備」をしておく。

　　同様に、「集団討論」や「グループワーク」では、そもそも自分の発言を見直すなどということはできない。一度音として発せられた言葉は二度と返ってこない。とすれば、「これもダメ」「あれもダメ」と身構えてがんじがらめになって萎縮するより、とりあえず思ったことを議論の場に投げ入れる。それが他人からどう評価されて、場をどう変えていくかを見守りつつ、その流れがさらに良くなるように、

また発言すればよい。一度失敗しても、一定の時間があるのだから、失地回復する余裕は十分ある。実際、Aの発言も、最初は、他の人からの反対を招くが、その後の議論の流れを追っていくと、最後の方では、自分なりの貢献ができていることに注意したい。もちろん、このような例は一箇所だけだったが、他のところでも議論に入れたところはたくさんあったはずである。

■■■ポジティヴに場に参加する

　本書の「集団討論」では、どういう発言をしたらダメか、については詳述せず、むしろ、どういう発言をすべきか、その種類をいろいろ説明することに重点を置いた。単に、場をリードしたり、他の人を圧倒したりすることばかりが得点を得る方法ではない。むしろ、それぞれの持つ資質・キャラクターによって、場への貢献の仕方は変わってくる。

　しかも、その資質・キャラクターは、生来持っているものだけではなく、そこにいる参加者の中のバランスでも変わってくる。自分では「アイディアが豊富だ」と自信を持っていたとしても、他の参加者が眼の覚めるような議論を展開するかもしれない。そういう場合は、あえて自分が今まで思っていた「個性」にこだわらず、他の参加者を正しく評価し、それをさらに展開するような役目に回った方がよいかもしれない。

　一緒に討論する人がどんな資質・キャラクターなのか、直前まで分からないのだから、それぞれの発言を注意深く聞きながら、その場のバランスに合わせた臨機応変な振る舞いが必要になる。つまり、集団討論と言っても、互いの違いを確認しながら、共同作業をしていくのであり、その際、さまざまな役割を想定しながら、その場を進めていく積極性が必要になるのである。その意味で、発言に対して、事前にマイナス・ポイントばかりを意識してはいけない。集中すべきはそんなことではなく、議論を理解し、瞬時に自分のリソースから議論を先に進める材料を提供することなのである。

 集中するポイント＝議論の理解＋議論を進める材料の提供

集団討論出題例　地方上級　平成29～令和5年度

★受験者からの情報、自治体へのアンケート、HP等より作成。空欄箇所は不明。
★出題例のあとに本書の参照すべきテーマの番号を付した。傾向分析や対策をたてる際に有効に利用してほしい。
＊令和5年度の実施なし。

自治体	出 題 例	年	時間・受験者	参照テーマ
宮城県	●鳥獣による農作物の被害を減らすために、どのような取組を行うべきか	令5	(検討5分) 45分	❺❼
	●多様な働き方が可能な社会を実現するためには, どのような取組が有効かについて議論し、意見をまとめよ	令3		❶⓰
山形県	●心身の発達途上にある小学生が勝利至上主義に陥ることは好ましくないとして、全国小学生学年別柔道大会を廃止すると発表した。次の点について討論せよ (1) 小学生をはじめとした義務教育段階における全国競技大会廃止の是非　(2) 上記(1)の結論によって生じる課題に対する対応策について	令4	60分 10人	❽
	●ワーケーションの普及に向けた課題対応策	令4		❿
	●橋やトンネルの老朽化が進行している。全国の橋の約25%、トンネルの約20%が、建設後50年以上経過しており、メンテナンスが問題となっている。次の点について議論しなさい (1) 点検結果に基づき修繕を着実に実行するための課題 (2) 上記 (1) 踏まえた今後の方策	令3	60分 10人	❺
福島県	●公立学校における部活動を、学校単位から地域単位の活動に移行することについて、賛成か反対か	令4		❺❽
	●歴史的建造物や重要文化財にエレベーター等を設置し、バリアフリー化することの是非	令3	60分 6～7人	❸⓯
茨城県	●誰もが個々の能力を発揮できる社会を実現することを目的に、関係団体等と共に「いばらきダイバーシティ宣言」を発表した。 1　多様な人材の活躍について、現状と課題の整理せよ 2　多様な人材の活躍できる環境の整備のための取組	令4	70分 8人	⓰
栃木県	●とちぎの強みを生かした県の産業振興について	令4		❿
	●脱炭素社会の構築を推進する取組について	令3	40分 6人	❼
＊埼玉県	●近年、多くの都市で、市街地に空き家や空き地等が点在的に発生している。この現象は「都市のスポンジ化」と呼ばれており、魅力あるまちづくりを行っていくうえで、重要な課題の一つとなっている。そこで、次の2点について順次討論し、グループとしての意見をまとめなさい。 1 市街地に空き家や空き地が増えることで、どのような問題が発生すると考えるか			❸
	2「都市のスポンジ化」に対し、どのような取組が必要か	令元	60分 8人	❹⓯
＊千葉県	● (一般行政Bを除く) アフターコロナにおいて、千葉県はどのような取組により、何を目標としていくべきか			❿
		令4	60分 6人	⓫⓯

自治体	出題例	年	時間・受験者	参照テーマ
	●（一般行政B）誰もが何度でも訪れたくなる魅力ある観光地づくりのために、本県が取り組むべき施策とは何か	令4	60分6人	⑮
東京都	●東京都では、新型コロナウイルス感染防止対策として、新たな時代の動き方の一つであるテレワークを推進している。都内企業に対し、テレワークをさらに推進するための方策を検討することになり、あなたたちは、そのプロジェクトチームの一員となった。どのような取組を行うべきかチーム内で議論し、職場の上司に説明するために必要なポイントをまとめなさい（グループワーク）	令2	50分	❶⑯
神奈川県	●10代、20代、30代の3つの世代の強みと弱みを挙げ、各世代の強みを今の社会にどのように活かせるか説明しなさい	令元	60分	⑩⑮
山梨県	●海洋プラスティックごみが国際的な問題となっているが、ごみを減らし海洋生物などを守るための取組とは何か	令4	25分4人	❼
長野県	●地消地産を推進していくために、どんな取組が効果的か	平30		⑩⑮
	●スポーツを通じた地域活性化をはかるためには、どのような取組が効果的か	平29		⑩⑮
新潟県	●子育てしやすい環境づくりについて	令2	60分4人	⑯
岐阜県	●コンパクトなまちづくりについて	令4	60分3人	⑩
	●県産木材の使用推進について	令4	60分	⑩
	●「スマート農業」の推進について	令4	60分	❶⑩
	●小中学校への児童生徒のスマートフォン持ち込みについて	令4		❶
	●食品ロス削減について	令4		⑫
	●消防団員・水防団員の確保について	令4		巻頭
	●「関係人口」創出事業について	令4		❹
	●ローカル鉄道対策について	令4		⑩
	●マイナンバーカードの取得促進方策について	令4		❻
静岡県	●マイナンバーカードの申請を増やし、普及させるには	令5	25分	❻
	●外国人に対する避難情報を早く確実に伝えるためには	令4		巻頭⑬
愛知県	●愛知のことをもっと知ってもらい、これまで以上に愛着や誇りを持ってもらうためには、どのような取組を行うか	令4	40分〜50分5人	⑮
	●愛知県は「住みやすさ」の面で強みがあるが、移住を検討している人に、一番のお勧めを挙げるとしたら何か	令3		⑮⑯
＊三重県	●中山間地域等に対する今後の政策について	令元	40分5人	⑩⑮
	●南海トラフ地震への備えについて	令元	40分5人	巻頭
	●健康寿命の延伸について	令元	40分5人	❸❺
	●県内企業における女性の管理職の比率について	令元	40分5人	⑯
	●外国人労働者に対する研修について	令元	40分5人	⑬⑯
	●救急車の有料化について	令元	40分5人	❺
富山県	●少子高齢化が続いている富山県では、特に若者の県外流出が続いている。若者の県内定着を図るためには	令4	20分8人	❹

自治体	出 題 例	年	時間・受験者	参照テーマ
	●地域行事の在り方について	令4		⑮
	●国内外からの観光客の受け入れ方	令4		⑮
	●富山県の魅力をより効果的に伝えるSNSによる情報発信	令4		⑮
	●持続可能な公共交通の構築	令4		⑩
	●ヤングケアラーと呼ばれる子どもたちの存在について	令4		⑧
石川県	●脱炭素社会への取組について	令3		⑦
	●過疎地域におけるICTの活用について	令3	50分9人	❶⑥
	●農林水産物のブランド化の推進について	令3		⑩
	●外国人との共生について	令3		⑬
	●文化の継承・発展と新たな文化の創造に向けた取組	令3	50分9人	⑮
	●高齢者が安心して暮らせる社会づくりについて	令3	50分9人	③
福井県	●観光客や企業を呼び込むために解決すべき課題を踏まえ、県が取り組むべき施策について議論せよ	令4		⑩⑮
	●公務員志願者の増加対策について	令4		❺⑨
	●マイナンバーカードの取得促進について	令4		⑥
	●県産農林水産物の販路開拓・消費拡大について	令4		⑩
	●共家事（トモカジ）の促進について	令4		⑯
	●ふくい桜マラソンについて	令4		⑮
＊ 滋賀県	●都合の良い時間にスマートフォンで県立施設の予約や補助金の申請ができるなど、県民が行政サービスを利用しやすくするためには	令4	45分7〜8人	❶⑥
＊ 京都府	●キャッシュレス決済の普及とそれを地域活性化につなげる施策について（グループワーク）	令元		❶⑮
大阪府	●健康寿命の増進のために取り組むべきこと（グループワーク）	令元	40分8人	③❺
＊ 兵庫県	●高齢ドライバーに運転免許証を返納させることについて	令元	6人	③❺
	●レジ袋の無料配布を禁止することについて賛否を述べよ	令元	6人	⑦⑫
奈良県	●健康寿命日本一の目標達成のために（グループワーク）	令2		③❺
	●児童虐待を未然に防ぐための方策について（グループワーク）	令元	60分8人	⑧⑭
＊ 和歌山県	●和歌山県の観光をさらに活性化させる方策について	令元		⑮
	●子育て環境を充実させるには、どのような取組が必要か	令元		④⑯
鳥取県	●既存観光地に新たな魅力を加え県内外から注目を集めるための戦略について	令4		⑮
	●就職活動中の学生による交流サイトを企業が調査することの是非	令4		❶
	●地方の公共交通機関が抱える課題と解決方策について	令4		⑩
	●鳥取県の海産物や農産物のブランド展開について	令4	40分5〜10人	⑩⑮
	●VRの行政への活用について	令4		❶
	●自動音声に女性の声が多く使用されていることについて	令4		⑯
	●大阪・関西万博の来場者を、鳥取県に観光客として呼び込むための方策	令4		⑮

自治体	出 題 例	年	時間・受験者	参照テーマ
	●鳥取県の「特産物」の認知度は「二十世紀梨」60.3%、砂丘らっきょう」34.0%、「カニ」30.2%である一方、「ひとつもない」が27.2%だ。「ひとつもない」をゼロ％にする方策	令4		⑮
島根県	●中山間地域や離島を中心に空き家が増加していることに対する施策について	令4	(検討15分) 60分	❸⑩
	●島根県の魅力をPRし、島根県の良さを知ってもらうためにはどのような手法が有効か	令4		❻⑮
＊岡山県	●未来の日本からタイムマシンで現代へやってきた未来人であるとする。よりよい社会を未来に残すため、(1)環境問題(2)人口減少問題について、現在の県民にメッセージを送るとすれば、どんなことを伝えるか（グループワーク）	令元		❹❼
山口県	●鳥獣被害対策における課題・現状について	令3	45分6人	❺❼
香川県	●男女ともに仕事と育児等を両立できる社会の実現のため、どのような取組が効果的か	令4	40分6人	❹⑯
	●部活動の地域移行についての課題と意義	令4	40分6人	❺
	●デジタル技術の活用で、高度で利便性の高い医療や福祉を提供するための取組	令4	40分6人	❶⑯
	●テレワークを推進していくべきかどうか	令4	40分6人	❶⑩
	●農林水産業の持続的発展を図るための取組	令4	40分6人	⑩
	●香川県の産業をより一層活性化するための取組	令4	40分6人	⑩⑮
	●成年年齢の引き下げによる消費者トラブル抑止について	令4	40分6人	❺❽
	●自転車利用者の交通安全意識の向上を図るための取組	令4	40分6人	❺
	●離島での医療体制の強化していくための取組	令4	40分6人	❸❺
愛媛県	《行政事務B以外》			
	●男女共同参画社会づくりについて	令4		⑯
	●健康長寿えひめの実現について	令4		❸
	●戦略的なプロモーション活動の推進について	令4		⑮
	●魅力ある観光地づくりと国際観光の振興について	令4		⑮
	●地球温暖化対策の推進について	令4		❼
	●愛媛産品のブランド力向上について	令4		⑮
	●人権が尊重される社会づくりについて	令3		⑯
	《行政事務B》			
	●地域を支える人材づくりについて	令4		❹⑩
	●安心して子どもを産み育てることができる環境づくり			❹⑯
	●スポーツを通じた豊かで活力ある地域づくりについて			⑮
	●商店街の活性化について	令3		⑩
	●若者の県内企業への就職促進について	令3		⑩
高知県	●希望者が子どもを産み育てやすい社会について	令4	50分7人	❹⑯
	●県民の健康寿命の延伸について	令3	50分7人	❸
	●学童期のスマホやゲームとの付き合い方について	令3		❽

集団討論出題例

自治体	出題例	年	時間・受験者	参照テーマ
	●過疎地の公共交通を守るための取組について	令4		❸
	●若者が住み続けたいと思える地域づくりについて	令4		⓯
	●大規模災害時の避難所の運営について	令4		巻頭
	●地域における防災活動の推進について	令4		巻頭
	●家庭における男女共同参画の推進について	令4		⓰
	●県産品の販路拡大について	令4		❿⓯
	●新型コロナウイルス感染症対策と社会経済活動の両立に	令4		⓫
	●地場産業におけるデジタル技術の活用について	令4		❶❿
	●移住促進による地域の活性化について	令4		❿
	●第一次産業を担う人材の育成・確保について	令4		❿
	●地域の伝統行事や祭りの存続について	令4		⓯
	●選挙の投票率の向上について	令4		❺
熊本県	●外国人にとってより住みやすい熊本になるためには	令4		⓭
	●本県への移住定住を推進するための取組	令3		❿⓯
	●男性の育児参加を促進するための取組	令4		⓰
	●食品ロスを減らすための有効な対策について	令4		⓬
	●ワーク・ライフ・バランスの実現に向けた施策	令4		❺
	●人口減少が本県に与える影響と、必要な取組	令4		❹
	●くまモンの現状の課題やその解決策、新たな取組	令4		⓯
*宮崎県	●Aさんは会社に入社し企画のリーダーとなる。会社は働き方改革を進めており、午後8時までで仕事を終えなければならない。Aさんは疲れはないが、思うように仕事ができない状況にストレスが溜まりつつある。Aさんはこれから何を心掛け、どのように行動すべきか	令元	50分	⓰
	●家庭教師のアルバイトをしている学生の悩み	平30		⓱
	●職場の飲み会	平30		⓰⓱
	●新規採用自治体職員の悩み	平30		❾
沖縄県	●少年法の厳罰化が相次ぎ、少年犯罪の凶悪化が問題視されながらも戦後は減少傾向だ。少年法厳罰化について議論せよ	令3		⓱
	●自然環境の保護と地域経済について	令3		❼
	●救急車の有料化について	令3		❺
	●ジョブ型雇用について	令3		⓮
	●宿泊税制度の導入について	令3		❿⓯
	●24時間営業について	令3		⓱
	●離島の医療体制について	令3		❿
さいたま市	●さいたま市ブランドを向上させるにはどうするか	令元	15分6人	⓯
*浜松市	●①架空の図書館の予算を作る　②中山間地の盛り上げ方	令元	4人	❿⓯
*大阪市	●一定年齢に達した高齢者に運転免許の返納を義務付けることの是非について賛成・反対のそれぞれの立場から論ぜよ	令元		❸❺
神戸市	●地産地消のライフスタイル化と神戸市の食文化を世界に発			

自治体	出　題　例	年	時間・受験者	参照テーマ
	信するために、行政としてどのようにしたらよいか	令元		⑩⑮
岡山市	●市役所の新規採用職員同士の親睦を深めるためのスポーツ大会はどんなものがよいか議論しなさい	平30		⑰
	●市職員の採用試験の受験者を増やすために有効な取組	平30		⑨⑯
	●「ワーク・ライフ・バランス」の「ワーク」と「ライフ」にもう１語加える場合、どのような語を加えるとよいか	平30		⑯⑰
	●週休二日制の職場が、週休三日制になった。何曜日を休日にするかについて決め、その理由をまとめなさい	平30		⑯⑰
	●岡山市のイメージキャラクター「ミコロ」と「ハコロ」に、１人加えて３人グループにする。そのキャラクターの名称は	平30		⑮
広島市	●大規模な地震の発生に備えた安全・安心なまちづくり	令4	30分	巻頭
	●野良猫の増加によるトラブルに対しての取組	令4		⑤
	●メディア芸術を活用した地域活性化策	令4	30分	⑮
	●エシカル消費について	令4	30分	⑫
	●小学校への学習者用デジタル教科書の導入の促進について	令4	30分	❶
	●地域コミュニティの衰退による問題と活性化のための方策	令4	30分	⑩⑮
	●広島市の平和教育の推進と、さらなる取組について	令4	30分	⑰
	●介護の担い手確保について	令4	30分	❸
	●「買い物難民」への対応について	令4	30分	⑩
	●広島市の美しい景観を維持・形成する意義について	令4	30分	⑮
	●災害時の氏名等の公表にどのように対応べきか	令4	30分	巻頭
	●自転車利用環境をより快適なものにするためには	令4	30分	⑤
	●高齢者が加害者となる交通事故に対しての効果的な施策	令4	30分	❸
	●行政機関の窓口業務への接客ロボットの導入について	令3	30分	❻
	●大学と自治体が連携して地域課題に取り組む事例について	令3	30分	❺❽
熊本市	●公務員は職務の公共性や公益性から、より高い職業倫理が求められる。公務員にとって必要とされるコンプライアンスとは何か	令4		❾
	●自転車利用時にヘルメット着用を促すための取組	令4		⑤
	●インバウンド需要の持続可能性を高める取組	令4		⑮
	●熊本地震の記憶の風化を防ぐための取組	令4		巻頭
	●「ヤングケアラー」を支援するための取組	令4		❽
	●テレワークの推進で変わるコミュニケーションについて	令4		❶⑤
	●選挙に関心を持ってもらい、投票に行かせるには	令4		⑤
	●SDGsの理念を理解し、地域課題を解決するための取組	令4		❼
	●正確な行政情報の伝達とインターネット格差への対策	令4		❶⑥
	●非常時に通信障害が起こった場合の情報伝達・収集方法	令4		❶
	●「炎上」後の対処法や情報発信をする際気をつけること	令4		❶

集団討論出題例　市役所　平成30〜令和5年度

自治体		出　題　例	年	参照テーマ
北海道	釧路市	●釧路市の名称を変更するとしたら、どのような名称にするか	令2	⑮⑰
	恵庭市	●埋蔵金100億円が発見された。これででどんな事業をするか	令4	⑰
青森県	八戸市	●公務員志望者の減少の要因と今後志望者を増やすための方策について、グループで討論しなさい	令4	⑨
岩手県	盛岡市	●今後さらに増えていく未利用土地・空き地を有効活用する方策	令元	⑩
	宮古市	●外国人の友人が市を訪れた。どのようにおもてなしをするか	平30	⑬⑮
	遠野市	●景観資源の保全について	令4	⑦
宮城県	白石市	●「飲みにケーション」について、必要か不要かについて議論し、グループとしての意見を決定し、その理由をまとめなさい	令4	⑰
	角田市	●住民の主体的な「市民力」を伸ばすための取組は	令5	⑥⑰
秋田県	湯沢市	●湯沢市に一番必要なこと	令3	⑩⑮
山形県	山形市	●高齢者ドライバーの交通事故が増加する中、安全安心なまちづくりを行うための対策を、費用対効果も踏まえ検討しなさい	令元	③⑤
	新庄市	●投票率の向上について	平30	⑤
	尾花沢市	●若い世代が尾花沢を離れることに対する考察	平30	⑩⑮
福島県	会津若松市	●本市の企業が有為な人材を採用できるようにするための市の方策について	令4	⑤⑩
	須賀川市	●住み続けたいと思えるまちの魅力とは何か	令4	⑩⑮
	南相馬市	●雇用推進と就労支援の課題について	平30	⑩
茨城県	龍ケ崎市	●龍ケ崎市が持続可能なまちとして発展するために必要な取組	令3	⑦⑩
	ひたちなか市	●ワークライフバランスなどが問題となっている。これまでの公務員の働き方の課題について整理し、働き方改革として何をすべきか	令4	⑥⑯
	潮来市	●地方の人口減少、高齢化、過疎化が進んでいるが、住民や企業、自治体などは、どのようなことに取り組むべきか	③ 令4 ④⑤	
	桜川市	●過疎地域の地域的課題と取組について	令4	⑩⑮
栃木県	佐野市	●ふるさと納税制度の高額な返礼品についての是非について	平30	⑮
	日光市	●女性活躍、男女共同参画を推し進めるに当たっての有効な施策や考え方	令4	⑯
	小山市	●エネルギー価格や物価の高騰により、市民の生活が圧迫されているなか、小山市にできることは何か	令4	⑩
群馬県	太田市	●太田市職員になる「いい人材」を集めるにはどうすべきか	令3	⑤⑨
埼玉県	川越市	●若年層の選挙の投票率を向上させるには	令4	⑤⑧
	鶴ヶ島市	●コロナ禍の今、住民が自治体に求めているものは何か	令4	⑤⑪
千葉県	旭市	●誰もが住みたくなるSDGsを取り入れた持続可能なまちづくり	令4	⑦⑩
	八千代市	●カーボンニュートラルを達成するための取組について	令4	⑦
	八街市	●「ながらスマホ」の解決策について	平30	⑰
東京都	八王子市	●オムライスを知らない人に、食べたくなるよう説明してください	令3	⑰

自治体	出 題 例	年	参照テーマ
調布市	●行政のデジタル化を進める必要性について	令3	❺❻
清瀬市	●市職員の副業について	令4	❾
多摩市	●マナーとルールのどちらが大事か	令3	⓱
羽村市	●マイナンバーカードの取得を推進するための取組について	令4	❺❻
神奈川県 平塚市	●自動車を所有することは生活をするうえで必要か不要か	平30	❼⓾
山梨県 韮崎市	●社会では、さまざまな場面で周囲と意見が対立することがあるが、どのように対処し、対立を解決すればいいか	令4	⓱
長野県 上田市	●就職活動中の学生に向けた上田市職員の仕事の効果的な PR	平30	❺❾
新潟県 南魚沼市	●南魚沼市らしいお土産を考えてください	令4	⓯
岐阜県 美濃加茂市	●当市では RIVER PORT PARK Minokamo（中之島公園）がオープンしたが、賑わい創出のためにどのような取組が考えられるか	平30	⓯
静岡県 伊東市	●SDGs の 17 の目標の中で、最も優先すべきものはなにか	令4	❼⓮
掛川市	●NHK 大河ドラマ「どうする家康」が放送される。掛川 3 城を活用した今後の地域活性化策を検討しなさい	令4	⓯
愛知県 津島市	●津島市を PR するため、電車で 15 秒のプロモーション動画を流すことにした。その内容について	令4	⓯
稲沢市	●まちの魅力を高めるには	令4	⓯
知立市	●店舗の 24 時間営業の是非について	令4	⓾⓰
みよし市	●10 年後のみよし市に笑顔があふれるスマホアプリを考えなさい	令4	❶⓯
福井県 あわら市	●若者に住み続けてもらうための取組について	令4	⓾⓯
滋賀県 甲賀市	●行政が取り組むべき地産地消の具体的な方策について	令4	❺⓯
東近江市	●住んでみたい、住み続けたい魅力あるまちにするためには	令4	⓯
大阪府 高槻市	●マイナンバーの普及が伸び悩んでいるが、その要因と施策	令4	❺❻
寝屋川市	●日常生活で、コロナ対策としてのマスク着用を続けるべきか否か	令4	⓫
門真市	●雇用のミスマッチを防ぐためには、採用前にどうすればよいか	令4	❽⓯
東大阪市	●東大阪市職員像を表す言葉として、挨拶・返事・声・ダッシュがあるが、もう 1 つ言葉を付け足すなら、何を付けるか	令4	⓱
兵庫県 明石市	●あかし SDGs 推進助成金（100 万円以内）の取組を提案せよ	令4	❺❼
奈良県 宇陀市	●地域の公共交通機関を守るためには、どのような施策が必要か	令4	⓾
鳥取県 境港市	●地方議会議員のなり手不足の要因と対応策について	令4	⓱
広島県 大竹市	●子育て支援を推進するためにどのような取組が必要か	令4	❹⓰
徳島県 徳島市	●徳島市において解決すべき喫緊の行政課題は何か。課題を一つ挙げ、その解決に向けて具体的にどのように取り組むべきか	令元	❺❻
愛媛県 松山市	●AI（人工知能）を活用した経済を活性化する取組を提案せよ	令元	❶⓾
大洲市	●「都会」と「田舎」のどちらに住みたいか	令4	⓱
長崎県 諫早市	●子育てしやすいまちづくりのために、市が取り組むべきこと	令4	❹❺
大分県 中津市	●地方自治体において DX を実施する際、どのような分野で行うのが効果的か、討論しなさい	令3	❻
鹿児島県 鹿児島市	●公共交通機関の運転手不足の中、学生の学びを維持するためには	令5	⓾
志布志市	●少子高齢化や人口減少社会には、どのような政策が必要か	令4	❸❹

集団討論出題例

<著者紹介>

吉岡友治（よしおか　ゆうじ）
宮城県仙台市生まれ。東京大学文学部社会学科卒。シカゴ大学大学院人文学修士課程修了。著書は「社会人入試の小論文　思考のメソッドとまとめ方」「教育問題の核心に迫る！勝てる小論文・面接」「法科大学院小論文　発想と展開の技術」「法科大学院志望理由書　問題発見と展開の技術」「TOEFL テスト　ライティングの方法」（実務教育出版）「吉岡のなるほど小論文講義10」（桐原書店）「ヴィジュアルを読みとく技術」（ちくま新書）「必ずわかる！『○○主義』事典」（PHP 文庫）「いい文章には型がある」（PHP 新書）「シカゴ・スタイルに学ぶ論理的に考え、書く技術」「文章が一瞬でロジカルになる接続詞の使い方」（草思社）など多数。

《添削講座のお知らせ》
本書の章末に書いてある類題・過去問などについて、質問や添削を希望する方は本書の著者吉岡友治が主宰するインターネット小論文添削講座「VOCABOW 小論術」をご覧下さい。「公務員論文試験」個別対応コースも用意しています。
「VOCABOW 小論術」　　URL ： http://www.vocabow.com
　　　　　　　　　　　　　e-mail : office@vocabow.com

なお、本文 62、73、119 の各ページに掲載の写真は AFP ＝時事、1 ページに掲載の写真は EPA ＝時事、2、4、59、63、109、129、152、159、168、169、180、196、229、236 の各ページに掲載の写真は時事通信フォト、83、120、199、206、244 の各ページに掲載の写真は毎日新聞社、131、160 ページに掲載の写真は朝日新聞社、8 ページに掲載の写真は中国新聞社の提供による。

［2025 年度版］
地方上級・国家一般職［大卒］・市役所上・中級　論文試験　頻出テーマのまとめ方
2024 年 3 月 15 日　　　初版第 1 刷発行　　　　　　　　　　　　　＜検印省略＞

著　　　者	吉岡友治
発　行　者	淺井　亨
発　行　所	株式会社　実務教育出版
	〒 163-8671　東京都新宿区新宿 1-1-12
	振替　00160-0-78270
	編集　03-3355-1812　販売　03-3355-1951
印　　　刷	壮光舎印刷株式会社
製　　　本	東京美術紙工

ⒸYUJI YOSHIOKA 2024
ISBN978-4-7889-7789-1 C0030　Printed in Japan
落丁・乱丁本は、本社にておとりかえいたします。